INTRODUCTION TO SOUTHEAST ASIA'S ECONOMIC ENVIRONMENT

U1009473

东南亚经济环境概论

翁玮　刘红梅 ◎ 编著

首都经济贸易大学出版社
Capital University of Economics and Business Press
· 北 京 ·

图书在版编目（CIP）数据

东南亚经济环境概论/翁玮，刘红梅编著. --北京：首都经济贸易大学出版社，2022.1

ISBN 978-7-5638-3294-1

Ⅰ. ①东… Ⅱ. ①翁… ②刘… Ⅲ. ①东南亚—经济环境—高等学校—教材 Ⅳ. ①F123.16

中国版本图书馆 CIP 数据核字（2021）第 275567 号

东南亚经济环境概论
DONGNANYA JINGJI HUANJING GAILUN
翁　玮　刘红梅　编著

责任编辑　杨丹璇
封面设计　砚祥志远·激光照排 TEL：010-65976003
出版发行　首都经济贸易大学出版社
地　　址　北京市朝阳区红庙（邮编 100026）
电　　话　（010）65976483　65065761　65071505（传真）
网　　址　http://www.sjmcb.com
E-mail　publish@cueb.edu.cn
经　　销　全国新华书店
照　　排　北京砚祥志远激光照排技术有限公司
印　　刷　唐山玺诚印务有限公司
成品尺寸　170 毫米×240 毫米　1/16
字　　数　350 千字
印　　张　19.5
版　　次　2022 年 1 月第 1 版　2022 年 1 月第 1 次印刷
书　　号　ISBN 978-7-5638-3294-1
定　　价　45.00 元

图书印装若有质量问题，本社负责调换

版权所有　侵权必究

前　言

中国与东南亚国家毗邻而居，经济文化交流的历史源远流长。随着经济全球化的不断深入、“一带一路”倡议的推进，中国与东南亚国家之间的经贸合作关系越来越密切。2020 年，东盟首次超过欧盟和美国，成为中国第一大贸易伙伴。2011 年 11 月，东盟提出“区域全面经济伙伴关系（RCEP）”倡议；2020 年，在第四次 RCEP 领导人会议上，东盟与中国、日本、韩国、澳大利亚和新西兰正式签署 RCEP 协定，标志着当前世界上人口最多、经贸规模最大、最具发展潜力的自由贸易区正式启航。中国与东南亚国家经贸关系的重要性不言而喻。作为多年从事国际经贸专业教学和研究的教师，我们深深地感到国家对东南亚贸易投资人才的需求已经远远大于目前高校的人才供给。编写一部详细介绍东南亚经济环境的教材，为经贸专业的高校学生和致力于东南亚贸易与投资的企业提供翔实的学习和参考资料，我们责无旁贷。

本书分为十二章：第一章为绪论，介绍了东南亚的自然环境、人文环境和经济环境；第二至十二章分别介绍了东南亚十一个国家的自然环境、人文环境、农业、工业、第三产业、外贸与外资等情况。每章正文后附国家常识小贴士和课后习题，便于读者对学习效果进行自查。

本书由翁玮策划并负责第一、七、八、九、十、十一、十二章的编写，刘红梅负责第二、三、四、五、六章的编写。在本书编写过程中，昆明理工大学东盟研究中心主任熊彬教授、云南省社会科学院东南亚研究所所长马勇教授进行了专业指导；首都经济贸易大学出版社的编辑老师们对数据进行了严格的核实，并提出了许多修改建议；笔者在编写过程中参考了大量的文献。在此一并表示深深的感谢！

由于编写时间仓促，本教材难免存在疏漏与不妥之处，恳请广大读者批评指正。

翁　玮　刘红梅

2021 年 11 月

前言

目录 CONTENTS

第一章 绪论

翁玮

中国与东南亚国家毗邻而居，命运相连，自古就有往来交流，而今在贸易投资等领域深度融合，已经形成“你中有我，我中有你”、相依相存的发展格局。

从地理的角度来说，东南亚国家可划分为中南半岛五国（越南、老挝、柬埔寨、泰国和缅甸）和马来群岛六国（马来西亚、新加坡、菲律宾、印度尼西亚、文莱和东帝汶）。这11个国家中，除了2002年独立的东帝汶外，其余均为东盟（ASEAN）① 成员国。截至2020年，东帝汶仍为东盟观察员国。

自2009年起，中国一直保持东盟第一大货物贸易伙伴的地位，东盟自2011年起连续多年成为中国第三大贸易伙伴，2020年成为中国第一大贸易伙伴；中国与东盟互为重要的投资来源地和目的地②。东盟是中国“一带一路”沿线区域发展的重点。在当前全球经济形势增长不稳定、贸易保护主义抬头的趋势下，东盟所在的东南亚地区仍然是全球经济增长的主要引擎之一，中国和东盟将共同为东南亚区域经济和世界经济的升级发展持续贡献自己的力量。

第一节 自然环境

一、区位、地形与气候

东南亚是第二次世界大战后才出现的一个地理称谓。它位于亚洲东南部，由中南半岛和马来群岛两大部分组成。东南亚的地理位置非常重要：一方面，它是亚洲纬度最低的地区；另一方面，它位于亚洲东南部，西邻印度洋，东临太平洋，南临大洋洲，北邻中国和印度。

东南亚位于亚洲与大洋洲、太平洋与印度洋的“十字路口”。马六甲海峡在马来半岛和苏门答腊岛之间，全长约900千米，最窄处仅有37千米，是这个路口的“咽喉”，可通行载重为25万吨的巨轮，战略地位十分重要③。马六甲海峡沿岸的国家有泰国、新加坡和马来西亚，其中新加坡位于马六甲海峡的最窄处，交通位置尤其重要。

---

① 东盟是东南亚国家联盟（Association of Southeast Asian Nations，ASEAN）的简称，于1967年8月8日成立，是一个面积约449万平方千米、人口约6.6亿人的区域经济体（截至2019年）。该经济体的秘书处设在印度尼西亚首都雅加达。

② 商务部《对外投资合作国别（地区）指南——东盟（2020年版）》。

③ 同上。

东南亚共有11个国家，分别是：越南、老挝、柬埔寨、泰国、缅甸、马来西亚、新加坡、印度尼西亚、文莱、菲律宾、东帝汶。其中，东帝汶是2002年才脱离印度尼西亚独立的国家；老挝是东南亚唯一的内陆国；印度尼西亚是东南亚面积最大的国家，也是世界上最大的群岛国家。越南、老挝、柬埔寨、泰国、缅甸五国被称为东南亚的“陆地国家”或“半岛国家”，而马来西亚、新加坡、印度尼西亚、文莱、菲律宾五国则被称为东南亚的“海洋国家”。

中南半岛因位于中国以南而得名。中南半岛山河呈南北走向，相间排列，北部地势较高，处于大河下游和河口位置的区域为冲积平原。怒江从中国云南境内流入中南半岛后称为萨尔温江，独龙江进入中南半岛后称为伊洛瓦底江，澜沧江进入中南半岛后称为湄公河，湄公河流经缅甸、泰国、柬埔寨、老挝和越南。中南半岛上的五个国家中只有老挝是内陆国，越南、缅甸、泰国、柬埔寨均为临海国。

马来群岛散布在太平洋和印度洋之间的广阔海域上，是世界最大的群岛，共有2万多个岛屿，面积约为243万平方千米，分属印度尼西亚、马来西亚、文莱、菲律宾、文莱和东帝汶①。马来群岛地势高峻，沿海有狭窄平原。由于处于印度洋板块和亚欧板块的交界处，地壳活动活跃，所以火山分布较多，地震频繁。火山附近的火山灰使得当地土壤肥沃。

东南亚地处热带。中南半岛大部分地区为热带季风气候，一年中有旱季和雨季之分，农作物一般在雨季播种，旱季收获。中南半岛北部有小面积的高山高原气候。马来群岛的大部分地区属于热带雨林气候，终年高温多雨，生长着茂密的热带雨林。农作物随时播种，四季都有收获。

二、自然资源

东南亚人口稠密，耕地较少且高温多雨，将水稻作为主要的粮食作物是必然的选择。东南亚是世界主要的稻米产地之一，缅甸、越南和泰国是世界重要的稻米生产国和出口国。稻米不仅是当地居民的主要粮食，也是传统的出口产品。除了水稻外，东南亚国家还有着种类丰富的自然资源：印度尼西亚、马来西亚的棕油产量、天然橡胶产量居世界前列；老挝和柬埔寨盛产柚木、花梨木等名贵木材。东南亚主要出口农作物见表1－1。

① 商务部《对外投资合作国别（地区）指南——东盟（2020年版）》。

表 1-1 东南亚主要出口农作物

主要农作物	国　家
水稻	泰国、越南、缅甸
天然橡胶	印度尼西亚、马来西亚
棕油	印度尼西亚、马来西亚
蕉麻、椰子	菲律宾、印度尼西亚

资料来源：联合国粮农组织数据库。

东南亚的矿产、石油等资源储量巨大，其中泰国、文莱、马来西亚和印度尼西亚都是重要的石油输出国；缅甸的宝石和玉石资源在世界上享有盛名。

（一）越南

越南资源丰富，种类多样。矿藏资源分为能源类、金属类和非金属类等，共50多种。截至2018年，已探明的石油、天然气、煤炭可采储量分别达2.5亿吨、3 000亿立方米和38亿吨，分别可供开采20年、35年和95年。此外，已探明铁矿13亿吨、铝土矿54亿吨、铜矿1 000万吨、稀土2 200万吨、铬矿2 000万吨、钛矿2 000万吨、锆矿450万吨、镍矿152万吨、高岭土2 000万吨①。越南盛产大米、玉米、橡胶、椰子、胡椒、腰果、咖啡和水果等作物，森林面积约为1 000万公顷。越南渔业资源丰富，沿海有鱼类2 000种、蟹300种、贝类300种、虾类75种，盛产红鱼、鲐鱼、鳘鱼等多种鱼类②。在中部沿海、南部东区沿海和暹罗湾等海域，每年的海鱼产量都可达到数十万吨。

（二）泰国

泰国主要有钾盐、锡、钨、锑、铅、铁、锌、铜、钼、镍、铬、铀等金属矿，重晶石、宝石等非金属矿，以及石油、天然气等。其中，钾盐储量为4 367万吨，居世界首位；锡的总储量约为150万吨，占世界总储量的12%；石油总储量为2 559万吨；褐煤蕴藏量约为20亿吨；天然气蕴藏量约为3 659.5亿立方米。泰国的森林覆盖率为20%③。

（三）老挝

老挝有金、铜、锡、铅、钾、铁、石膏、煤、盐等矿藏，迄今得到少量开采的有锡、石膏、钾盐、煤等。老挝的水力资源丰富。2012年老挝的森林面积约为1 700万公顷，森林覆盖率约为50%，盛产柚木、酸枝、花梨木等

---

① 商务部《对外投资合作国别（地区）指南——越南（2020年版）》。

② 同上。

③ 同上。

名贵木材。

（四）缅甸

缅甸的矿产资源主要有锡、钨、锌、铝、锑、锰、金、银等，宝石和玉石在世界上享有盛誉。

石油与天然气资源主要分布在缅甸中部和沿海地区。据亚洲开发银行能源评估报告，缅甸共有104个油气开采区块，其中内陆开采区块53个，近海开采区块51个。根据测量结果，缅甸约有1.6亿桶石油和5 691万亿立方米天然气的储量①。

据《2018年缅甸统计年鉴》，森林主要分布在北、西、南三个区域。中部勃固山脉是柚木的主要产区。缅甸林业种类有2 300种，其中乔木1 200余种，世界60%的柚木储量和国际市场上75%的柚木均产自缅甸。

缅甸渔业资源丰富，有具经济价值的石斑鱼、鲳鱼、龙虾、黄鱼、带鱼、鲨鱼、比目鱼、鲥鱼、虎虾、琵琶虾等约105种，内陆江湖内也有大量淡水鱼虾。

（五）柬埔寨

柬埔寨盛产柚木、铁木、紫檀、黑檀、白卯等高级木材，并有多种竹类，木材储量约为11亿立方米。柬埔寨的森林覆盖率为61.4%②，树木主要分布在东部、北部和西部山区。矿藏主要有石油、天然气、金、铁、铝土等。柬埔寨水资源丰富，洞里萨湖为东南亚最大的天然淡水湖，素有“鱼湖”之称。西南沿海多产鱼虾。

（六）马来西亚

马来西亚自然资源丰富。橡胶、棕油和胡椒的产量和出口量居世界前列。马来西亚石油储量丰富，此外还有铁、金、钨、煤、铝土、锰等矿产。盛产柚木③。

（七）菲律宾

菲律宾是铜、金、铬、镍和钴的主要生产国和出口国。

（八）印度尼西亚

印度尼西亚自然资源丰富，盛产棕油、橡胶等农林产品，主要矿产资源有石油、天然气、锡、铝、镍、铁、铜、锡、金、银、煤等，储量都非常丰富。

（九）新加坡

新加坡资源比较匮乏，主要工业原料、生活必需品均需进口。岛上保留

---

① 商务部《对外投资合作国别（地区）指南——东盟（2020年版）》。

② 同上。

③ 中华人民共和国外交部网站。

有部分原生植物群落。

（十）文莱

文莱油气资源丰富，截至2019年底，已探明原油储量为11亿桶，天然气储量为3 000亿立方米。除石油以外，其他矿产资源较少。文莱林业资源丰富，森林覆盖率为72.11%，86%的森林保护区为原始森林[①]。

第二节 人文环境

一、人口分布

东南亚是世界上人口比较集中的地区之一，据中国外交部统计，截至2019年东盟总人口为6.6亿人。东南亚各国都是多民族国家，以黄色人种为主。该地区也是世界上外籍华人和旅居华侨最集中的地区之一。东盟成员国其本概况如表1－2所示。

表1－2 东盟成员国基本概况表

中南半岛			马来群岛		
国家	人口	国土面积	国家	人口	国土面积
泰国	6 619万人（2020年）	51.3万平方千米	印度尼西亚	2.71亿人（2020年12月）	1 913 578.68平方千米
越南	9 826万人（2021年）	329 556平方千米	新加坡	568.6万人（2021年）	728.6平方千米
缅甸	5 458万人（2020年4月）	676 578平方千米	马来西亚	3 270万人（2021年第二季度）	约33万平方千米
柬埔寨	1 600万人（2021年8月）	18万平方千米	菲律宾	1.1亿人（2021年）	29.97万平方千米
老挝	727万人（2020年）	23.68万平方千米	文莱	45.36万人（2020年）	5 765平方千米
—			东帝汶	132万人（2020年）	15 007平方千米

资料来源：中华人民共和国外交部网站。

① 商务部《对外投资合作国别（地区）指南——东盟（2020年版）》。

二、政治、宗教与文化

历史上，中国文化、印度文化、阿拉伯文化和西方文化都对东南亚产生过影响。世界三大宗教（伊斯兰教、佛教和基督教）也都在这一地区传播。泰国、缅甸、老挝、柬埔寨和越南以佛教信仰为主；马来西亚、文莱和印度尼西亚主要信奉伊斯兰教，印度尼西亚更是世界上拥有穆斯林人口最多的国家；菲律宾是信仰天主教的国家；新加坡是多宗教并存的国家。

东南亚是世界上民族最复杂的地区之一。据资料显示，缅甸有135个民族；泰国有30多个民族；越南有54个民族；老挝有50个民族；柬埔寨有20多个民族；马来西亚有30多个民族；印度尼西亚有300多个民族；菲律宾有43个民族。东南亚在长期的历史发展过程中成为一个民族多样、语言多样、宗教多样的地区，有学者形象地把东南亚称为“世界民族博物馆”。

由于政治体制和经济发展道路不同，东南亚各国的经济发展水平差别较大，在地理上呈现出“南富北穷”的状况。属于发达国家的是新加坡和石油富国文莱，其次是正向新兴工业化国家转型的泰国、菲律宾、马来西亚和印度尼西亚，然后是改革发展中的越南，最后是经济较为落后的柬埔寨、老挝、缅甸和东帝汶。

第三节　经济环境

一、经济概况

根据东盟的统计数据，近年来东盟宏观经济呈稳定增长态势。2013年，东盟GDP（国内生产总值）占世界GDP总量的3.3%，2018年上升到3.5%。世界银行数据显示，近年来东盟经济保持稳定增长，2019年东盟地区生产总值为3.17万亿美元，人均GDP约为4 803美元，经济增长率为6.87%。

从经济结构上看，缅甸、老挝和柬埔寨是典型的农业国家，农业产值占GDP的比重超过50%；新加坡和菲律宾的服务业比重较高，分别占本国GDP的60%和50%以上；文莱是石油富国；其余国家农业发展基础仍然薄弱，工业增长迅速。在东南亚各国，技术变革的步伐正在加快，据谷歌统计，截至2019年，东盟数字经济整体规模突破千亿美元，预计2025年将达3 000亿美元。

东南亚是当今世界经济发展最有活力和潜力的地区之一，在未来的世界政治经济格局中，东南亚的地位将更加重要。2013—2019 年东盟宏观经济数据如表 1 -3 所示。

表 1 -3　东盟 2013—2019 年宏观经济数据

年份	GDP（亿美元）	人均 GDP（美元）	GDP 增长率（%）
2013	25 075	4 065	5.26
2014	25 271	4 048	0.78
2015	24 476	3 876	-3.15
2016	25 547	4 000	4.38
2017	27 677	4 392	8.34
2018	29 690	4 540	7.27
2019	31 731	4 803	6.87

资料来源：世界银行数据库。

二、产业概况

（一）农业

东南亚国家大多农业资源丰富，自然条件优越，劳动力充足，市场潜力较大，农业经济效益良好。柬埔寨历届政府都高度重视农业发展，将农业列为优先发展的领域。农业是印度尼西亚的支柱产业之一，农业人口约占全国人口的 70%，全国耕地面积约占国土面积的 10%。印度尼西亚是全球重要的棕油生产国。马来西亚的农产品以经济作物为主，主要有棕油、橡胶、可可、稻米、胡椒、烟草、菠萝、茶叶等。菲律宾的主要出口产品包括椰子油、香蕉、鱼和虾、糖及糖制品、椰丝、菠萝和菠萝汁、未加工烟草、天然橡胶、椰子粉粕以及海藻。

（二）加工制造业

越南、老挝、缅甸、柬埔寨等国家都以劳动密集型产业为主。纺织制衣业是柬埔寨工业的支柱，也是柬埔寨提供就业、消减贫困、保持社会稳定的主要部门；低廉的劳动力成本吸引了越来越多的国家在柬埔寨投资设厂。越南将重点发展与机械和金属制品、化工、电子信息技术、纺织服装和制鞋、农林渔业生产相关的加工制造业。制造业是马来西亚国民经济发展的主要动力之一，主要生产部门覆盖电子、石油、机械、钢铁、化工及汽车制造等行业。

（三）石化工业

东南亚国家油气资源丰富，根据 2019 年《BP 世界能源统计年鉴》，截至

2018年底，文莱已探明石油储量为11亿桶，占全球总量的0.1%；天然气储量为3 000亿立方米，占全球总量的0.1%。文莱政府一方面积极勘探新油气区，另一方面对油气开采实行节制政策。2019年文莱石油日产量约为12.1万桶，天然气日产量约为3 600万立方米[①]。新加坡是亚洲石油产品定价中心，日原油加工能力超过130万桶。马来西亚采矿业以石油、天然气为主。2019年，马来西亚采矿业产值占GDP的7.1%。马来西亚的石油和天然气管理及开采都掌握在马来西亚国家石油公司手中，2019年该公司在《财富》杂志"世界500强"排名第158位[②]。

（四）旅游业

东盟国家风景秀丽，人文古迹众多，在各国政府的大力支持下，旅游业将成为未来东盟经济增长的亮点。据世界银行和世界旅游组织分析，未来亚太地区将取代欧美成为世界最大的旅游目的地。东盟国家在积极发展本国旅游业的同时，也在力推东盟区域旅游业一体化的发展，未来统一签证制度的实施将为东盟旅游业发展注入新动力。

新加坡2017年全年到访游客1 742万人次（不含陆路入境的马来西亚公民），同比增长6.2%。泰国有500多个旅游景点，主要分布在曼谷、普吉、帕塔亚、清迈、清莱、华欣、苏梅岛。老挝琅勃拉邦市、巴色瓦普寺已被列入世界文化遗产名录。近年来，老挝与超过500家国外旅游公司签署合作协议，开放15个国际旅游口岸，同时加大旅游基础设施投入、减少签证费、放宽边境旅游手续，旅游业持续发展。越南政府在《2020年越南旅游发展总体规划》中提出大力建设旅游基础设施、完善旅游政策、加强旅游网络营销、保护修缮古建筑等目标[③]。

（五）交通运输

《东盟交通战略规划2016—2025》指出，东盟将开展对潜在多式联运走廊的研究，建立一个集成、无缝的多式联运系统，把东盟建成全球供应链中重要的大陆桥通道。第一，完成东西经济走廊（EWEC），将缅甸接入联运网络中，优化仰光、岘港的港口建设。第二，促进湄公河－印度经济走廊（MIEC）作为大陆桥的建设。2020年，完成湄公河大桥的建设，并开发大为（Dawei）深海港口。第三，推动东盟陆港网络建设[④]。

---

① 中华人民共和国外交部网站。

② 商务部《对外投资合作国别（地区）指南——马来西亚（2020年版）》。

③ 同上。

④ 中华人民共和国外交部网站。

中国在东南亚的铁路建设中发挥了积极的作用。2016 年 10 月，中资企业在马来西亚中标的第一个大型铁路项目——马来西亚南部铁路项目成功签约；2016 年 11 月，中老铁路项目第二阶段招标合同签约仪式在老挝首都万象举行；2018 年 6 月，雅万高铁 22 处控制性工程取得突破，这标志着该项目建设进入全面实施推进的新阶段；2018 年 6 月，中老铁路全线最长桥梁主体工程顺利完工。

另外，新加坡昆明铁路（SKRL）项目是东盟交通合作的优先项目。SKRL 有两条线，一条是东线，途径泰国、柬埔寨和越南，并规划有一条连接老挝和越南的支线；另一条是西线，途径泰国和缅甸。同时，东盟计划研究 SKRL 向印度尼西亚泗水（Surabaya）延伸的可能性。

此外，东盟还计划建立一个高效、一体化的内河航运网，建立一个综合、高效且有竞争力的海运系统。

三、区域经济组织——东盟

1967 年，东南亚地区国家组建了“东南亚国家联盟”（简称“东盟”），发展至今已有 10 个成员国。截至 2019 年底，东盟人口为 6.6 亿人，国内生产总值（GDP）为 3.17 万亿美元①，是一个具有一定影响力的区域性组织。

印度尼西亚、马来西亚、菲律宾、新加坡和泰国这五个国家是东盟创始成员国，1984 年文莱独立后立即加入东盟，1995 年越南加入，1997 年老挝和缅甸加入，1999 年柬埔寨加入。截至 2020 年，只有 2002 年独立的东帝汶还未正式加入，是东盟观察员国。

东盟成立之初的主要目标是寻求国家间的政治和安全的合作。随着越南战争和冷战的结束，东盟开始了“变战场为商场”的战略调整，1992 年开始推动“东盟自由贸易区”的建立，东南亚国家经济开始迅速增长。2001 年的《河内宣言》和 2004 年的《万象宣言》明确了东盟一体化的目标是到 2020 年实现经济共同体、安全共同体和社会文化共同体三大基础上的东盟共同体。随着中国 - 东盟自由贸易区于 2010 年 1 月 1 日正式成立，中国与东盟国家的经济贸易合作将更加密切。

东盟作为一个整体参与国际政治经济文化活动，大大提升了东南亚国家的竞争力，也极大地促进了区域经济的发展，东南亚地区因此受到了世界更多的瞩目。

---

① 商务部《对外投资合作国别（地区）指南——东盟（2020 年版）》。

2011 年 11 月，东盟提出“区域全面经济伙伴关系”倡议（RCEP），旨在构建以东盟为核心的地区自贸安排。2012 年 11 月，在第七届东亚峰会上，东盟国家与中、日、韩、印（度）、澳、新（西兰）6 国领导人同意启动 RCEP 谈判。2017 年 11 月，首次 RCEP 领导人会议在菲律宾首都大马尼拉召开。2020 年 11 月，第四次 RCEP 领导人会议以视频方式举行。会上，中国、日本、韩国、澳大利亚、新西兰和东盟十国正式签署了 RCEP 协定，标志着当前世界上人口最多、经贸规模最大、最具发展潜力的自由贸易区正式启航。

四、外贸与外资环境

东盟国家是世界最富经济活力的地区之一，近年来在世界经济舞台越来越活跃，对外贸易也呈现出持续稳定增长的态势。

2019 年东盟对外贸易总额为 2.815 万亿美元，其中，进口额为 1.392 万亿美元，出口额为 1.423 万亿美元。中国、日本、欧盟、美国和韩国等长期处于东盟前五大贸易伙伴行列（见表 1 –4）。

表 1 –4　东盟 2019 年与主要贸易伙伴国贸易情况表　　单位：亿美元

贸易伙伴	进出口总额	占比（%）	进口额	占比（%）	出口额	占比（%）
中国	5 078.6	18.0	3 053.9	21.9	2 024.6	14.2
欧盟	2 805.5	10.0	1 266.7	9.1	1 538.9	10.8
美国	2 945.9	10.5	1 109.9	8.0	1 836.0	12.9
日本	2 259.2	8.0	1 160.8	8.3	1 098.3	7.7
韩国	1 564.8	5.6	971.2	7.0	593.6	4.2
全球	28 152.0	100.0	13 920.5	100.0	14 231.5	100.0

资料来源：商务部《对外投资合作国别（地区）指南——东盟（2020 年版）》。

从贸易商品种类来看，农林产品是东盟国家主要的外向型贸易产品；医药产品成为东盟国家潜在的对外出口领域。

从投资环境看，东盟作为一个拥有超过 6 亿人口的地区，市场潜力巨大，其消费市场在未来 20 年间将呈现快速增长态势，内部贸易将保持 30% 的增长率。

从低成本制造业到生物科技领域，东盟各国有着各自不同的优势和竞争力，随着区域一体化的推进，东盟内部和外部对银行业、制造业、交通和通信领域的投资不断增多，对高科技产业的投资也不断增多。

根据世界经济论坛《2019 年全球竞争力报告》，全球参加排名的 137 个经济体中，东盟国家中有 7 个排名在 100 位之内，其中新加坡排名第 1 位。根据世界银行《2020 年营商环境报告》，全球 190 个经济体中，东盟国家有 7 个排名在 100 位之内，其中新加坡排名第 2 位。具体情况如表 1－5 所示。

表 1－5　东南亚国家投资环境全球排名表

国家	2019 年全球竞争力排名	2020 年营商环境排名	国家	2019 年全球竞争力排名	2020 年营商环境排名
新加坡	1	2	越南	67	70
菲律宾	64	95	老挝	113	154
文莱	56	66	柬埔寨	106	144
印度尼西亚	50	73	泰国	40	21
马来西亚	27	12	缅甸	—	165
东帝汶	—	178			

资料来源：世界经济论坛《2019 年全球竞争力报告》；世界银行《2020 年营商环境报告》。

联合国贸易和发展组织 2018 年发布的《世界投资报告》显示，2017 年，东盟吸收外资流量（估值）为 1 337.6 亿美元；截至 2017 年底，东盟吸收外资存量（估值）为 21 619.5 亿美元。东盟秘书处 2020 年 6 月 30 日数据显示，2019 年东盟吸收外资总额（初步数据）为 1 605.62 亿美元，比 2018 年增加 4.87%。

外资流入东盟国家的国别分布极不均匀，接近一半的外资流向新加坡。东盟统计数据库显示，2018 年，新加坡吸收外资总额占东盟总额的 50.2%，此外依次是印度尼西亚（14.2%）、越南（10%）、菲律宾（6.3%）、马来西亚（5.2%）、泰国（8.6%）、缅甸（2.3%）、柬埔寨（2.0%）、老挝（0.9%）和文莱（0.3%）。

2019 年，前五大主要外资来源地为东盟成员国投资共计 814.03 亿美元，其中美国 244.6 美元、欧盟 161.72 亿美元、日本 203.56 亿美元、中国香港 113.06 亿美元、中国内地 91.09 亿美元。

根据东盟秘书处初步统计，2019 年外商投资东盟的行业领域主要集中在制造业（562.4 亿美元）、金融业和保险服务业（513.1 亿美元）、批发零售业（182.8 亿美元）、房地产业（98.7 亿美元），以上 4 个行业的外商投资占投资总额的 84.5%。美国投资者主要投向金融和保险服务业、制造业和批发零售业；来自日本的投资主要集中在制造业、金融和保险服务业等领域；来自中国的投资主要流入制造业、房地产业和金融服务业①。

五、中国与东南亚国家的经贸关系

东盟已被视为“一带一路”建设的重点和优先地区，双方已形成“你中有我，我中有你”、相互依存的发展格局。截至2019年底，中国对东盟国家累计投资总额为1 123亿美元，东盟在华累计投资1 246亿美元。中国对外直接投资流量前20位的目的国（地区）中，东盟占6个，其中新加坡、马来西亚、老挝、印度尼西亚和泰国均已超过10亿美元。

2019年，双方人员往来接近6 000万人次，互派留学生19万人次，每周有4 500余架次航班穿行于中国与东盟国家之间，同比增长67%。每年一次的中国－东盟博览会已成为双方多领域、多层次交流的盛会。东盟凭借其优越的地理位置、相对安全稳定的政治经济环境、较为开放的市场条件和颇具潜力的市场容量，成为我国开展“一带一路”倡议合作的重点和优先地区。

从中国海关的统计数据中可以看到，中国与东盟国家的双边贸易呈现持续稳定的发展。双边贸易额从2013年至2019年增长了42.85%，其中出口增长了45.48%，进口增长了39.62%。中国出口大于进口，呈现顺差态势。具体情况如表1－6所示。

表1－6　2013—2019年中国与东盟贸易统计表　　单位：亿美元

年份	2013	2014	2015	2016	2017	2018	2019
进出口总额	4 436.1	4 803.9	4 721.7	4 522.1	5 148.2	6 598.7	6 336.8
中国出口额	2 440.7	2 720.7	2 774.9	2 559.9	2 791.2	3 912.4	3 550.8
中国进口额	1 995.4	2 083.2	1 946.8	1 962.2	2 357.0	2 686.3	2 786.0

资料来源：中国海关网站。

根据中国商务部截至2019年底的统计数据，中国企业累计在东盟国家签订承包工程合同总金额为4 516.9亿美元，完成营业额3 026.3亿美元。其中，2019年新签合同额为546亿美元，完成营业额399.3亿美元。按2019年完成营业额计，印度尼西亚、马来西亚、老挝分列中国前十大工程承包市场的第一、第三和第八位②。

新加坡、马来西亚、印度尼西亚、老挝、越南是中国在东盟国家开展劳务合作的主要国家。

---

① 商务部《对外投资合作国别（地区）指南——东盟（2020年版）》。
② 商务部《对外投资合作国别（地区）指南——东盟（2020年版）》。

课后练习

一、填空题

1. 东南亚西临（　　）洋，东临（　　）洋，在（　　）洲和（　　）洲之间。

2. 东南亚包括（　　）半岛和（　　）群岛。

3. 东南亚国家可划分为中南半岛五国（　　）、（　　）、（　　）、（　　）和（　　），以及马来群岛六国（　　）、（　　）、（　　）、（　　）、（　　）和（　　）。

4. 东南亚十一国中，除了（　　），其余十国均为东盟成员国。

5. 东南亚的（　　）海峡在马来半岛和苏门答腊岛之间，全长约 900 千米，最窄处仅有 37 千米，是印度洋和太平洋之间的“咽喉”，战略地位十分重要。

6. 马六甲海峡沿岸的国家有泰国、（　　）和（　　），其中（　　）位于马六甲海峡的最窄处，交通位置尤其重要。

7. 东南亚自然资源丰富，是世界主要的稻米产地之一，缅甸、（　　）和（　　）是世界重要的稻米生产国和出口国。

8. 东南亚的矿产、石油等资源储量巨大，其中（　　）、（　　）、（　　）和（　　）都是重要的石油输出国；（　　）的宝石和玉石资源在世界上享有盛名。

9. 历史上，中国文化、印度文化、阿拉伯文化和西方文化都对东南亚产生过影响。世界三大宗教（　　）、（　　）和（　　），也都在这一地区传播。

10. 从经济结构上看，（　　）、（　　）和（　　）是典型的农业国家，农业产值占 GDP 的比重超过 50%；（　　）和（　　）的服务业比重较高，分别占本国 GDP 的 60% 和 50% 以上；（　　）是石油富国。

二、判断题

1. 据世界银行《2020 年营商环境报告》，全球 190 个经济体中，东盟国家有 6 个排名在 100 位之内，其中新加坡排名第 2 位。（　　）

2. 外资流入东盟国家的国别分布极不均匀，接近一半的外资流向新加坡。（　　）

3. 中国－东盟自由贸易区在 2010 年 1 月 1 日正式成立，从那时起，中国和东盟十国的所有商品进出口贸易关税就全部为 0%。（　　）

4. 印度尼西亚、马来西亚、菲律宾、新加坡和泰国这五个国家是东盟创始成员国。（　　）

5. 东南亚国家的经济比较落后，没有任何国家的企业进入 2018 年美国“财富 500 强”排行榜。(　　)

6. 东南亚国家在地理上呈现出“南富北穷”的状况。属于发达国家的是新加坡和石油富国文莱，其次是正向新兴工业化国家转型的泰国、菲律宾、马来西亚和印度尼西亚，然后是改革发展中的越南，最后是经济较为落后的柬埔寨、老挝、缅甸和东帝汶。(　　)

7. 东南亚的中南半岛大部分地区属于热带雨林气候，马来群岛大部分地区属于热带季风气候。(　　)

三、思考题

1. 东南亚国家的地理条件对其经济发展有什么影响？

2. 中国为什么要把东盟作为“一带一路”倡议的重要合作伙伴？

第二章　泰国

刘红梅

泰国，旧称暹罗，位于中南半岛中南部。泰国是一个君主立宪制国家，主要信奉佛教。泰国采用自由的经济政策，其中制造业、农业和旅游业是经济的主要部门。泰国是亚洲唯一的粮食净出口国，也是世界五大农产品出口国之一，是世界最主要的旅游胜地之一。泰国是东盟创始国之一。

首都：曼谷

国旗：长方形三色旗，长宽比为3:2，自上至下由红、白、蓝、白、红五条横带组成，红带和白带一样宽，蓝带比红带或白带宽一倍。红色代表民族和国家，象征各族人民的力量与献身精神。白色代表宗教（原指佛教），象征宗教的纯洁。蓝色代表王室，位置居中，象征王室在人民和宗教之中（见图2－1）①。

图2－1　泰国国旗

国徽：图案为半人半鸟形象的迦楼罗鸟（即大鹏金翅鸟），是印度教主神之一毗湿奴的坐骑。1911年，泰王拉玛五世确定将该图案作为泰王国国徽图案（见图2－2）②。

图2－2　泰国国徽

① 中华人民共和国驻泰王国大使馆经济商务处网站。

② 同上。

国歌：《泰王国歌》
官方语言：泰语
国花：金链花
货币：泰铢
国际电话区号：0066

历史的脚步

泰国古称暹罗，于公元1238年形成较为统一的国家，先后经历素可泰王朝、大城王朝、吞武里王朝和曼谷王朝。

16世纪起，泰国先后遭到葡萄牙、荷兰、英国、法国等殖民主义者的入侵。1896年英法签订条约，规定暹罗为英属缅甸和法属印度支那间的缓冲国，使暹罗成为东南亚唯一没有沦为殖民地的国家。

19世纪末，拉玛四世王开始实行对外开放。拉玛五世王借鉴西方经验进行社会改革。1932年6月，拉玛七世王在位时，人民党发动政变，改君主专制为君主立宪制。1939年6月更名泰国，意为“自由之地”。后经几次更改，1949年正式定名泰国①。

泰国现任国王是拉玛十世王——哇集拉隆功，于2016年10月即位。2019年5月4日至6日举行加冕仪式。

泰国强调经济外交，重视国际及区域合作，积极参与东盟一体化建设。2016年泰国担任77国集团主席国，2019年担任东盟轮值主席国②。

第一节　自然环境

一、区位、地形与气候

泰国位于中南半岛中部，西部与北部和缅甸接壤，东北部是老挝，东南临泰国湾（太平洋）、与柬埔寨交界，南边狭长的半岛与马来西亚相连，西南濒安达曼海（印度洋）。泰国地理位置优越，是通往中南半岛的门户，又是东西方文化的交汇地，因此具有十分重要的战略地位。

泰国领土面积为51.3万平方千米。泰国境内大部分为低缓的山地和高原，地势北高南低，全国最高峰为因他暖山，海拔2 595米。昭披耶河（湄南

① 中华人民共和国外交部网站。
② 商务部《对外投资合作国别（地区）指南——泰国（2020年版）》。

河）纵贯南北，全长 1 200 千米，流域面积为 15 万平方千米，向南注入泰国湾，是中部农业区重要的灌溉水源和航运干线，其主要支流有难河、永河、宾河、巴塞河等。湄公河是泰老两国的天然界河，在泰国境内的主要支流是蒙河。主要山脉为他念他翁山脉，包括达嫩山、比劳山脉、坤丹山，还有栋帕耶费山、山甘烹山脉等。

泰国大部分地区属热带季风气候区，温暖而潮湿。全年分为三季：热季（2 月中旬至 5 月中旬）、雨季（5 月中旬至 11 月）和凉季（11 月至次年 2 月中旬）。热季和凉季很少下雨，所以也叫旱季。全年温度相差不大，热季平均最高气温为 34.5℃，最低气温为 23.48℃；凉季平均最高气温为 31.05℃，最低气温为 20.53℃。全国年平均降水量约为 1 570 毫米。

泰国从地形上划分为四个自然区域：北部山区丛林、中部平原的广阔稻田、东北部高原的半干旱农田，以及南部半岛的热带岛屿和较长的海岸线。

在北部山区丛林，林中日常工作仍靠大象操作。冬季气候清凉，可种植樱桃和桃子。盛产柚木。

中部为著名的湄南河冲积平原，土地肥沃，盛产稻米和水果，是主要的稻米产区。中部山脉和河谷纵横交错，是发展水电的理想地区。这里既是泰国的心脏地带，也是人口最密集的地区。

东北部属湄公河流域，是山峦起伏的高原地带，主要有呵叻高原。这里夏季极干旱，雨季非常泥泞，沿岸平地拥有无数大小不一的优美海滩，是发展夏日旅游业的胜地。

南部半岛多为狭长的丘陵地带，除拥有迷人景色外，更蕴藏天然矿藏如锡矿等，橡胶和渔产也十分丰富。

二、自然资源

（一）矿产资源

泰国矿产资源分为三类，即燃料矿、金属矿和非金属矿。燃料矿有天然气、石油、煤炭和油页岩。金属矿有锡、钨、锑、铅、锰、铁、锌、铜、钼、镍、铬、铀、钍等。非金属矿有萤石、重晶石、石膏、岩盐、杂盐（光卤石）、磷酸盐、高岑土、石墨、石棉、石灰岩和大理石等。

1. 燃料矿

20 世纪 80 年代以来，泰国在泰国湾和内陆先后发现了天然气和石油。截至 2020 年，泰国天然气蕴藏量约为 3 659.5 亿立方米，石油总储量为 2 559 万吨。泰国煤炭主要是褐煤和烟煤，其中褐煤蕴藏量约为 20 亿吨。约 80% 的煤炭资源分布在北部的清迈、南、达、帕和程逸一带，其余分布在南部的素叻他尼、董里、甲米和东北部的柯叻、加拉信府①。

2. 金属矿

锡是泰国最重要的矿产，主要分布在南部的春蓬、拉廊、攀牙、普吉、素叻他尼、洛坤、董里、宋卡、也拉和北大年等府。钨是仅次于锡的重要矿产品，主要分布在清莱、清迈、夜丰颂、帕、达、南邦、北碧及南部洛坤、巴蜀、普吉等锡矿产地，蕴藏在从北至南的西部山脉地带的火成岩及花岗岩中。锑矿分布在南奔、南邦、帕、达、素叻他尼、春武里、董里、洛坤、占他武里和北碧等府。泰国铁矿资源相对贫乏，品位中等。锌矿主要分布在达、北碧、黎三个府。铜矿主要分布在呵叻、程逸、黎和孔敬四府。锰矿主要分布在南奔、那拉惕瓦、罗勇、黎、南邦等府。其他金属矿的分布地为：占他武里和巴真有钼、钨、钙矿和镍矿，程逸有铬铁矿，宋卡、素叻他尼、乌太他尼府有铀矿，巴蜀、拉廊、普吉等府有钍矿。近年来，泰国在东北部的呵叻盆地勘探到大量的钾盐，探明储量为 4 367 万吨，居世界首位②。

3. 非金属矿

泰国是世界重要的萤石产地，萤石储量约为 1 150 万吨。重晶石储量为 3 553万吨。石膏产自披集、那空素旺、南邦、呵叻、程逸、素叻他尼等府。岩盐分布在东北部猜也蓬、呵叻、玛哈沙拉堪、乌汶和乌隆等府，储量为 29 亿吨；碳酸钾则在上述产地的岩盐层之间，仅猜也蓬府的储量就有 2.4 亿吨。其他非金属矿产于以下各地：叻武里、巴蜀、南邦府有磷酸盐；南邦、程逸、拉廊等府有高岑土；占他武里、清迈、巴蜀府有石墨；程逸府有石棉、滑石；沙拉武里、洛坤、碧武里府有石灰岩；素可泰、沙拉武里、那空沙旺府有大理石；叻武里、清迈、夜丰颂府有长石；北碧、春武里府有白云石。此外，那空那育、沙拉武里府有叶蜡石。宝石有红宝石、蓝宝石、绿宝石、黄玉尖晶石、电气石、锆石、石英、翡翠等，以红宝石和蓝宝石最为著名，主要产地是占他武里、达叻、是刹菊、北碧和帕府，占他武里府的宝石产量约占全国产量的70%。

（二）生物资源

1. 森林资源

泰国在历史上是一个森林资源丰富的国家，20 世纪初泰国的森林覆盖率高达 75%。后随着经济的发展，森林遭到毁坏，森林资源锐减。据统计，2020 年泰国森林覆盖率仅为 20%。

---

① 商务部《对外投资合作国别（地区）指南——泰国（2020 年版）》。

② 同上。

2. 动植物资源

泰国动植物资源极为丰富，拥有200多种哺乳动物、600多种鸟类、200多种鱼类和1万多种植物。代表性动物有大象、黑鹿、黑熊、马来熊、长臂猿、短尾猴、懒猴、叶猴、猕猴等。泰国的鱼类资源主要是咸水鱼，经济价值较高的有鲸鲨、虎鲨、犁头鳐、银鲳等。泰国有林木2 000多种，其中有不少是珍贵林木，如榕树、露兜树、樟树、金鸡纳树等；季风林木主要有柚木、铁树、沙尔树等。兰花是泰国的主要观赏花木，品种多达900多种，在泰国栽培很广泛，是主要的出口商品。但随着经济活动范围的扩大，动植物资源正在逐渐减少，部分物种已濒临灭绝。

第二节　人文环境

一、行政区划

泰国共设有77个府，其中中部26个、东北部20个、北部17个、南部14个。府以下设县、区、村，村长由直选产生，区长由村长选举产生。各地方议会长、曼谷市长、帕塔亚特别市市长由直选产生。

首都曼谷是唯一的府级直辖市。曼谷城始建于1782年，是泰国最大的城市，也是泰国政治、经济、金融、贸易、文化和交通中心。

二、人口分布

泰国有人口6 619万人（2020年）①。泰国人口密度较高，每平方千米有135人。但人口分布不均，北部地区人口稀少，中部和南部人口较多，尤其首都曼谷是人口最密集的城市。从人口比例来看，泰国2019年有男性3 300多万人，占比约为49%，女性3 500多万人，占比约为51%，呈现出女多男少的局面。人口增长率自20世纪70年代开始递减，2019年仅为0.28%②。

2019年，泰国0～14岁人口占总人口的16.8%，15～64岁的人口占70.8%，65岁及以上的人口占12.4%。泰国的就业率很高，据世界银行统计，2018年泰国的失业率仅为1.08%。就业于农业部门的人口约占31.6%，

① 中华人民共和国外交部网站。

② 世界银行数据库。

就业于工业部门的人口约占22.6%，就业于服务业的人口约占45.8%①。

三、民族与宗教信仰

泰国有30多个民族，主要为泰族。泰人曾称“暹罗人”，属汉藏语系壮傣语族民族，和我国壮族、傣族族源相近，约占总人口的75%，主要信奉佛教。其他民族主要有华族、马来族、高棉族、克伦族、苗族等。华族约占泰国总人口的14%左右，14世纪起即有华商定居泰国。泰国华族多数居住在首都和外府城市。马来族主要分布在泰国南部半岛，大多信仰伊斯兰教。高棉族主要分布在与老挝和柬埔寨接壤的泰国东北部和东南数府。克伦族主要分布在西北部的泰缅边境山区。苗族分布在北部和东北部泰老、泰缅边境山区地带，以农耕为主。

泰国是世界闻名的佛教国家，有着“黄袍佛国”“千佛之国”的美称。泰国有90%以上的人信奉佛教（主要是南传佛教，即小乘佛教），佛教已成为泰国的国教。泰国宪法规定，国王必须是佛教徒，有义务扶持佛教的发展。在泰国文化中，宗教、国王和国家三位一体。泰国的国旗以白、红、蓝三色组成，其中白色代表宗教，象征着佛教在泰国的重要地位。泰国的历法是佛历。在泰国，到处可见身披黄色袈裟的僧侣和富丽堂皇的寺院。截至2016年，泰国全国有佛寺3万多座，平均每个行政村或每1 600多人就有一所寺庙，平均每160人中就有一名僧侣②。在泰国，凡是信佛教的男孩子，到了一定年龄都要削发为僧，连王室成员也不例外。泰国的佛教为小乘佛教，强调自我内省和个人修行，要求控制情感及肢体运动。佛教为泰国人塑造了道德标准，形成了崇尚忍让、安宁和爱好和平的精神风貌。

虽然佛教在泰国占据主导地位，但宪法保护信仰自由和多种宗教并存，泰国国王是所有宗教的最高守护者。伊斯兰教是泰国第二大宗教，教徒主要是马来人和外国穆斯林的后裔，以及马来血统泰人和泰北来自中国云南的回族等少数民族。泰国的穆斯林主要居住在与马来西亚毗邻的泰国南部边境北大年、也拉、陶公、沙敦四府，约占全国人口的5%。

此外，天主教、基督教、印度教、锡克教等也有一定的信仰人群。

四、教育和医疗

泰国教育分为普通教育、职业教育和成人教育三大类。普通教育又分

① 世界银行数据库。

② 中华人民共和国驻泰王国大使馆经济商务处网站。

为学前幼儿教育、初等教育、中等教育、高等教育四个阶段。泰国一般实行12年制义务教育，即小学6年、初中3年、高中3年，义务教育实现完全免费。中等专科职业学校为3年制，大学一般为4年制，医科大学为5年制。泰国的高等教育比较发达，其教育制度比较接近美国的教育体制。著名高等院校有朱拉隆功大学、法政大学、农业大学、清迈大学、孔敬大学、宋卡纳卡琳大学、玛希敦大学、诗纳卡琳威洛大学、易三仓大学和亚洲理工学院等。

泰国医疗服务优质高效，而且价格比较便宜。作为世界上最著名的医疗旅游中心之一，泰国以全民医保为傲，而且优质的护理服务已经融入许多高级住宅配套服务中。

泰国拥有完善的社会制度、稳定的政策体系、优越的自然条件和福利待遇，历年来都被评选为“世界最适宜人类居住的国家”之一及“全球最幸福的国家”。

第三节 农业

泰国农业与旅游业和轻工业并列为泰国的三大经济支柱产业。泰国享有“东南亚粮仓”的美誉，是世界主要的稻米出口国，也是世界主要的橡胶、木薯、甘蔗、水产品的生产和出口国。泰国的农业部门主要包括种植业、渔业、养殖业和林业，其中种植业占60%，渔业占20%，养殖业占10%，林业占10%①。作为传统农业国，农业在泰国国民经济中占有重要地位。2019年，泰国农业产值约为450亿美元，占国内生产总值的8%，全年农产品出口约363.2亿美元，占出口总额的10.08%。截至2019年，泰国共有大约940万农业就业人口，占全国就业人口的14.03%②。农业产品的出口一直是泰国外汇收入的主要来源之一，2019年泰国农产品贸易总额为531.86亿美元，同比增长1.66%。作为国民经济支柱产业之一，泰国历届政府都高度重视农业创收、农村发展和农民收入，在泰国的20年农业发展规划（2017—2036年）中坚持“农民稳定、农业富余、农业资源可持续发展”的理念。泰国

① 泰国国家统计局网站。

② 中华人民共和国驻泰王国大使馆经济商务处网站。

农业将按照“泰国4.0”战略[①]，培养智慧农民，把新发明和现代科技运用于农业，积极推动农业管理、科研和技术推广的有机结合，不断创新农业的生产与发展，促进农产品出口创汇，增加农民收入。

一、种植业

泰国农业资源丰富，全国可耕地面积约占国土面积的41%[②]。土壤肥力高、排水良好、土层深厚、不易受侵蚀，很适合农作物的生长。同时，泰国大部分国土属于热带季风气候，全年都适合农作物种植。农业主要产区集中在中部湄南河三角洲和东北部呵叻高原。农产品品种丰富，包括水稻、香蕉、玉米、木薯、甘蔗、蔬菜、绿豆、咖啡豆等。泰国农业基本形成了“南胶中米北丝”的格局，即南部橡胶、中部稻谷、北部桑树。

泰国种植业以稻米为主，质优量大。据泰国农业经济办公室统计，2017—2018 年泰国收获稻谷约 3 000 万吨，加工后的大米约有 1 000 万吨出口、1 000 万吨国内消费。泰国现在正大力发展有机农业，为有机农业生产制订了专门的国家标准和国家认证计划，推出有机农产品商标——“有机泰国”。以素林和武里南府为代表的近千个传统农场已转变为有机水稻农场，政府为泰国的大米发展制定了详细的生产标准。泰国政府在水稻技术推广上严把种子质量关，种子生产中心按照国家的技术要求对种子进行提纯复壮，严格做好种子繁殖，以保持大米的品种优良。此外，泰国十分重视产品质量，1998 年颁布的第一版《泰国茉莉香米标准》对出口香米的纯度做出了明确规定，此后多次对标准进行修订，确保出口香米的质量[③]。

除了稻米外，泰国木薯的生产和加工也在农业经济中占据了很重要的位置。20 世纪 30 年代泰国首次引进木薯，之后很快就在泰国东北部、北部和中东部扩大种植。泰国的其他经济作物还有烟草、甘蔗、原麻和花卉等。

---

① “泰国4.0”战略：为保持经济稳定增长，泰国政府于2016 年正式提出“泰国4.0”高附加值经济模式，这是泰国政府提出的未来 20 年的经济社会战略目标。泰国走过农业 1.0 时代、轻工业 2.0 时代、重工业 3.0 时代，现在升级到有创新驱动和高附加值的 4.0 时代。国家投资政策将向核心技术、人才、基础设施、企业和目标产业五大领域倾斜。十大目标产业将成为泰国经济发展的新引擎：新一代汽车制造、智能电子、高端旅游与医疗旅游、农业与生物技术、食品深加工五大产业是泰国原有优势产业，还有五大产业是未来产业，包括工业机器人、航空与物流、生物能源与生物化工、数字经济、医疗中心。

② 中华人民共和国外交部网站。

③ 孙广勇．泰国：农村生活比以前好多了（国外乡村见闻）［N］．人民日报，2018－05－29（22）．

二、林业

泰国有着丰富的森林资源，有各种热带常绿乔木，主要包括榕树、露兜树、樟树、金鸡纳树等。季风林木主要有柚木、铁树、沙尔树和芒果树，还产各种藤及竹子。因此林业曾是泰国重要的经济部门，第二次世界大战后，随着木材生产的迅速发展，林业产值在20世纪50年代一度占到国内生产总值的5%。柚木更是与大米、橡胶、锡齐名的四大出口产品之一，是国家收入的主要来源。20世纪初期，锯木厂和木材加工厂遍布泰国全国各地，林业资源被大量过度开采利用，森林面积急剧减少。20世纪70年代初，泰国开始逐步颁布保护森林、减少林木砍伐的法令，林木产品随之减少，林业产值大幅下降，在国民经济中的地位逐渐下降。随着各类果树的种植，水果产品得到迅速发展，泰国成为著名的“水果之乡”，出产的热带水果不但品种齐全，而且产量很大。由于气候适宜，泰国水果品质普遍较高。“果中之王”榴莲、“热带果后”山竹、红毛丹等特色水果享誉全球[①]。

橡胶是泰国仅次于大米的重要农产品，2019年泰国的橡胶收获面积为327.29万公顷，橡胶产量为484万吨。2019年泰国不仅出口干胶204.37万吨，还出口生胶107.37万吨，共计41.42亿美元。泰国全国77个府中有70个府在种植橡胶，其中北部17个，东北部20个，中部19个，南部14个。南部的橡胶产量占全国橡胶产量的65%以上[②]。

三、畜牧业

泰国气候湿热多雨，植物茂盛，为畜牧业的发展提供了良好的自然条件。主要动物种类有牛、猪、鸡、鸭及少量的马、羊和大象。历史上泰国的畜牧业一直都是家庭分散经营，以自给性消费为主，没有形成规模。从20世纪60年代末起，泰国畜牧业逐渐走向商品化、规模化和集约化经营，目前已形成以牛、猪和鸡养殖为主的生产布局。

泰国的畜牧业产地主要有两个：一个是以呵叻高原为中心的东北部地区，该地区主要养殖种猪、肉牛和种牛；另一个是以曼谷为中心的中部地区，主要养殖蛋鸡、肉鸡、蛋鸭、肉鸭、肉猪和奶牛。随着现代养殖技术的提高，鸡、鸭、肉、蛋等畜产品不仅能满足国内需求，还成为一个重要的出口创汇部门。2019年泰国成为全球第七大肉鸡生产国和第四大肉鸡出口国[③]。

---

① 邹春萌，罗圣荣．泰国经济社会地理［M］．广州：世界图书出版广东有限公司，2014.

② 联合国粮农组织数据库。

③ 美国农业部数据。

四、渔业

泰国湾和安达曼海是天然海洋渔场，龙仔厝、北榄、宋卡、普吉等地是泰国国内重要的渔业中心和水产品集散地。泰国渔业分为海洋渔业、淡水渔业和水产养殖业，其中以海洋渔业为主，产量占据渔业总产量的90%。内河的淡水鱼类主要有鲤鱼、弹涂鱼、鲈鱼、鳗鱼等，泰国湾的海鱼以鲭鱼和沙丁鱼为主。随着捕鱼业的发展，水产品加工业如冷冻业、罐头加工业、烘干业、熏鱼业、鱼粉业等相关行业迅速发展起来。泰国水产品质量优良，价格具有竞争力，为其出口创汇提供了保障。出口业务已扩展到全世界60个国家和地区，主要出口产品是冻对虾和金枪鱼罐头。

第四节　工业

泰国农业不断发展壮大，带动了以农产品加工为主的制造业的发展。在20世纪50年代后期，泰国工业主要是碾米、锯木、榨糖、制冰等小规模工厂和家庭手工作坊式工业，主要满足国内需求。自20世纪60年代起，泰国政府开始制订经济发展计划，不断调整经济结构，推进本国的工业化发展。70年代以后，泰国轻纺工业和食品加工业已能自给有余。20世纪90年代，泰国在重点发展重化工业的同时，充分利用国内的廉价劳动力发展出口加工业，吸收从发达国家转移出来的劳动密集型产业，扩大就业机会，改善工业基本结构，使产业结构和布局更加合理，出现了一些资本密集和技术密集型产业。

一、能源工业

泰国是一个能源较为匮乏的国家，为了解决工业发展所需要的能源问题，泰国政府付出了诸多努力，使能源工业得到了一定的发展。泰国自1933年起开始关注石油的开采、生产、采购和销售，而泰国国防部为了保证汽油、煤油和润滑油的供应，成立了专门的燃油部，并建立石油桶生产工厂，建立石油储备。在遭遇第一次石油危机后，泰国开始重视能源开发，加快海上、陆上的石油勘探开发进程，现已能满足国内需求的60%，降低了对国外成品油的依赖程度。

泰国的天然气资源比较丰富，是泰国最重要的自产能源，泰国几乎所有的气田都位于泰国湾。随着开采量的不断增长，天然气储量在递减。根据《BP世界能源统计年鉴》，2019年泰国的天然气储量为2 000亿立方米。天然气产量从2010年的337亿立方米提高到2019年的358亿立方米，仅提高21亿立方米；消费量却从2010年的432亿立方米提高到2019年的508亿立方米，提高了76亿立方米。

泰国煤炭资源丰富，易开采，多分布在西部、西北部与半岛地区，东部地区相对欠缺，并且煤炭品级较低，以一般生产与生活所需的褐煤或烟煤为主。根据《BP世界能源统计年鉴》，2019年泰国的煤炭储藏量为10.63亿吨，储产比为76年。2019年煤的生产量仅为15万吨，但消费量达到71万吨，煤的需求缺口还很大。高品级煤炭的短缺阻碍了泰国煤炭工业的发展，总体开发水平与力度不够。

电力短缺制约着泰国的经济发展。根据《BP世界能源统计年鉴》，2019年泰国共发电1 865亿千瓦小时，其中石油发电11亿千瓦小时，天然气发电1 218亿千瓦小时，煤炭发电358亿千瓦小时，水能发电63亿千瓦小时，可再生能源发电214亿千瓦小时，其他发电约1亿千瓦小时。国家天然气储量的减少促使泰国将眼光转向可再生能源。2019年，泰国利用可再生能源发电214亿千瓦小时，是东南亚国家中利用可再生能源最多的国家。可再生能源中，除了风能、太阳能外，其他生物能源占64%。泰国有着比较先进的生物燃料生产能力。2019年，泰国每日能生产出相当于4.3万桶石油的生物燃料。泰国已发展生物柴油和乙醇来替代石油，并鼓励国民使用，禁止生物柴油出口。同时，泰国还与老挝、缅甸等周边国家积极开展合作，满足本国日益上涨的电力需求。

二、原材料工业

泰国的原材料工业在整个东南亚地区相对发达，但只能作为泰国的基础工业部门。原材料工业包含以下几个部分。

（一）采矿业

泰国的采矿业过去曾是国民经济的重要组成部分，但随着近几年国内经济的发展和国际经济形势的变化，泰国采矿业的地位日渐衰落。作为换汇大户的锡也因世界市场价格趋低受到很大冲击。另外，国内需求的不断增长也导致部分矿产品出口下降，甚至出现了短缺。采矿业中前景乐观的首推石油开采。

（二）建材工业

由于建筑业的兴旺，建材市场出现供应短缺，水泥、钢材等需依靠进口补充不足。为改善这种状况，泰国政府积极鼓励建材工业的发展，使供求形势有所缓和，其中发展较快的有水泥、陶瓷、卫生设备生产等。泰国的水泥出口在东盟国家中占有重要地位，其水泥质量高，具有很强的国际竞争力。

（三）钢铁业

钢铁作为基础工业，对泰国经济发展起到重要作用。2013 年《世界钢铁统计年鉴》数据显示，2012 年泰国粗钢产量约为 430 万吨，居世界第 33 位；以 1 520 万吨的进口量排名世界第五大钢铁进口国；净进口量仅次于美国，排名世界第二①。

（四）化工业

化工是泰国工业中具活力的产业之一。泰国拥有一套完整的从生产到运输的基础设施，化工产品生产种类齐全，成本低廉。

三、制造工业

泰国的制造业以汽车工业为主，还包括摩托车、电子电器、信息产品及其他工业品等。泰国汽车工业的发展始于 20 世纪 60 年代，泰国实施进口替代的汽车工业政策，促进了汽车工业的发展。20 世纪 90 年代，泰国逐步实施出口导向型的汽车工业政策，充分利用外来资金与技术，同时发挥本国的资源优势，逐步开放国内的汽车市场，汽车工业发展迅猛。汽车工业中零部件与整车企业之间的关联度非常紧密，汽车工业的发展推动了泰国其他相关产业的发展。

摩托车工业与汽车工业的发展一致，泰国有东盟地区最强的摩托车组装能力和零部件生产能力，是东南亚地区摩托车主要生产基地和出口中心。泰国的摩托车主要出口美国及东盟国家，现已成为泰国外贸出口支柱产业之一②。

泰国的电子工业起步于 20 世纪 60 年代，主要是小型家用电器和电子产品的装配工业，大多数家用电器依旧依靠国外进口。信息产品制造业起步较晚。泰国政府实施税收优惠政策促进本国集成电路工业的发展，现泰国已成为东南亚最具潜力的集成电路生产国之一。

四、农产品加工业

泰国农产品加工业的发展大致经历了三个阶段：20 世纪 60—80 年代，是泰国农产品加工业的起步发展阶段；20 世纪末，泰国进入农产品加工业的大发展阶段；21 世纪后，农产品加工业进入深化发展阶段。泰国的农产品加工主要包括粮食加工和食品加工。

---

① 2011 年泰国水泥工业将年比增长 5% ［J］．建材发展导向，2011（8）．

② 郭凌菘．曼谷的道路交通与泰国摩托车发展特点［J］．小型内燃机与摩托车，2014（2）．

泰国粮食加工主要包括稻米加工、玉米加工和木薯加工三种。泰国的稻米加工业非常发达，稻米加工技术先进，拥有具有高技术含量的大米抛光技术，确保了大米的高品质。生产者根据市场的不同需求，将大米加工成糙米、白米和碎米，分别包装上市。根据消费者对生态食品的需求，泰国还推出不含化学成分的天然大米。泰国的玉米主要加工成甜玉米和玉米饲料以供出口。泰国的木薯加工业主要加工木薯干片、木薯颗粒、木薯淀粉及乙醇等。

泰国食品加工业主要包括水果加工业、制糖业、水产品加工业和禽畜冷冻业。水果和水产品的罐头加工已成为泰国重要的农产品加工行业。制糖业也是泰国传统的农产品加工行业，发展至今已成为重要的出口创汇行业。禽畜冷冻业中最具代表性的产品是冻鸡，在国际市场上具有较强的竞争力。

五、轻纺工业

自1985年以来，轻纺工业一直是泰国出口创汇最大的产业之一，纺织服装年出口额达60多亿美元。轻纺工业以纺织服装业和鞋类制造业为主，覆盖了从纤维制造到成衣生产整个产业链的各个环节。泰国现已成为亚洲重要的运动鞋制造国和出口国之一，鞋类主要出口市场为美国和欧盟。但随着产业成本的增加，泰国鞋类制造业也面临着鞋类企业转移生产基地的严峻挑战，产业发展受到一定的影响。

2004 年 2 月泰国政府投资 4 500 万美元打造曼谷的时装产业，泰国的时装业在未来将随着产业升级提高知名度，进而带动出口，时装业未来有望成为泰国的重要产业部门。

第五节　第三产业

随着工业化进程的推进，泰国服务业迅速发展并成为经济发展的重要推动力，服务业产值和就业比重都在国民经济中占据了重要地位。泰国拥有完善的基础设施，包括发达的海陆空交通网络、现代化的通信网络及充足的水电供应，为外资进入提供了全面、成熟的配套体系和一流的服务。2019 年服务业创造的产值达到 4 575 亿美元，占泰国国内生产总值的 58.6%，吸收了45%的劳动力就业人口①。泰国开泰研究中心最新研究结果表明，文化旅游、

① 世界银行数据库。

餐饮、传媒娱乐和商务服务四大服务业是泰国最具前景和潜力的四大产业。

目前泰国主要的服务业部门有旅游业、交通运输业、通信业、金融服务业和批发零售业。服务业的发展地区不平衡，主要集中在曼谷及周边各府。

一、旅游业

泰国的旅游业具有以下优势：泰国位于东南亚的中心地带，与周边国家的交通十分便利；气候温暖，全年适宜旅游；历史悠久，拥有丰富的文化旅游资源；国家开放程度高，签证便利。泰国的旅游景点有500多处：泰国中部地区是泰国省府最稠密和人口最多的地区，拥有众多寺庙，大皇宫、素可泰历史文化公园等旅游景点更是闻名世界；泰国北部地区自然景色旖旎，历史古迹和佛塔寺庙随处可见；泰国东部地区的帕塔亚是备受游客喜爱的著名旅游胜地；泰国西部地区以众多风光秀丽的水坝为旅游景观；泰国南部地区海岛众多，深受国际游客的青睐。为促进泰国旅游业的发展，泰国加大相关产业和设施的配套建设。除了自然、文化和宗教景观外，泰国旅游有许多独特的服务项目，如泰拳、水疗、保健、美容外科等。泰国有许多市场和百货商店，是国际游客的购物天堂。泰国全年有许多节日和传统活动，不断吸引游客参与。泰国政府积极支持旅游业发展，旅游部门设有旅游公司和政府机构网络，为当地的旅游业创造了多样性的良好条件。

旅游业是泰国服务业中的支柱产业，酒店服务业、旅行社、餐饮业与娱乐业等都十分发达，是泰国外汇收入的重要来源。近年来，泰国加快了宾馆和旅店建设，现有的宾馆和旅店数量多，规格档次多样化，入住率较高。2013—2016年，泰国的旅店客房由457 029间增至682 824间，2018年，仅首都曼谷就有客房140 688间，既有连续被评为“世界最佳宾馆”的曼谷东方饭店等高星级宾馆，也有收费低廉的普通旅店。泰国的旅游饭店设施齐全，大都设有商场、健身场馆等娱乐休闲设施，能够举办国际性大型会议，会议服务具有国际水平。

泰国的国际游客主要来自亚太地区，其次为欧洲地区。泰国历来以“微笑国度”闻名于世，吸引着众多外国游客。从表2－1可以看出，赴泰旅游人数在2010—2018年不断增加（除2014年泰国发生军事政变，严重影响到赴泰旅客人数和旅游收入外）。2018年受到汇率的影响，以美元计算的旅游收入略有下降，但即便如此，泰国的旅游业收入仍占GDP的9%左右。赴泰外国游客主要来自中国、日本、马来西亚、新加坡和韩国，其中，中国内地游客对泰国旅游业的贡献巨大。据泰国旅游机构统计，2018年，泰国入境旅游人数达 3 800 万名，比 2017 年增加了 7.34%，而中国内地赴泰旅游人数突破 1 054 万人，占比较大。除曼谷、普吉、清迈和帕塔亚等主要旅游点继续发展外，清莱、华欣、苏梅岛等一批新的旅游点发展较快。

表 2-1　2010—2018 年赴泰旅游人数、旅游收入

年度	外国赴泰旅游人数（万人）	赴泰旅游人数增长率（%）	旅游收入（亿美元）
2010	1 594	12.73	237.96
2011	1 923	20.64	309.24
2012	2 235	16.22	377.66
2013	2 655	18.79	457.38
2014	2 481	-6.55	420.47
2015	2 992	20.60	485.27
2016	3 253	8.72	524.65
2017	3 540	8.82	585.82
2018	3 828	8.14	570.32

资料来源：世界银行数据库。

二、交通运输业

泰国的运输系统由公路运输、铁路运输、水路运输及航运运输等运输系统组成，皆以曼谷为中心和枢纽。

（一）公路运输

泰国的公路交通运输业较发达，公路网覆盖全国城乡各地。泰国公路分为国道及附属公路、地方公路、特别高等级公路。2019 年泰国全国公路总里程约为 701 847 千米，其中国道及附属公路 99 881 千米，地方公路 601 741 千米，特别高等级公路 225 千米①。

泰国主要通过昆曼公路前往中国，有 R3A 线路和 R3B 线路。R3A 线路为泰国曼谷—老挝—中国昆明，全长约 1 880 千米；R3B 线路为泰国曼谷—缅甸-中国昆明，全长约 1 850 千米。

泰国有 11 个府与老挝接壤，陆路口岸 14 个（含跨湄公河水路口岸），主要通过清莱、廊开、穆达汉、那空帕农等府的泰老友谊大桥前往老挝。

泰国有 10 个府与缅甸接壤，陆路口岸 3 个，主要通过泰国达府美索口

① 商务部《对外投资合作国别（地区）指南——泰国（2020 年版）》。

岸、清莱美塞口岸前往缅甸。

泰国有5个府与马来西亚接壤，陆路口岸9个，主要通过沙墩等5个口岸前往马来西亚。

泰国有7个府与柬埔寨接壤，陆路口岸6个，主要通过沙缴府口岸等前往柬埔寨。

（二）铁路运输

泰国铁路系统相对较落后。据泰国交通部统计，2019年泰国铁路网里程约为4 645千米，其中：4 508千米为米轨铁路，覆盖全国47府；137千米为城市轻轨，集中在曼谷及周边。4条主要铁路干线以曼谷为中心向北部、东部、南部及东北部延伸，北部到清迈，东部到老挝边境，南部到马来西亚国境。

2017年12月21日，中泰铁路一期工程首段（曼谷—呵叻段）正式进入施工阶段。截至2019年3月，项目一期工程第一段完成60%。

（三）水路运输

湄公河和湄南河为泰国两大水路运输干线，内陆水道长约4 000千米。全国共有47个港口，其中海港26个，国际港口21个。廉差邦港是泰国最大的物流枢纽，集装箱运输量占国内的52%。泰国重要的码头还包括曼谷港、清盛港、清孔港和拉农港等，海运线可达中、日、美、欧和新加坡。

（四）航空运输

泰国航空业比较发达。航空客运是外国游客进入泰国的主要运输方式。2019年泰国全国共有74个机场，包括36个商业机场和38个非商业机场。从泰国任何一个地区到曼谷的飞行时间仅为1小时左右。截至2018年，泰国共有11个国际机场开通了国际航线：中部的素旺纳普国际机场、廊曼国际机场、华欣国际机场；北部的清迈国际机场、清莱国际机场；东部的乌达堡国际机场；南部的普吉国际机场、合艾国际机场、甲米国际机场、苏梅国际机场、素叻他尼国际机场。2019年共53个国家的80家航空公司设有赴泰固定航线，89条国际航线可达欧、美、亚及大洋洲40多个城市，国内航线遍布全国21个大、中城市。北京、上海、广州、昆明、成都、汕头、香港等都有固定航班往返曼谷。

三、通信业

泰国电信业比较发达，各种形式的电信网络已覆盖全国各地，包括固定电话、移动电话、ADSL宽带互联网、卫星调制解调器及拨号入网服务等。泰国主要的电信服务商包括国有的 CAT、TOT 以及民营的 AIS、DTAC、TRUE 等。随着泰国政府计划在全国范围扩大电信网络，泰国正进入宽带时代，泰国电信网络基础设施方面乃至整个供应链都存在巨大商机。

第六节　外贸与外资

一、对外贸易概况

泰国是一个外向型经济国家，进出口在国民经济中占据重要地位。据世界银行统计，泰国对外贸易产值在其第三产业产值中的比例不断上升，从 2010 年的 22% 上升到 2019 年的 26%。据泰国海关统计，2019 年泰国货物进出口额为 4 853.2 亿美元，比上年（下同）下降 3.1%。其中，出口额为 2 453.4亿美元，下降 1.8%，进口额为 2 399.8 亿美元，下降 4.4%，处于贸易顺差状态（见表 2－2）。

表 2－2　泰国 2010—2019 年货物进出口贸易统计　　单位：百万美元

时间	进出口总额	同比（%）	出口额	同比（%）	进口额	同比（%）	顺差额
2010	379 829	32.6	195 293	28.7	184 536	37.1	10 757
2011	449 673	18.4	220 373	12.8	229 300	24.3	－8 927
2012	479 835	6.7	228 117	3.5	251 718	9.8	－23 601
2013	473 420	－1.3	225 182	－1.3	248 238	－1.4	－23 056
2014	453 738	－4.2	225 464	0.1	228 274	－8.0	－2 810
2015	412 803	－9.0	210 865	－6.5	201 938	－11.5	8 927
2016	409 443	－0.8	213 660	1.3	195 783	－3.0	17 877
2017	460 507	12.5	235 931	10.4	224 576	14.7	11 355
2018	500 890	8.8	249 890	5.9	251 000	11.8	－1 110
2019	485 320	－3.1	245 340	－1.8	239 980	－4.4	5 360

资料来源：北京正点投资咨询有限公司。

泰国主要的贸易伙伴为美国、中国、日本、东盟、欧盟等。从国别来看，2019 年美国位居泰国主要贸易伙伴的第一位，泰国对美国的出口额为 312.9 亿美元，占泰国总出口额的 12.8%。中国和日本是泰国的另外两大贸易伙伴，2019 年泰国对两国出口额分别为 290.21 亿美元和 244.68 亿美元，分别占 11.8% 和 9.2%。2019 年，泰国从中国进口的货物总额达到 509.8 亿美元，占

21.2%。从日本和美国进口货物总额分别为336.41亿美元和175.96亿美元，占泰国进口总额的14%和7.3%。美国是泰国最大的贸易顺差来源地，2019年顺差额为136.9亿美元，增长7.4%。贸易逆差主要来自中国和日本，2019年逆差额为219.6亿美元和91.7亿美元①。

泰国出口产品有汽车零配件、计算机及零配件、集成电路板、化学制品、石化产品、珠宝首饰、成衣、鞋、橡胶、家具、大米、加工海产品等。2019年机电产品、运输设备和塑料橡胶这三样主要出口商品的出口额分别为740.7亿美元、313.6亿美元和286.9亿美元，三类产品合计占泰国出口总额的54.7%。另外，食品饮料出口额为204.15亿美元，占泰国出口总额的8.3%。进口产品有机电产品及零配件、工业机械、电子产品零配件、汽车零配件、建筑材料、原油、造纸机械、钢铁、集成电路板、化工产品、电脑设备及零配件、家用电器、珠宝金饰、金属制品、饲料、水果及蔬菜等。其中，机电产品、矿产品和贱金属及制品是泰国的主要进口商品，2019年进口额分别为696.8亿美元、316.4亿美元和284.5亿美元，三类产品合计占泰国进口总额的54%。此外，化工产品进口额为196.02亿美元，同比下降5%，占泰国进口总额的8.2%。

二、贸易法规

（一）贸易主管部门

泰国主管贸易的政府部门是商业部，其主要职责分为两部分：对内负责促进企业发展，推动国内商品贸易与服务贸易发展，监管商品价格，维护消费者权益和保护知识产权等；对外负责参与世界贸易组织（WTO）事务和进行各类多、双边贸易谈判，推动国际贸易良性发展等。

（二）贸易法规体系

泰国与贸易相关的主要法律有1960年的《出口商品促进法》、1979年的《出口和进口商品法》、1973年的《部分商品出口管理条例》、1979年的《出口商品标准法》、1999年的《反倾销和反补贴法》、2000年的《海关法》和2007年的《进口激增保障措施法》等②。

1. 进口管理

泰国对多数商品实行自由进口政策，任何开具信用证的进口商均可从事进口业务。泰国仅对部分产品实施禁止进口、关税配额和进口许可证等管理

---

① 北京正点国际投资咨询有限公司《2019年全年泰国货物贸易及中泰双边贸易概况》。

② 商务部《对外投资合作国别（地区）指南——泰国（2020年版）》。

措施。禁止进口产品主要涉及公共安全和健康、国家安全等的产品，如摩托车旧发动机、博彩设备等。关税配额产品包括24种农产品，但关税配额措施不适用于从东盟成员国进口的商品。进口许可分为自动进口许可和非自动进口许可，非自动进口许可产品包括关税配额产品和加工品，如鱼肉、生丝、旧柴油发动机等；自动进口许可产品包括部分服装、凹版打印机和彩色复印机。

2. 出口管理

泰国除通过出口登记、许可证、配额、出口税、出口禁令或其他限制措施加以控制的产品外，大部分产品可以自由出口，2019年受出口管制的产品有45种，其中征收出口税的有大米、皮毛皮革、柚木与其他木材、橡胶、钢渣或铁渣、动物皮革等。

3. 贸易壁垒

泰国对WTO成员实施的平均关税是11.2%。泰国现对大量的进口产品征收超过30%的关税，包括农产品、汽车和汽车零部件、酒精饮料、纤维和一些电子产品。丝织品、羊毛织物、棉纺织品及其他一些纤维织物的进口关税多为60%，摩托车及一些特殊用途车的进口关税达到或超过80%，大米为52%，奶制品为216%。

泰国对绝大多数工业原材料和必需品如医疗设备征收零关税；对一些原材料、电子零配件、化工原料以及用于国际运输的交通工具征收1%的关税；对大部分初级产品和资本货物征收5%的关税；对中间产品一般征收10%的关税；对成品一般征收20%的关税；对需要保护的特殊产品征收30%的关税。

根据WTO的《农业协定》，泰国对24种农产品实行关税配额管理，分别是桂圆、椰肉、牛奶、土豆、洋葱、大蒜、椰子、咖啡、茶、干辣椒、玉米、大米、大豆、洋葱籽、豆油、椰子油、速溶咖啡、土烟丝、生丝等。这些产品在配额内实行低关税，在配额外实行高关税，如大蒜进口配额仅64.6吨，配额内关税为27%，配额外关税高达57%。

泰国规定42种产品需要进口许可，禁止进口二手摩托车及其零件和游戏机。产品进口必须满足规定的要求，如缴纳特别费用、需要原产地证明等。进口食品、医药产品、矿产品、武器弹药、艺术品，需要相关部门的特别许可。泰国要求在食品进口登记中提供关于食品生产工艺及组成成分的详细信息。泰国卫生部食品药品管理局规定，所有食品、药品及部分医疗设备的进口均须符合进口许可证的管理。进口上述产品必须附有泰文说明产品名称、重量或容量、生产和失效日期的标签，并经泰国卫生部食品药品管理局批准。

泰国对 10 个领域的 60 种产品实行强制性认证，包括农产品、建筑原料、消费品、电子设备及附件、PVC 管、医疗设备、LPG 气体容器、表层涂料及交通工具等。

（三）进出口商品检验检疫

泰国负责商品质量监督、检验和标准认证的管理部门主要是卫生部下属的食品药品管理局（Food and Drug Administration，FDA）及农业合作部下属的国家农业商品和食品标准局（National Bureau of Agriculture Commodity and Food Standards，ACFS）。

FDA 根据相关法律法规对商品的市场准入进行控制，审核发放各类商品相应的卫生证明、GMP 认证①、HACCP② 认证和自由销售证明等。进口商必须申请进口许可证后才能进口食品，指定的食品储藏室必须经 FDA 检验后才能使用，进口许可证要每 3 年更新 1 次；对于特别控制的食品，进口商必须到 FDA 注册，获得批准才能进口。

ACFS 的主要职责是制定初级农产品、食品和加工农产品的标准，发放许可证明，对有关产品的认证机构及企业进行认证等。此外，还协助和参与技术问题、非关税措施及国际标准等方面的对外谈判，其主要工作目标是发展泰国农产品和食品标准体系，使其适应国际标准，以扩大泰国农产品和食品的出口额。ACFS 自成立以来，至 2019 年共制定公布了 22 项植物食品标准、10 项动物产品标准、3 项鱼类食品标准和 20 项其他标准。

（四）海关管理规章制度

《海关法》是泰国实施海关管理的根本法律制度。目前，泰国海关进出口商品代码和关税管理体系是根据 1987 年修订的海关关税法令制定的。

在泰国，大部分进口商品都需要缴纳两部分税，一是海关关税，二是增值税。关税计税方法一般为按价计税，也有部分商品按照特定单位税率的方式征税。一般情况下，进口商品关税额计算公式为商品到岸价乘以该项商品的进口税率，绝大部分商品的进口关税在 0% 至 80% 之间；增值税的计算公

---

① GMP 即 Good Manufacturing Practice，中文含义是“良好生产规范”，世界卫生组织将 GMP 定义为指导食物、药品、医疗产品生产和质量管理的法规。

② HACCP 即 Hazard Analysis and Critical Control Point，表示危害分析的临界控制点，确保食品在生产、加工等过程中的安全，在危害识别、评价和控制方面是一种科学合理的方法。

式为进口商品缴纳关税和消费税（部分商品需缴纳）后的总价值乘以7%①。

三、与中国的贸易关系

中泰两国贸易关系源远流长。早在15世纪初，明朝郑和下西洋，到达暹罗港，就开创了中泰两国的贸易往来。1975年中泰正式建立外交关系，为两国的贸易打开了新的局面。随着中泰两国经济的不断发展，两国间的贸易往来也越来越密切。到1995年，中国成为泰国十大贸易伙伴国之一。自2013年中国"一带一路"倡议提出，中国加大了与这一倡议内的国家间的经济贸易往来。据泰国海关统计，2019年泰国与中国双边货物进出口额为800亿美元。其中，泰国对中国出口额为290.2亿美元，占泰国出口总额的11.8%；泰国自中国进口额为509.8亿美元，占泰国进口总额的21.2%。泰国贸易逆差为219.6亿美元。

塑料橡胶和机电产品是泰国对中国出口的两大主要商品，2017年出口额分别为86.6亿美元和66.4亿美元，同比增长37.1%和16.3%，占泰国对中国出口总额的29.5%和22.6%。此外，植物产品出口额为29.1亿美元，同比增长8%，占泰国对中国出口总额的10%，为泰国对中国出口的第三大类商品。对中国出口的第四和第五大类商品是化工产品和化学、钟表、医疗设备等，出口额分别为20.9亿美元和17.4亿美元，同比增长27.2%和3.6%。木制品等出口额为16.5亿美元，同比增长21.9%②。

2019年泰国对中国的塑料橡胶出口呈现下降趋势，但仍为泰国对中国出口最多的商品，出口额为74.8亿美元，同比下降7.8%，占泰国对中国出口总额的25.8%。机电产品出口额为62.4亿美元，同比下降8.6%，占泰国对中国出口总额的21.5%。此外，植物产品出口额为37亿美元，同比增长12.7%，占泰国对中国出口总额的12.7%，是第三大类出口商品。

泰国自中国进口的商品主要集中于机电产品，2019年进口额为232.9亿美元，同比下降1.1%，占泰国自中国进口总额的45.7%。其中，电子类产品进口额为141.7亿美元，同比下降6.2%；机械类产品进口额为91.2亿美元，同比增长8.2%。此外，贱金属及制品进口额为75.7亿美元，同比下降1.9%，占泰国自中国进口总额的14.8%。在上述产品中，日本和马来西亚等国家是中国的主要竞争对手。2017—2019年中泰贸易情况如表2-3所示。

---

① 中华人民共和国驻泰王国大使馆经济商务处网站。

② 北京正点国际投资咨询公司《2017年全年泰国货物贸易及中泰双边贸易概况》。

表 2-3 2017—2019 年中泰贸易统计表 单位：亿美元

指 标	2017 年	2018 年	2019 年
进出口总额	741.4	799.3	800.0
中国出口额	447.3	502.3	509.8
中国进口额	294.1	297.0	290.2

资料来源：中华人民共和国商务部网站。

四、中国在泰国的 FDI 政策

对中国来讲，泰国有着较好的投资环境，且社会总体稳定、对华友好；经济增长前景良好；市场潜力较大；位于东南亚地理中心，地理位置优越；工资成本低于发达国家；政策透明度较高，贸易自由化程度较高。随着“泰国 4.0”战略的提出，泰国未来的发展趋势明确，投资泰国对中国很有吸引力。

中国对泰国的直接投资总量伴随着中国“一带一路”倡议的推行而不断上升，投资规模日益扩大，投资金额呈现指数级增长。中国对泰国投资总额从 2014 年的 8.39 亿美元一路攀升到 2018 年的 17.4 亿美元，是继美国、日本之后泰国的第三大投资国①。

2018 年，按产业划分中国对泰国的直接投资，制造业占 39%，金融和保险占 36%，房地产业占 12%，批发和零售占 8%，其他占 5%（见图 2-3）。

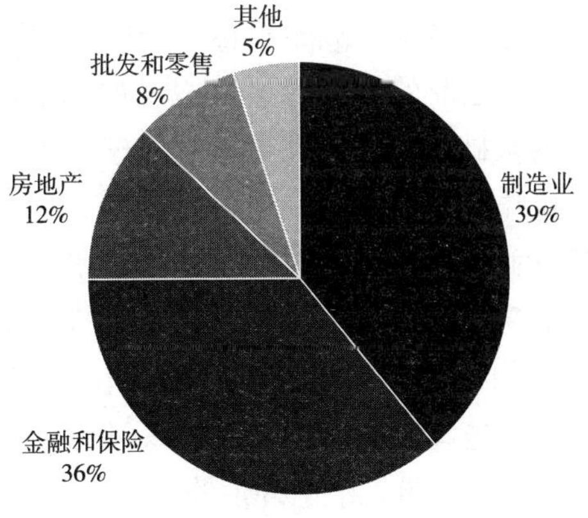

图 2-3 中国对泰国直接投资的行业分布

① 中国对泰国投资增长迅速［EB/OL］.［2019-03-02］. http：//news. cri. cn/20190302/12ea252a-7c39-7fbf-2fc2-c16e63e968c9. html.

五、泰国吸收外资与对外投资

（一）投资环境

世界经济论坛发布的《2017—2018年全球竞争力报告》显示，泰国在全球最具竞争力的137个国家和地区中排名第32位。世界银行发布的《2018年全球营商环境报告》显示，在190个经济体中，泰国营商环境的排名从2017年的第46位大幅提升至第26位，综合得分为72.53①。同时，良好的投资环境使泰国成为“全球最佳投资国家”中的第八名②。

从宏观经济来看，全球金融危机结束后，2010年泰国经济复苏，2010年和2012年分别出现7.8%和6.4%的高增长率。2014年受政治动荡和全球经济复苏乏力的影响，经济增长回落。2015年后经济发展有所回暖，并呈现逐年增长的趋势（见表2-4）。

表2-4　2010—2019年泰国经济总量及经济增长情况

年份	2010	2011	2012	2013	2014	2015	2016	2017	2018	2019
GDP（亿美元）	3 411	3 708	3 976	4 203	4 073	4 013	4 134	4 564	5 066	5 443
人均GDP（美元）	5 076	5 492	5 861	6 168	5 952	5 840	5 993	6 594	7 297	7 817

资料来源：世界银行数据库。

（二）投资政策

2016年，泰国政府提出“泰国4.0”战略目标，即通过创新和技术手段发展高附加值产业，促进泰国产业转型升级，推动新的经济模式发展，增强国家竞争力。为实现“泰国4.0”战略目标，泰国政府更新了原有的投资政策。新的投资优惠政策在之前的各项优惠权益（如基于行业的优惠权益和基于效益的优惠权益）的基础上，增加和更新了基于技术的优惠权益和基于地区的优惠权益，以及特殊优惠权益。

基于技术的优惠权益方面，生物技术、纳米技术、先进材料技术和数字技术4类核心技术可享受技术的优惠政策。这些先进技术企业可享受如下优惠：免征企业所得税10年；新机械免征进口税；用于研发、相关测试以及生产出口产品的原材料免征进口税1年（可延展）。非税务优惠权益则包括：允许持有土地、雇佣外国技术人员、汇出外汇等。

基于地区的投资优惠权益方面，涉及经济特区（SEZs）和东部经济走廊

---

① 商务部《对外投资合作国别（地区）指南——泰国（2020年版）》。

② “全球最佳投资国家”是6 000余名商业决策人，根据贪污、动态、经济稳定、创业、有利的税务环境、革新、技术劳工及科技专业的8个项目，对80个国家进行评估调查后的排名。

（EEC）。

经济特区主要指建在边境地区的10个府，以便促进与邻国之间的贸易和投资发展。这10个府是清莱府、北碧府、那拉提瓦府（陶工府）、廊开府、那空拍侬府、达叻府、宋卡府、来兴府、沙缴府和莫拉限府。泰国政府为经济特区的投资者同时提供税收和非税收激励措施，对在经济特区投资者的税收优惠包括长达8年的公司税豁免另加50%的免税期，为期5年。此外，企业家将享受双倍抵扣运输、电力和水的公用事业费用，最高可扣除25%的公用事业费用、建筑成本，进口机械免税，用于出口产品原材料免税等税收优惠，以及外国企业永久持有土地所有权和外国专家就业等非税务优惠。

东部经济走廊（EEC）包括北柳府、春武里府和罗勇府。东部经济走廊（EEC）是高技术和创新产业的理想投资地点，地处东盟地区中心，拥有一体化的基础设施，是泰国工业枢纽。东部经济走廊的目标产业包括新一代汽车、航空、智能电子产品、自动化和机器人、数字产业、生态友好型石化与化工、未来食品、医疗中心、医疗保健旅游。目标产业的投资项目有资格获得丰厚的投资促进优惠权益，可额外减半征收企业所得税5年，对于一些战略性投资项目，免征企业所得税最长可达15年，有资格申请研发和人力资源开发优惠权。

特殊优惠政策方面，主要是促进机械设备更新提高生产率的措施以及扶持泰国中小企业的措施。对于保护环境的机械设备更新，可免征企业所得税3年，免征机械进口关税。扶持中小企业发展的优惠措施是免征企业所得税最长8年[①]。

泰国政府鼓励国企、私企等各单位在新型经济和创业中发挥重要作用。对于有资金实力和从事高新技术产业的外商企业，泰国政府给予非常优厚的投资优惠待遇以吸引其来投资，如对外商企业实施智慧签证等措施，以便吸引更多外国专家或高层管理人才到泰国工作或向十大目标产业集群投资。为保障投资者的合法权益，泰国政府修订了《投资促进法》，并制订了东部经济走廊发展计划[②]。

（三）泰国吸引外资的数量

从2010年到2019年泰国引进的外资来看，每年的外资数量起伏不定。受政府出台的十大重点产业、产业集群、东部经济走廊等一系列投资促进政

① 泰国投资促进新政策深入解读［EB/OL］.［2020-09-21］. https://www.sohu.com/a/150928945_761161.

② 金志新. 泰国引进外资规模及效果研究［D］. 北京：对外经济贸易大学，2019.

策的影响，泰国2019年吸引投资促进项目1 624个，总额为7 561亿泰铢，完成了7 500亿泰铢的预定目标。其中东部经济走廊（EEC）地区的投资促进项目共506个，总额为4 448.8亿泰铢，占投资促进总额的59%。在EEC地区中，罗勇府投资总额最高，其次是春武里和北柳地区。

在投资促进项目中，目标行业投资项目共838个，总额为2 865.2亿泰铢，占投资促进总额的38%。其中，投资金额最高的行业是电器和电子业，总额为804.9亿泰铢；其次是汽车轮胎和配件业，总额为740亿泰铢；排名第三的是石化与化工业，总额为401亿泰铢①。从投资额来看，2019年，中国首次超越日本成为泰国第一大外商投资来源国。中国共投资了203个新批项目，投资额达2 600亿泰铢，在2019年泰国吸引的外商直接投资总额中占比超过一半。

在“泰国4.0”战略的框架下，国家投资政策将向核心科技、人力资源发展、基础设施建设、企业和目标产业五大领域倾斜。十大目标产业——新一代汽车制造、智能电子、高端旅游与医疗旅游、农业与生物技术、食品深加工、工业机器人、航空与物流、生物能源与生物化工、数字经济、医疗中心，将成为泰国经济发展的新引擎。这些投资发展方向是泰国经济转型的目标，泰国政府专门出台相关法案，保证该战略的稳定实施，确保政策的连贯性和持续性。这为泰国进一步吸引外国投资指明了方向，未来投资还将进一步扩大。

（四）泰国的对外投资

随着泰国经济的发展，越来越多的泰国企业也走出国门投资海外市场。2010年泰国直接投资净流出81.3亿美元，占当年GDP的2.4%；2019年泰国直接投资净流出149.2亿美元，占当年GDP的2.7%②。

过去，泰国的对外投资主要集中在美国、新加坡、日本以及中国香港等国家和地区的金融市场。近年来，泰国的对外投资主要集中在东盟各国，尤其是对柬埔寨、老挝、缅甸、越南四国的投资比重较高。投资涵盖各行各业，包括加工业、批发零售、农业、建筑业、矿产业等。

小贴士

1. 汇率：1泰铢=0.217 7元人民币（2020年）。

2. 在泰国餐馆、酒店等接受服务后多数情况要付小费，且只能用纸币，

---

① 摘自《星暹日报》。

② 世界银行数据库。

不能用硬币。价格通常为20泰铢起步。

3. 泰国境内约95%的ATM机都可支持银联卡提取泰铢。在标有银联字样的ATM机上每日取现不超过4万泰铢，单笔最高取款为2万泰铢，手续费为每笔50泰铢。银联卡也可以在泰国大部分大商场、卖场使用。

4. 泰国是一个佛教国家，社会秩序良好，国民温和礼貌。泰国忌讳他人触摸自己的头部（包括小孩）。泰国人见面打招呼，不采用国际流行的握手方式，而是双手合十，避免身体接触。

5. 进泰国的寺庙着装不能暴露，不能踩门槛，需要脱鞋。

6. 泰国的电压为220V（50Hz），和中国国内相同，但插座多为美标双孔或三孔，可以使用国内常见的双扁插头。

7. 在泰国的中资银行有中国银行曼谷分行、中国工商银行（泰国）有限公司。

8. 泰国积极鼓励外商投资，尤其是技能、科技、创新以及可持续发展方面的投资。

课后练习

一、填空题

1. 泰国原名（　　），位于（　　）中部，首都是（　　）。泰国与（　　）、（　　）、（　　）、（　　）四国接壤。

2. 泰国主要信奉（　　）教。

3. 泰国从地形上划分为四个自然区域：（　　）、（　　）、（　　）、（　　）。

4. 泰国农业与（　　）和（　　）并列为泰国的三大经济支柱产业。

5. 泰国农业主要产区集中在中部的（　　）和东北部的（　　）。

6. 泰国的主要贸易伙伴为（　　）、（　　）、（　　）、（　　）和（　　）。

7. （　　）和（　　）是泰国对中国出口的两大主要商品。

8. 中国对泰国的投资主要集中在（　　）。

9. 在泰国，（　　）、（　　）、（　　）和（　　）4类核心技术可享受技术的优惠政策。

二、判断题

1. 泰国享有“东南亚粮仓”的美誉，是世界上著名的大米种植国、生产国和出口国。（　　）

2. 泰国渔业以淡水渔业为主，产量占据渔业总产量的90%。(　　)

3. 泰国水产品出口业务已扩展到全世界的60个国家和地区，主要是冻对虾和金枪鱼罐头。(　　)

4. 泰国信仰的是南传佛教，即大乘佛教。(　　)

5. 泰国已成为东南亚汽车制造中心和东盟最大的汽车市场。(　　)

6. 泰国对绝大多数工业原材料和必需品如医疗设备征收零关税。(　　)

7. 目前中国对泰国的投资仅次于美国和日本。(　　)

8. 泰国经济发展稳定，是全球最具投资价值的国家之一，因此没有投资风险。(　　)

三、思考题

1. “泰国4.0”战略对外国投资者有什么影响?

2. 中国与泰国的外贸发展要注意哪些方面?

第三章　越南

刘红梅

越南社会主义共和国简称“越南”，是亚洲的一个社会主义国家；位于中南半岛东部，北邻中国，西与老挝、柬埔寨交界；是东南亚国家联盟成员国之一。

首都： 河内

国旗： 越南国旗为长方形，红底中间有五角金星。长宽比为3∶2（见图3－1）①。

图3－1　越南国旗

国徽： 越南国徽为圆形、红底。国徽的正上方是一个五角金星，四周是稻穗和金色齿轮，金色齿轮下方有越南文“越南社会主义共和国”（见图3－2）②。

图3－2　越南国徽

国歌：《进军歌》

---

① 越南社会主义共和国中央政府网。

② 同上。

官方语言：越南语
国花：莲花
货币：越南盾
国际电话区号：0084
应急电话：报警 199　　火警 191

历史的脚步

越南于公元 968 年成为独立的封建国家。1856 年，法军进犯越南。1884 年沦为法国保护国，1940 年又受到日本的侵略。1945 年 9 月 2 日宣布独立，成立越南民主共和国。同年 9 月法国再次入侵越南，越南进行了艰苦的抗法战争。1954 年 7 月，越南北方获得解放，南方仍由法国（后成立由美国扶植的南越政权）统治。

1961 年起越南开始进行抗美救国战争，1973 年 1 月越美在巴黎签订关于在越南结束战争、恢复和平的协定，美军开始从南方撤走。1975 年 5 月南方全部解放，1976 年 4 月选出统一的国会，7 月宣布全国统一，定国名为越南社会主义共和国。

1986 年，越南实行改革开放政策，经济得以迅速发展。越南在 1995 年加入东盟后，从东盟获得了政治、外交、安全和经济等方面的帮助，国力得以迅速提升，也逐渐在东盟中发挥着越来越重要的作用①。

第一节　自然环境

一、区位、地形与气候

越南位于亚洲大陆东南部、太平洋沿岸，是一个景色秀丽、物产丰饶的国家。越南北依中南半岛东侧，面向辽阔的南海，处于太平洋通往印度洋的国际航道一侧，海岸线长，战略位置非常重要。

越南国土面积为 329 556 平方千米，全境地形狭长，国土南北呈“S”形。从西北到东南最长为 1 640 千米，东西宽窄从 50 千米到 600 千米不等。北部与中国的广西、云南接壤，西接老挝、柬埔寨，东面和南面临南海。海岸线长 3 260 多千米②。

---

① 商务部《对外投资合作国别（地区）指南——越南（2020 年版）》。
② 中华人民共和国外交部网站。

越南地势西高东低，山地和高原占了3/4。越南全境分为长山山脉、红河三角洲、湄公河三角洲和东部沿海平原四个自然地理区。长山山脉是中国云贵高原向南延伸的部分，山脉沿西部从北向南延伸。

红河三角洲因红河长年冲积而成，红河上游是中国境内云南省的元江，下游汇合黑河及清河后注入北部湾，全长1 200千米，在越南境内长505千米。红河由于中上游坡度较大、下游坡度小，因此形成了冲积平原。红河三角洲面积约为1.6万平方千米，适宜农作物种植，素有“北部米仓”之称。

湄公河三角洲是因海底渐渐隆起致使河床大量沉积物高出水面而形成的，面积有4.4万平方千米。湄公河是越南南部最重要的河流，上游是中国的澜沧江，沿泰国和老挝边境及柬埔寨而下，折入越南，与西贡河和贝河汇成湄公河三角洲，最后注入南海。

东部沿海平原自莱州经高平到红河三角洲一线，有海拔为1 200米、1 000米和600米三级的准平原面。越南境内东北部和中国接壤的地区石灰岩分布很广，主要分布在大龙湾一带。

越南国内除红河三角洲、湄公河三角洲和东部沿海平原外，全境大多数都是丘陵和山地。越南北部和西北部为高山和高原，黄连山主峰番西邦峰海拔为3 142米，是越南最高峰；中部长山山脉纵贯南北，有一些低平的山口。东部沿海为平原，地势低平，河网密布，海拔在3米左右。

越南中部海岸有“铁海岸”之称，自北段到中段是低平的砂滨海岸；南段山地逼近海边，因此沿岸多暗礁。总体看来，越南海岸比较平直，没有太多的优良港湾，北部的海防港、中部的岘港、中南部的金兰湾和南部的胡志明市成为对外通航的主要港口。

越南气候在不同地区和不同季节有着完全不同的特点。北纬16°20′以南是明显的热带气候区，以北则受北方气候和季风影响较多。冬季南部平均气温是29℃，北部是15℃；夏季平均气温南北相差不大，都在29℃以上。

北部的冬季温差较大，有明显的四季之分，最热的7月平均气温为29℃，最冷的1月平均气温为15℃。少数山区有时最低温度降到0℃以下。南部靠近赤道，全年几乎无寒暑之分。

越南分为旱季、雨季两个季节，5月到10月是雨季，11月到第二年的4月是旱季。年平均降雨量为1 500毫米至2 000毫米。

二、自然资源

越南是个物产丰富的国家，越南人常以“金山银海”来形容他们国家的富饶。在越南西部和北部的山区，山上有郁郁葱葱的森林，盛产贵重木材和其他林产，活动着多种珍禽异兽；地下蕴藏着丰富的矿产，主要有煤、铁、钛、锰、铬、铝、锡、磷等，其中煤、铁、铝储量较大，是名副其实的“金山”；而越南江湖河海里各种各样的水产资源则表明“银海”的美誉是当之无愧的。由于地处热带，光照充足，雨量充沛，特别适合粮食作物和经济作物生长。越南森林密布，有诸多珍贵的树种，药材和香料出产也很丰富。越南有广阔的海域，海洋水产十分丰富，盛产鱿鱼、沙丁鱼、鲍鱼、沙虫、海虾、海蟹、玳瑁等。

（一）能源

1. 煤

据《BP 世界能源统计年鉴》，2019 年越南煤的探明总储量为 33.6 亿吨，其中无烟煤和烟煤为 31.16 亿吨，次烟煤和褐煤 2.44 亿吨。无烟煤主要分布在广宁省的东北部地区，次烟煤和褐煤主要分布在红河三角洲地下 200～300 米。

2. 石油和天然气

至 2019 年底，越南已探明的石油储量为 44 亿桶，天然气储量为 6 000 亿立方米，主要在南部沿海地区。

（二）矿产资源

越南独特的地质构造位置造就了越南多样化的区域成矿环境，从而形成了大量矿产，不但种类丰富，且矿床类型多样，砂矿型、风化淋滤型、沉积型以及热液型、矽卡岩型矿床往往伴随有较大规模的矿床产出①。

1. 金属矿产

越南矿产相对丰富，其中铝土矿、钨、锡、稀土矿、钛铁矿都具有重要的价值（见表 3－1）。越南矿产资源分布具有一定的规律性，北方以黑色、有色和稀土金属矿为主，如越南西北部地区范士版（Phan Si Pan）成矿带发育成越南最大的辛归铜（金－铁－稀土）矿床、东包稀土矿床以及博萨铁矿床、沙巴钼矿床和许多金、铅锌、磷矿床等②。南方以铝土矿和金矿为主，铝土矿主要分布在西原地区，包括林同、多农、多乐、昆嵩、嘉莱等省；钛砂矿主要分布于沿海滨岸带③。

---

① 吴良士．越南社会主义共和国地质构造与区域成矿［J］．矿床地质，2009，28（5）：725－726.

② 朱华平，聂凤军，施美凤，等．越南辛归大型氧化铁型铜－金－铁－稀土矿床［J］．矿床地质，2015，34（3）：632－636.

③ 中国地质调查局发展研究中心《应对全球化全球矿产资源信息系统数据库建设（之二十一）亚洲卷：越南》。

表3-1 越南2019年矿产资源情况

主要矿产	储量（万吨）	产量（万吨）	评价
铝土矿	370 000.00	450.00	储量排名全球第3位，产量排名全球第9位
钨（钨含量）	9.50	0.48	储量排名全球第3位，产量排名全球第2位
稀土（REO当量）	2 200.00	0.09	储量排名全球第2位，产量排名全球第8位
锡（锡含量）	1.10	0.45	产量全球排名第10位
钛铁矿	160.00	15.00	产量排名全球第12位

资料来源：美国地质调查局网站。

2. 非金属矿产

在老街、八刹、宝河等地区蕴藏有大量的磷灰石，估计储藏量可达20亿吨。河西省巴寨的硫化物矿床蕴藏硫1 200万吨。广南省的先安石墨矿床，石墨的储藏量为9万吨。河北、三岛、宣光等地的重晶石矿床储藏量估计超过60万吨。

越南发现的宝石种类较多，有红宝石、蓝宝石和海蓝宝石等。安沛省陆安有红宝石、蓝宝石等，宽通和安富两个矿已获准与外商合资联合开采。

（三）水资源

越南水资源丰富，水网密布，长度超过10千米的永久性河流约有2 360条，其中主要河流有109条。越南共有15个河流流域，包括红河－太平河、北江－奇功河、马江、大江、争河、石杆河、香河、武嘉河－秋盆河、茶曲河－茶蓬河、Kon河－下清河－拉静河、桑河、斯雷博河、同奈河－西贡河、九龙江（湄公河）和东南地区的流域。2019年，越南地表水总量约为830～840立方千米/年，但只有37%的水资源来源于国内，其他的63%来源于他国①。

仅从河流数量和人均拥有地表水的数量来看，越南是一个水资源丰富的国家。然而对于不同的流域，水资源的分布极为不均。据估算，越南60%的河水资源在九龙江三角洲，这一区域的人口占全国总人口数的20%。

越南的中心河谷地区有长达9个月的雨季，而其他地区却可能终年无雨。由于雨季气候变化无常，在汛期和枯水期流域面积和流量有很大的不同。红

① 越南自然资源与环境部网站。

河汛期（6—10 月）的流量达到全年总流量的 74%，湄公河雨季和旱季的流量相差 7 倍。

从全国范围来讲，有 81% 的地表水被用于灌溉，11% 用于水产养殖，5% 用于工业，3% 用于城市居民生活。

越南江河密布、水量充足，水能理论蕴藏量为 3 000 多亿千瓦，年发电量可达 2 600 亿千瓦小时①。

除地表水外，地下水对居民生活、工业和农业活动来说也十分重要。该国城市供水资源的 35% ~50% 来源于地下水。越南地下水总蓄量估计为 2 000 万立方米，全国每日地下水泵水能力约为 147 万立方米，而实际使用量仅为设计能力的 60% ~70%②。过度开采导致了水资源污染严重等问题，严重影响了清洁水资源的利用。

（四）生物资源

越南的生物资源非常丰富。截至 2018 年底，越南全国森林面积逾 1 380 万公顷，森林覆盖率达 41.89%；全国共有 173 处保护区，包括 33 个国家公园、66 个自然保护区、18 个物种和栖息地保护区以及 56 个自然风景保护区，总面积超过 2 500 公顷。根据世界银行 2002 年数据，越南共有 2.3 万种陆地动植物，其中植物 13 766 种，哺乳动物 275 种，鸟类 828 种，爬行动物 258 种，两栖动物 82 种，昆虫 5 000 种。2018 年有 6 845 种海洋生物，其中鱼类 2 000 种，蟹 300 种，贝类 300 种，虾类 75 种。被保护的动物有釜光牛、大鼻羚、爪哇犀牛、中南半岛虎、蜥蜴、黑熊、毛脸长尾叶猴、鹿、黑羚羊、塞拉山羊、玳瑁、锦蛇、雉、鳄鱼和长臂猿等。釜光牛是 20 世纪新发现的一种哺乳类动物，性格温和，不怕人类，长得像梅花鹿，毛呈棕色，有短角，背部有深褐色条纹，修长的头上有白色的斑点。大鼻羚是中南半岛上濒临绝种的珍稀野生动物之一，外观像大羚羊，是大型哺乳类动物，属于牛科，栖息在森林内。

越南的林木包括格木、椴树、乳香树等硬木，其中花纹木、楠木、格木、柚木、铁木等名贵木材是越南出口创汇的重要商品。有大约 1 300 种树木是珍稀药材，其中许多可以用于制作精油。有近千种药用植物，其中较贵重的有黄芩、五加、砂仁、何首乌、三七、杜仲等。

---

① 刘稚，沈静芳，孔建勋，等. 当代越南经济［M］. 昆明：云南大学出版社，2000：12.

② 越南水资源概况［EB/OL］.［2020-09-23］. https：//wenku. baidu. com/view/1c53a16608a1-284ac9504320. html.

第二节 人文环境

一、行政区划

越南全国共有58个省以及河内、胡志明市、海防、岘港和芹苴等5个直辖市。越南城市共分六类：河内和胡志明市为特别城市，此外，还有15个一类城市，16个二类城市，45个三类城市、66个四类城市，其余为五类城市①。

二、人口分布

2021年越南共有9 826万人，其中男性占49.8%，女性占50.2%。

2019年，越南共有劳动力5 736万人，其中40%的劳动力从事农业，25%的劳动力从事工业，35%的劳动力从事服务业。整个社会的劳动力抚养比为43%②。

据统计，2018年越南人口密度为308人/平方千米，是东南亚地区人口密度较高的国家之一。越南人口分布不均，平原地区占全国总面积的38%，但拥有全国80%的人口。越南北部以首都河内市为中心的红河三角洲和越南南部以最大城市胡志明市为中心的湄公河三角洲（九龙江平原），是越南人口最为密集的区域。河内市与胡志明市人口密度分别为2 398人/平方千米和4 363人/平方千米，是人口密度最高的两个城市。

三、民族和宗教信仰

（一）民族

越南有54个民族，京族为主要民族。

京族（又称越族）占全国人口的86%，是越南的主体民族。民族语言为越南语，属于南岛语系。京族在历史上开发了红河平原，发展了水稻种植，并将自己创造的文明从红河平原扩展到北部地区和丘陵地区，往南伸展到沿海平原，包括长山－西原地区，使本民族得以在其他地方与当地民族相融共生。

岱依族是越南第一大少数民族，也是越南历史比较悠久的一个少数民族，

① 商务部《对外投资合作国别（地区）指南——越南（2020年版）》。
② 同上。

占越南人口的1.9%。岱依族主要分布在高平、谅山、太原、宣光、安沛、老街、西原等省的河谷和山脚地带。

泰族人在9世纪左右进入越南，人口仅次于岱依族，占比为1.7%。越南的泰族与泰国的泰族、老挝的佬族、缅甸的掸族和中国的傣族都有密切关系。越南的泰族被认为来自中国的西双版纳。越南泰族主要集中在山萝、清化、莱洲、老街、安沛与和平等省。

芒族是越南的第三大少数民族，占总人口的1.5%。芒族主要分布在越南西北部，集中于和平省和清化省的山区，主要从事耕种和养殖。

高棉族是越南第四大少数民族，占总人口的1.4%。高棉族主要集中在九龙江平原，尤其是朔庄、茶荣、建江、安江、薄辽等省，主要从事农业。

华人占总人口的1.1%，主要分布在胡志明市、同奈、平阳、海防、林同、广宁、茶荣、坚江、后江等地区。

（二）宗教信仰

越南约有四分之一的人口信教，多种宗教并存。在越南比较有影响力的宗教有佛教、天主教、高台教、和好教等。根据联合国的报告，2014年越南约有2 400万人信仰宗教，其中佛教徒约1 100万，天主教徒约620万，基督教徒约140万，高台教徒约440万，和好教徒约130万，另有75 000名穆斯林，7 000名巴哈伊教徒，1 500名印度教徒等，全国约有26 387座宗教场所。

公元2世纪末，佛教从中国传入越南并逐渐取代各种原始宗教。现在越南北部居民信奉从中国传来的大乘佛教，南部则信仰从泰国、老挝、柬埔寨传来的小乘佛教。整体来看，越南的佛教以大乘佛教为主。

16世纪，天主教开始传入越南，并逐渐发展成为越南的第二大宗教。

高台教与和好教是越南的本土宗教，分别创立于1926年和1939年。这两种宗教虽然创立时间晚，但发展却很迅速。

四、教育和医疗

越南拥有较完善的教育体系，教育阶段主要分为学前教育、基础教育和高等教育三个阶段。普通教育学制为12年，分为三个阶段：第一阶段为5年小学，第二阶段为4年初中，第三阶段为3年高中。越南自2001年开始普及九年义务教育。2019—2020学年，越南有500万学龄前儿童、1 700万中小学生、150万大专院校学生。全国有1 913所职业教育学校，包括402所大学、

472 所专科学校和 1 039 个继续教育中心①。著名高校有河内国家大学、胡志明市国家大学、顺化大学、岘港大学等。

越南国家医疗卫生行政管理制度由国家、省、地方和公社四个等级组成，每个等级都由人民委员会和共产党负责管理。国家级医疗卫生行政管理包括卫生部和国家级医院；省级包括省卫生厅和省级医院；地方级包括地方医疗卫生中心和地方医院；公社级主要指社区卫生服务。2019 年越南全国医疗卫生保险覆盖率达 90%，医疗保险参保人数为 8 539 万人。越南 6 岁以下儿童于 2010 年 2 月起强制加入医疗保险。2019 年平均每万人拥有医生 8 人、医院床位 27 张。2019 年越南人口平均寿命为 75.4 岁，其中女性平均寿命为 79.5 岁，男性平均寿命为 71.3 岁。

第三节　农业

越南是一个典型的农业国家，农业是越南国民经济的支柱产业，占有很重要的地位。2019 年越南的农业总产值为 365.55 亿美元，占当年 GDP 的 13.95%。随着经济的发展，农业用地面积在西原、东南部和中部南区沿海地区不断扩大，从 1986 年革新开放初的 672.5 万公顷增加到 2016 年的 1 217.8 万公顷。其中，耕地面积占农业用地面积的 57.46%。从气候来看，越南属于热带季风气候，可在一年中种植多季。从农业发展所需的水资源来看，在水利设施完善的前提下能保证充足的供应。越南农业以传统的种植业为主，尤其是水稻种植较为普遍。

一、种植业

越南地处热带和亚热带地区，气候适宜，水利资源丰富，一年四季都可以种植水稻。越南水稻种植面积占农业土地面积的一半左右，70% 的农业家庭以生产大米为主。境内湄公河三角洲和红河三角洲都是亚洲较大规模的产米区，湄公河平原稻米产量占越南稻谷总产量的一半多。从表 3－2 中可以看出，2010 年到 2019 年主要农产品中，除大豆产量在下降外，其他产品产量都有不同程度的上升。2019 年越南生产水稻 4 345 万吨、玉米 476 万吨、大豆 7.6 万吨、木薯 1 011 万吨、甘薯 140 万吨、蔬菜 1 534 万吨。

---

① 商务部《对外投资合作国别（地区）指南——越南（2020 年版）》。

表 3－2　越南 2010—2019 年主要农产品产量　　单位：万吨

年份	水稻	玉米	大豆	木薯	甘薯	蔬菜
2010	4 000	461	30.0	859	132	692
2011	4 239	484	27.0	990	136	568
2012	4 374	497	17.0	974	143	1 138
2013	4 404	519	17.0	976	136	1 219
2014	4 497	520	16.0	1 021	140	1 301
2015	4 509	529	15.0	1 074	134	1 325
2016	4 311	524	16.0	1 091	127	1 382
2017	4 276	511	10.0	1 027	135	1 424
2018	4 405	487	8.0	985	137	1 488
2019	4 345	476	7.6	1 011	140	1 534

资料来源：联合国粮农组织数据库。

（一）水稻

越南有着适宜的气候、肥沃的土地以及传统的稻米种植技术。越南在1989 年摆脱了对大米进口的依赖，首次实现大米自给并出口。随后，在政府的努力下，越南稻米的生产、加工能力得到不断提高。2019 年，越南大米出口量达到 545 万吨，出口额为 24.34 亿美元。

（二）玉米

越南玉米种植面积较大，2019 年为 99 万公顷，产量达 476 万吨，但越南玉米的单位面积产量仅为世界的 2/3，所以越南的玉米产量远不能满足国内需求，越南仍需大量进口玉米。

（三）木薯

木薯的经济价值高，种植要求低，单产高。近年来越南的木薯种植面积不断扩大，产量提高，主要用于生产木薯粉，精加工后供出口。2019 年越南出口木薯约 402 万吨，收入为 8 150 万美元。

（四）蔬菜

随着人民对蔬菜需求的增加，越南蔬菜的种植面积在不断扩大，2019 年达到 87 万公顷，产量为 1 534 万吨。蔬菜除了满足越南国内需求外，经加工后有部分蔬菜出口。

（五）经济作物

越南的经济作物有橡胶、胡椒、腰果、花生、咖啡、可可、甘蔗、茶叶等。经济作物的生产主要用于出口。从表 3－3 中可以看出，2010—2019 年除花生和腰果的产量有所下降外，其他经济作物的产量都在上升。

在经济作物中，腰果是越南的特色经济作物，主要产地在越南南方。2019 年，腰果果仁出口量达到 41 万吨，出口额达到 29.42 亿美元，出口市场主要是美国、荷兰和中国。越南也是世界腰果加工中心，2019 年，越南进口了 130 万吨腰果原料进行加工，进口额达 16.68 亿美元①。

越南具备咖啡种植的理想条件，咖啡的种植和生产在越南占有重要的地位。越南咖啡的生产量占全世界的 20%，出口到 80 多个国家和地区，出口量约占世界咖啡市场份额的 15%，出口额占 10%。主要出口市场为欧盟各国和美国，其中欧盟各国约占 45%，美国约占 15%。近年来越南可可的种植异军突起，可可产量与咖啡产量相当。

2019 年，越南出口橡胶 101 万吨，收入为 11 亿美元；出口茶叶 13.5 万吨，收入为 2.31 亿美元。

表 3-3　越南 2010—2019 年主要经济作物产量　　单位：万吨

年份	橡胶	胡椒	腰果（带壳）	花生（带壳）	咖啡	可可	甘蔗	茶叶
2010	75	11	31	49	111	116	1 616	20
2011	79	11	32	47	128	120	1 754	21
2012	88	12	31	47	126	127	1 902	21
2013	95	13	28	49	133	130	2013	22
2014	96	15	25	45	141	137	1 982	23
2015	101	18	35	45	145	144	1 834	24
2016	103	22	31	43	146	147	1 631	24
2017	109	25	22	46	154	150	1 184	26
2018	114	26	27	46	162	157	1 179	27
2019	119	26	28	44	168	168	1 153	27

注：越南进口腰果加工后出口，因此产量小于出口量

资料来源：联合国粮农组织数据库。

二、林业

越南在革新开放后大力发展林业，通过人工造林的方式提高了国内的森林覆盖率。2004 年越南森林面积为 12.3 万平方千米，覆盖率为 37%，至

① 联合国粮农组织数据库。

2015年森林面积已达14万平方千米，覆盖率达40.84%；2018年覆盖率进一步提高，约为41.65%①。林业加工业随之发展，2017年越南生产原木4 015万立方米，薪炭林2 000万立方米，工业原木2 015万立方米，锯木和单板原木262万立方米，纸浆46万吨，木制面板97万立方米，单板105万立方米，锯材600万立方米②。

越南木制品和木材已出口到世界120个国家和地区。2018年越南林业产品出口额为93亿美元，同比增长15.9%，占该国总出口额的23%。其中，木材和木制品出口达到87.8亿美元，占林业产品出口总额的95%。截至2018年，越南有近4 000家木材加工公司，1 500家木材出口公司，木材加工行业已超过水产业成为农业领域出口额最大的产业。美国、日本、欧盟（EU）、中国以及韩国是越南林业产品的主要出口目的地，2018年占越南林业产品出口总额的87.33%③。2018年越南林业部门的贸易顺差达到69.9亿美元。

三、畜牧业

畜牧业相较于其他产业在越南农业中的比重较小。从表3－4可以看出，2015—2019年，牛、羊、鸡和鸭的存栏数有所上升，受2018年猪瘟的影响，2019年猪的养殖数量大幅下滑。越南畜牧产品基本满足了国内的消费需求，但是很少有出口。近年来，随着畜牧业的发展，越南畜牧产品开始有出口，但是出口量很低，尚有很大的提升空间。

表3－4 越南2015—2019年主要牲畜和家禽存栏数

年份	2015	2016	2017	2018	2019
猪（万头）	2 775	2 908	2 741	2 815	1 962
牛（万头）	789	802	815	822	845
羊（万头）	398	404	511	537	522
鸡（万只）	25 930	27 719	29 521	31 692	28 260
鸭（万只）	6 955	7 129	7 495	7 691	8 254

资料来源：联合国粮农组织数据库。

① 越南林业在2018年继续取得成功［EB/OL］.［2020－09－27］. http://www.sohu.com/a/278616693_100221003.

② 联合国粮农组织数据库。

③ 2018年越南林业产品出口额为93亿美元［EB/OL］.［2020－09－27］. http://www.cafta.org.cn/show.php?contentid=85866.

四、渔业

越南沿海有很多河流汇入，江河入海口鱼虾资源非常丰富。浅海区、中海区、深海区都有丰富的渔业资源，但60%以上的海鱼储量集中在浅海区。优越的地理环境为越南的渔业发展提供了良好的生产条件。联合国粮农组织统计数据表明，越南的渔业生产在世界渔业生产中占有重要的份额：渔业捕捞产量居世界第七位，渔业养殖产量居世界第四位。随着国家对渔业生产越来越重视，越南的水产品产量处于稳定增长态势。从表3－5可以看出，越南水产品总产量从2010年的495万吨增加到2017年的711万吨，年均增长率高达5.31%，其中捕捞产量增速大于养殖产量增速。

表3－5　越南2010—2017年渔业统计数据　　单位：万吨

年份	2010	2011	2012	2013	2014	2015	2016	2017
总产量	495	522	559	580	623	638	671	711
捕捞量	225	236	249	258	269	291	313	328
养殖量	270	286	310	322	354	347	358	383

资料来源：联合国粮农组织数据库。

越南作为传统的海洋渔业国家，海洋捕捞能力也在不断提高。越南远海捕捞渔船从2010年的20 446艘增加到2017年的32 878艘，年增长率达7.02%。

水产养殖主要集中在河流、水渠、池塘或平原地区的凹塘，以养殖淡水鱼、虾为主。

渔业的发展带动了越南各地水产加工和出口企业的快速发展。2017年越南水产品出口额达到85.4亿美元，比2016年增长近17%。对水产品出口贡献最大的是虾类，增幅超过21%，出口金额达38亿美元。其次是巴沙鱼，出口金额为18亿美元，比2016年增长近4%。金枪鱼和墨鱼、章鱼出口额均接近6亿美元，与2016年相比分别增长了16%和42%[①]。

第四节　工业

越南自然资源丰富，有利于发展开采和加工工业。2019年越南的工业产

① 李劼．越南水产业2017年发展回顾及2018年形势分析［J］．中国水产，2018（8）：48－50.

值为903.36亿美元，占当年GDP的34.48%。从工业分布来看，北部山区和红河丘陵地区主要发展能源工业（煤炭、水电、火电）、金属开采加工工业（有色和黑色金属）、矿产化工工业、基础化工工业、建材工业、林产品加工业（纸和纸浆），中部地区主要生产建材（水泥），东南部主要发展油田开采、汽涡轮热电、海产开发和加工、经济作物产品加工。

一、能源工业

越南能源工业包括煤炭工业、油气工业和电力工业。

（一）煤炭工业

越南的煤以无烟煤（高变质煤）、烟煤（中变质煤）、褐煤（低变质煤）、泥煤四种形式存在。越南煤炭储量约为70亿吨，以生产无烟煤为主。越南广宁省是无烟煤的主产区，其煤炭储量在60亿吨以上。烟煤主要分布在太原、山萝等省的小型煤带，储量约为860万吨。褐煤主要分布在谅山省平禄县的那阳和北方三角洲红河平原一带。泥煤则分散在全国各地。2019年，越南煤炭总产量为4 597.16万吨，较2018年的4 187.48万吨增长9.78%。

越南煤炭产量较大，是传统的出口国。近年来，受到国际市场煤炭价格持续走低、煤炭需求疲软、国内开采成本上升、税收居高不下等因素的影响，越南煤炭出口量不断下降。

（二）油气工业

由于靠近南海，越南拥有非常丰富的海上油气资源。2019年越南已探明的石油储量为44亿吨，天然气储量则为0.6万亿立方米。越南油气工业起步较晚，但发展较快，油气工业现已成为越南经济的支柱产业，是越南出口创汇最多的部门，对财政收入的贡献率高达20%～30%①。

越南油气生产及开采由越南国家油气集团主导，与国外油气企业合资经营。越南开采的油气田主要位于南昆山沉积盆地、红河沉积盆地和九龙沉积盆地，白虎、大雄、青龙是越南的三大油气田。

越南油气工业经历了“进口—出口—进口”的发展过程。革新开放初期，越南由曾经的“贫油国”变为重要的产油国，由完全依赖进口石油的国家变为石油净输出国，在东南亚国家中排第三位。随着国内经济快速增长，油气需求持续增加，成品油进口持续上升。图3－3显示，越南原油产量在2004年达到最高值，随后缓慢下降，主要原因在于2005年后白虎、青龙、白犀角

① 覃丽芳. 越南油气业投资与贸易发展分析［J］. 南海学刊，2019（7）.

等越南大型油田大幅减产，越南开发较早的大型油田已进入开采末期，以平均每年15% ~30%的速度在减产。因此，近年来越南的原油出口也下降明显，2017年，越南生产原油1 356.73万吨，出口原油686.9万吨，进口成品油1 283.7万吨，石油进口量大于出口量，石油进口量呈现逐年扩大的趋势。越南原油出口在外贸出口中所占份额较十余年前已大幅下降，由2005年的26.41%降至2017年的1.36%，其原因包括：原油减产和炼油业发展使原油出口量下降；国际油价持续走低导致原油出口销售额降低。

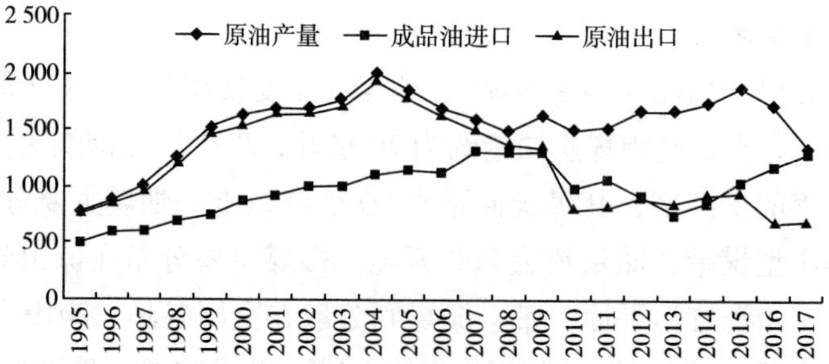

图3-3 越南1995—2017年原油产量及原油进出口量（单位：万吨）

资料来源：越南统计局网站。

越南大型油田减产，新增油田产能不足，经济持续高速发展带动能源需求持续增加，客观上要求越南加大油气工业的国际合作。越南油气企业开始对外直接投资油气上游产业，油气勘探开发已成为越南对外直接投资额最大的产业。

（三）电力工业

随着越南经济的发展，电力工业也成为越南优先发展的工业。越南电力资源丰富，主要分为水能发电和热能发电，水能主要来自全国各大江大河，热能主要来自煤和天然气。

1. 水电

越南河流网络密布，所流经的3/4国土为山地，各小河流的水电储量非常大，可发展小型水电工程。越南最大的水电站是北部的和平水电站，每年的发电量占越南全国水力发电量的一半左右。

2. 热电

热电电厂的分布由其燃料供给来确定。北部电厂以煤为燃料，主要分布在广宁省；中部和南部的热电厂主要以油气为燃料，分布在大型工业城市和其他对电力需求较大的地方。

根据《BP世界能源统计年鉴》，2019年越南发电量共计2 274亿千瓦小时，水力发电占 28.85%，煤炭发电占 49.47%，石油和天然气发电量占 19.57%，可再生能源发电量占 2.11%①。

二、钢铁工业

越南快速发展的社会经济带动了钢铁工业的发展，但国内飞速发展的基础设施建设对钢材的需求日益加大，自有的钢铁公司已很难满足国内的钢材需求，国内的钢材需求大部分仍依靠进口。越南原有的钢铁工业基础薄弱，为促进钢铁工业的发展，越南加大对钢铁工业的招商引资，大量的外资企业进入越南钢铁行业，如台塑集团河静钢铁公司、浦项制铁越南公司等。合资公司的进入带动了国内钢铁工业的发展，减少了越南对国际钢铁进口的依赖。经过多年的发展，越南自有钢铁企业快速发展。截至 2021 年初，越南最大的民营钢铁企业和发（HoaPhat）集团超过台塑集团河静钢铁公司，成为越南及东南亚最大的钢材生产商②。

越南的钢铁公司主要分布在北方的太原、海防，南方的胡志明市、同奈、头顿、芹苴、岘港等地区。

越南钢材生产存在南北差异。越南北部主要发展长材市场，以和发集团为首，2018 年市场占有率为 23.8%，其次是越南钢铁总公司，市场占有率为 17.2%。而越南南部主要发展板材市场，以台塑集团河静钢铁公司为主。

三、制造业

越南的制造业主要包括各种设备、机械生产行业，电子技术工业，金属制品生产业，等等。与国内的其他产业一样，越南的制造业也主要依靠外国投资。目前，越南已经成为世界各大企业生产转移的目的地之一。

经过不断的转型升级，制造业中的电子加工、纺织、基建已经成为越南经济的支柱产业，越南的制造业也从最初的劳动密集型产业向高科技产业转变。自 2016 年起，越南的主要出口商品从纺织品转为电子产品和机械。机械的出口额也接近鞋类制品的出口额。目前，越南出口商品中的 1/3 是科技含量较高的产品③。

近年来，越南开辟了许多工业区以满足不断增长的制造业发展需求，并

---

① 谢林城．越南国情报告（2018）［M］．北京：社会科学文献出版社，2018：141.

② 越南通讯社官网。

③ 越南制造业的崛起：革新开放三十年［EB/OL］．［2019-07-19］．https://www.iyiou.com/p/106006.html.

以优惠的税收、土地和租金价格吸引投资者。这些工业大部分位于胡志明市周边，其中有以机械工业、工业电器、家用电器等为主的新造工业区。

四、农产品加工业

越南农产品加工业过去主要是对农产品原材料进行简单加工，产品附加值低，总体竞争力较弱。近几年越南在产业发展规划中加大了对农产品加工业发展的鼓励和支持，大量外资进入农产品加工业，提升了农产品的附加值，增强了农产品的出口竞争力。

（一）粮食加工业

越南水稻种植面积不算多，但是水稻单产高。大型粮食加工厂主要分布在红河平原和九龙江平原两个主要粮食生产区，以河内、胡志明市、岘港、海防等城市为主。

（二）食品加工业

越南食品加工业主要使用当地的原料，其产品主要满足国内居民的多样化需求和加工出口。目前食品加工业趋于多样化，有肉类、牛奶、渔产品及水产品、蔬菜、水果、蔗糖等产品的再加工。

（三）畜牧产品加工业

2017 年，越南共加工水产品 276.16 万吨，鲜奶 13 334 万升，奶粉 12.74 万吨，白糖 143.89 万吨。生产冻肉的企业主要分布在河内、胡志明市、海防、岘港等便于出口的港口城市。奶制品加工厂主要在胡志明市、德重、木州、巴维等地。

（四）水产品加工业

水产品加工包括鱼露加工，海鲜干货加工，罐装、冷冻海产品加工。鱼露加工制作是越南的传统技术，主要在沿海地区发展，每年生产鱼露 1.5 亿 ~1.7 亿公升。2017 年越南水产品出口额达 83.53 亿美元。

（五）种植业产品加工业

种植业产品加工包括蔗糖加工，酒水、饮料加工，茶、烟叶、咖啡加工，植物油加工。蔗糖加工主要集中在蔗糖的原料产地，如清化西部蔗糖种植区、广义、东南部地区、九江平原等地区。越南目前有数百家咖啡加工厂，其中大多数位于中部的高地及东南部地区，过去多采用太阳能干燥法加工咖啡，约占总产量的 80%；现在中部高地的咖啡生产者越来越多地使用机器来干燥。

越南还是世界上最大的腰果加工国，腰果出口额占世界腰果出口额的

60%，被认为是世界上拥有加工最美味腰果“技术诀窍”的国家。

第五节　第三产业

越南第三产业发展较快，从2010年到2019年的年均增长率保持在7%，第三产业在GDP中的比重从2010年的36.9%上升到2019年的41.6%①。越南第三产业主要包括旅游业和交通运输业。

一、旅游业

越南国土狭长，地形地貌多样，蕴藏着丰富的自然景观，历史人文等旅游资源丰富。从自然资源来看，越南拥有较长的海岸线，形成美丽的海滩及众多的岛屿，如芽庄、岘港、下龙湾、国富岛等；从历史文化来看，越南拥有4 000多年的历史与54个民族，民族文化多样，人文资源丰富。截至2018年，越南有8个世界文化遗产，分别是会安古城、美山圣地、顺华皇城、升龙皇城、丰芽格邦国家公园、下龙湾、长安名胜群、胡朝城。

越南旅游产品开发主要集中在海岛旅游、文化旅游、自然景观旅游和都市旅游4个领域，产品开发投资主要集中在7个区域（北部的中部及山区地区、东北部的红河三角洲及沿海地区、中部的北部地区、中南部的沿海地区、西原地区、九龙江平原地区、东南部地区），分别打造各具特色的旅游产品来吸引国内外游客，逐步形成了河内—广宁—海防—宁平、广平—承天顺化—岘港—广南、庆和—林同—平顺—巴地头顿—胡志明市—坚江（富国岛）等特色旅游线路。

自2005年6月越南国会通过了《旅游法》后，越南旅游业得以规范有序发展，旅游产品的质量和竞争力不断提高。许多旅游地受到国际游客的喜爱和好评，旅游产业基础设施在大力投入后向着现代化方向提质，旅游产业对国民经济的贡献值日益提高，推动了越南经济社会的发展。2019年越南旅游竞争指数在世界经济论坛（WEF）排行榜上的排名不断提高，从2015年的第75位上升至2019年的第63位，上升了12位。

2019年越南接待国际游客1 800万人次，国内游客量达8 500万人次。其中，亚洲游客占国际游客总人数的79.9%，同比增长19.1%；欧洲游客增长

---

① 世界银行数据库。

6.4%；美洲游客增长7.7%；非洲游客增长12.2%。在亚洲的主要市场中，仅中国及韩国游客量就已达1 000万人次以上，其中，中国游客逾580万人次，约占越南国际游客量的1/3。2019年越南共有旅游接待单位3万家，客房65万间，其中五星级酒店171家，四星级酒店295家①。

二、交通运输业

越南交通运输业有公路、铁路、内河、海洋、航空运输等。

（一）公路运输

公路运输为越南主要的运输方式，主要由国道、省道和高速公路构成。截至2019年底，越南有国道17 300千米、省道27 700千米、高速公路2 000千米。

越南公路与中国、老挝和柬埔寨连通。中越两国共设有28对不同等级的陆上口岸，大部分口岸可通过大小公路连接，较大的公路连接口岸有东兴—芒街、友谊关—友谊、河口—老街等。

（二）铁路运输

2019年越南国家铁路网总长3 160千米，以老式的1米轨为主，占总铁路线的85%，仅有部分为标准轨和1 435级套轨。铁路运输业因运行速度低、设施设备老旧、竞争力不足等原因而被日益边缘化。与其他运输工具相比，无论是货运还是客运，越南的铁路运输都非常落后。

（三）内河运输

2019年越南的内河水路总长1.9万千米，其中6 700千米为国家级内运线。北部船驶深度为2~2.5米，南部深度大于3米。越南内河运输的货运量与客运量仅次于公路运输，在运输业中排第二位。内河水路港口共有131个，其中13个具有外国船舶停靠的资格。主要港口位于胡志明市、河内、河北、越池、宁平、和平等地区。2019年，越南内河运输旅客量达2.006亿人次，货运量为3.304亿吨。

（四）海洋运输

越南海洋运输业发展较快。截至2019年，越南有海港49个，其中一类港口17个，二类港口23个，三类港口9个；共有272个停泊码头。六大港口群自北向南依次为：广宁省至宁平省的北部港口群、清化省至河静省的北中部港口群、广平省至广义省的中部港口群、平定省至平顺省的南中部港口群、

---

① 2019年越南旅游业成效显著亮点纷呈［EB/OL］.［2020-09-13］. https://cn.qdnd.vn/cid-7180/7200/nid-566918.html.

南部港口群和九龙江平原港口群。越南海运船队主要由国内自产新船和国外进口二手船组成，2019 年共有 1 600 余艘海运船只，620 万吨吨位。

（五）航空运输

截至 2019 年，越南共有 22 个航空港在运营，其中国际航空港 10 个。航空运营能力为 9 500 万人次/年。河内内排机场和胡志明市新山一机场是目前两个最大的枢纽航空港。

截至 2019 年，越南民航业拥有本土航空公司 4 家，民用客机 190 ~ 210 架；有 5 家国内航空公司和 68 家海外航空公司，总计运行连接越南各地至 28 个国家和地区的国际航线近 130 条。

第六节　外贸与外资

一、对外贸易概况

越南主管贸易的部门是工贸部，设有 36 个司局和研究院，负责全国工业生产、国内贸易、对外贸易、WTO 事务、自由贸易区谈判等。

（一）对外贸易总量

随着经济的发展，越南的对外贸易量也随之直线上升并长期处于贸易顺差。2019 年越南商品和服务贸易进出口总额累计 5 511 亿美元，其中，出口额为 2 797 亿美元，进口额为 2 714 亿美元，实现贸易顺差 83 亿美元①。

越南农产品出口在国民经济中占有重要位置。大米、咖啡和腰果作为传统的优势农产品，每年为越南带来数十亿美元的收入。近年来越南部分农产品获得高端市场的通行证，如出口到日本的鸡肉、出口到缅甸的冷冻猪肉、出口到美国的金星果、出口到新西兰的红毛丹、出口到欧盟的百香果等。虽然出口量不是很大，但已经表明越南农产品的质量获得了世界的认可。

越南轻工业出口的主打产品是手机及其零部件，越南手机及其零部件已出口到欧盟、中国、阿联酋、韩国、美国等市场。同样，越南服装类产品的出口规模也在不断上升②。

（二）贸易法规体系

越南主要的贸易法律法规包括：《贸易法》（2005 年）、《民法典》

---

① 世界银行数据库。

② 2017 年越南手机出口额高达 451 亿美元，创历史新高［EB/OL］.［2019 - 08 - 21］. http://www.caexpo.org/index.php? m = content&c = index&a = show&catid = 120&id = 220840.

(2015 年)、《投资法》(2014 年)、《电子交易法》(2005 年颁布，2019 年修订)、《海关法》(2014 年)、《进出口税法》、《知识产权法》(2005 年)、《信息技术法》、《反倾销法》(2004 年)、《反补贴法》(2005 年)、《企业法》(2014 年)、《会计法》、《统计法》等。外商在越南投资建立独资、合资和合作经营企业，建立贸易公司和分销机构等都有明确的法律规定。

(三) 贸易管理的相关规定

1. 进口管理

根据加入 WTO 的承诺，越南逐步取消进口配额限制，基本按照市场原则进行进口管理。自 2016 年 7 月起，越南允许进口使用年限不超过 10 年的二手设备，进口的二手设备在安全、节能和环保方面，需符合越南国家技术标准或 G7 标准。另外，越南还将禁止进口被权威机构认定为落后、质量差、污染环境的二手设备。

2. 出口管理

关于出口，越南主要采取出口禁令、出口关税、数量限制等措施进行管理。禁止出口的商品主要包括：武器、弹药、爆炸物等军事装备器材，有毒化学品，古玩，伐自国内天然林的圆木、锯材，来源为国内天然林的木材、木炭，野生动物和珍稀动物，用于保护国家秘密的专用密码和密码软件等。

3. 关税税率

越南现行关税制度包括 4 种税率：普通税率、最惠国税率、东盟自由贸易区税率及中国 - 东盟自由贸易区优惠税率。普通税率比最惠国税率高 50%，适用于未与越南建立正常贸易关系国家的进口产品。根据东盟规定，2018 年起，越南与东盟成员国之间汽车、摩托车、食品等多数商品实现零关税。

原产于中国的商品享受中国 - 东盟自贸区优惠税率。根据中国 - 东盟自贸区货物贸易协议，越南 2018 年前对 90% 的中国进口商品实现零关税，2020 年前对其余商品削减 5% ~50% 的关税。中国 2011 年对越南 95% 的进口商品实行零关税，2018 年前对其余商品削减 5% ~50% 的关税。申报中国 - 东盟自贸区优惠关税应满足原产地规则和直接运输规则①。

---

① 越南对外贸易的法规和政策有哪些 [EB/OL]. [2020 - 09 - 02]. https://www.360kuai.com/pc/984f028f2871ba6dc?cota=4.

二、与中国的贸易关系

自20世纪90年代两国关系恢复正常后，中越两国关系迈入新的发展阶段，两国贸易强度增强。双边贸易金额从2015年的959.6亿美元上升到2019年的1 620亿美元（见表3－6）。越南成为中国在全球的前十大贸易伙伴，中国是越南第一大贸易伙伴。

表3－6　2015—2019年中越双边贸易统计　　单位：亿美元

年份	进出口总额	中国出口额	中国进口额	差额
2015	959.6	661.2	298.4	362.8
2016	982.3	611.0	371.3	239.7
2017	1 212.7	709.4	503.3	206.1
2018	1 478.6	839.0	639.6	199.4
2019	1 620.0	978.7	641.3	337.4

资料来源：商务部《对外投资国别（地区）指南——越南（2020年版）》。

中国出口越南的商品类别主要包括：①机械器具及零件；②钢铁制品；③塑料产品或塑料原料；④计算机、电子产品及零件；⑤面料、纺织品鞋类原辅料；⑥电话及零件。

中国从越南进口的主要商品类别包括：①机械器具及零件；②计算机、电子产品及零件；③果蔬等农产品或水产；④矿物燃料、矿物油及其产品沥青；⑤手机及手机零配件；⑥橡胶及其制品；⑦纺织品、鞋类。

三、中国在越南的直接投资

近年来，中国对越南的投资呈增长态势，尤其是2010年以来，中国对越南的直接投资大幅增长，但年际波动较大（见表3－7）。到2017年，中国对越南的直接投资存量达到57.55亿美元。越南计划投资部外国投资局的数据显示，截至2017年12月20日，越南当年吸引外资额达358.8亿美元，同比增长44.4%。其中，中国为越南第四大外资来源地，协议金额达21.7亿美元，共涉及284个新增投资项目、83个追加投资项目、817个注资或购买股份项目①。

① 谢林城．越南国情报告（2018）［M］．北京：社会科学文献出版社，2018：283.

表 3－7　2010—2019 年中国对越南直接投资

年份	投资流量		投资存量	
	金额（亿美元）	增速（%）	金额（亿美元）	增速（%）
2010	3.05	—	9.866	—
2011	1.89	－38	12.91	31
2012	3.49	85	16.04	24
2013	4.81	38	21.67	35
2014	3.33	－31	28.66	32
2015	5.60	68	33.74	18
2016	12.80	129	49.84	48
2017	7.64	－40	49.65	0
2018	11.51	51	56.05	13
2019	16.49	43	70.74	26

资料来源：商务部《2019 年中国对外直接投资统计公报》。

中国对越南的投资集中在制造加工业、建筑业以及工业生产领域，占比约为69%；其次是服务业，占22%；最后是农林渔业，占9%。可以看出，中国对越南直接投资的行业集中在以劳动密集型为主的第二产业，对第三产业和第一产业的投资不足。

中国对越南的直接投资主要来源于浙江、广西、江苏、湖南和云南等地区，其中投资原因大致可以分为两类。一类是地缘较近的广西和云南等地区，具有地域优势，文化趋同性高，有利于中国企业在越南更好地实施投资活动。另一类是工业较发达的浙江、江苏等地区，看重越南廉价的劳动力成本和地租优势。

中资企业在越南的直接投资几乎覆盖了越南的所有地区，集中分布在越南的东南部地区和红河三角洲地区，如河静省、同奈省、平阳省以及胡志明市等。中国企业在投资时会偏向于基础设施比较完善、人口密度以及市场空间较大、劳动力成本和地租适中的地区。

四、越南吸收外资与对外投资

（一）越南吸收外资

越南有着优越的地理区位、稳定的政治环境、持续发展的经济等，因此国际竞争力水平不断提高。越南政府出台多项政策鼓励外国直接投资，再加上越南正处于人口红利阶段，劳动力成本低廉，众多优势强有力地吸引着外资的进入。

越南政府为有效地吸引外国投资，采取了一系列新措施，包括：减少外国投资者的成本开支，提高外资企业的竞争力和经营效益；简化外国投资者申请投资的手续；对产品出口比例高、出口产品生产中使用越南原材料多和使用越南劳动力多的外资企业实行优惠政策。与此同时，越南政府还规定外国组织和个人可以参加越南的证券交易，购买越南股份公司的股票。

优惠政策包括税收优惠和奖励支持。税收优惠包括企业所得税（CIT）、增值税（VAT）和特定进口关税的减免或给予优惠税率。受监管的鼓励行业包括教育、医疗、体育、文化、高科技、环保、科学研究、基础设施发展和软件制造。实行投资奖励的行政区划或地点包括经济条件较差或者极度贫困的地区、工业园区、出口加工区、高新区和经济特区。在社会经济条件困难地区、经济特区和高新区，新投资项目的企业所得税为10%，期限为15年。

越南外商直接投资多来自东亚及东南亚地区的国家。2008—2018年，越南共吸引外资211.522亿美元，其中中国、日本、韩国、新加坡对越南累计投资分别为35.640亿美元、34.074亿美元、32.476亿美元和24.355亿美元，占比分别为17%、16%、15%和12%，合计占比达六成。

此外，越南还通过开辟工业园区和经济园区来吸引外资，取得了显著的成果。截至2019年底，越南全国共设立工业园区335个，其中256个已投入运营。越南的工业园区和经济园区共吸引了9 381个外商直接投资项目，合同金额达1 916美元，60%的合同金额已到位[①]。

大部分外商投资集中在交通便利、基础设施相对完善的大中城市，如胡志明市、河内和岘港就吸引了约60%的外国投资。

（二）越南的对外投资

越南的对外投资在数量上还很有限，实体投资少。2018年，越南境外投资额为3.8亿美元，主要接受投资国为老挝、澳大利亚、美国和柬埔寨等，主要投资行业为金融、林业、渔业等。在越南对外投资的主要领域中，金融银行领域位居第一，2018年的投资额占越南对外投资总额的40.4%，其次是农林水产业和加工制造业。2018年越南对24个国家和地区进行投资，其中越南对老挝的投资占投资总额的43.4%[②]。

---

① 商务部《对外投资合作国别（地区）指南——越南（2020年版）》。

② 2018年上半年越南对外直接投资总额达约2.63亿美元［EB/OL］.［2019-08-29］. http://www.sohu.com/a/238669261_806142.

小贴士

1. 汇率：1 元人民币 =3 317.17 越南盾（2020 年）。

2. 换汇：在中国境内中国银行不能兑换越南盾，可以出国前在中国银行将人民币换成美元，到越南后再兑换成越南盾。在越南换美元是非常方便的，银行、路边的金店、所有的旅馆和旅行公司都可以换，并且汇率相差得也不多。

3. 银联：在有银联标志的 ATM 机上可直接以银行卡提取越南盾，汇率按照当天中国银行公布的越南盾卖出价计算，但发卡行会收取一定的手续费（一般是 0.3% ~0.5%，每笔最低收取 10 元人民币），取款行也要收取取款金额 1% ~1.5% 的手续费。

4. 刷卡：越南旅游业相对比较成熟，很多商场、餐厅和超市都可以刷卡，甚至在芽庄一些中国人开的餐馆可以微信或支付宝支付。刷卡前可以看下是否有银联标志，走银联通道的比较方便。

5. 民俗：寺庙是公认的神圣地方，进入寺庙时，衣着须端庄整洁，不可穿短裤、迷你裙、无袖上衣或其他不适宜的衣服，更不可袒胸露背。在街上行走时，要注意避开当街排列的祭祀用品，千万不可踩踏。

6. 小费：越南小费一般为 10 000 ~20 000 越南盾。

7. 电压：越南的电压是 220V，越南的插座与中国一样，为两脚扁插，无需电源插座转换器，可以直接使用。如果使用三孔插座，需要携带插头转换器或插线板。

8. 越南政府特别注重在促进技术转让、提高劳动力市场技能和提高劳动生产率的部门吸引外资，寻求高科技、高附加值产业的外商直接投资项目，并支持具有良好环境保障的部门。

课后练习

一、填空题

1. 越南位于中南半岛（　　）侧，北部与中国的（　　）、（　　）接壤，西接（　　）、（　　），东南临（　　）海，西南濒（　　）湾。

2. 越南地势西（　　）东（　　），越南全境分为（　　）、（　　）、（　　）和（　　）等四个自然地理区。

3. 越南有较高价值的金属矿有（　　）、（　　）、（　　）、（　　）、（　　）。

4. 越南共设直辖市（ ）个，省（ ）个，人口在东南亚地区排名第（ ）位。

5. 越南有（ ）个民族，其中（ ）是越南的主体民族。

6. 越南是一个典型的（ ）国家，（ ）是越南国民经济的支柱产业。

7. 越南已成为世界上最大的（ ）出口国，成为世界（ ）加工中心。

8. 越南已成为东盟第（ ）、亚洲第（ ）和世界第（ ）林产品出口国。渔业捕捞产量排世界（ ），渔业养殖产量占世界（ ）。

9. 2016 年越南对东盟国家实行旅游（ ）政策。

10. 中国对越南的投资集中在（ ）、（ ）以及（ ）。

二、判断题

1. 红河三角洲和湄公河三角洲的形成原因是一样的，都是河流冲积而成的。（ ）

2. 越南的煤以褐煤和烟煤为主。（ ）

3. 越南水资源丰富，且时空分布均匀。（ ）

4. 越南信仰者最多的宗教是佛教，以小乘佛教为主。（ ）

5. 越南是东南亚地区人口密度最高的国家。（ ）

6. 越南主打出口产品是手机及其零部件。（ ）

7. 中国是越南第一大贸易伙伴，越南是中国在东盟的最大贸易伙伴。（ ）

三、思考题

1. 越南具备哪些经济发展优势？

2. 为什么越南这几年是东南亚地区吸引外资最成功的国家？

第四章　缅甸

刘红梅

缅甸联邦共和国简称“缅甸”，是东南亚国家联盟成员国之一。西南临安达曼海，西北与印度和孟加拉国为邻，东北靠中国，东南接泰国与老挝。首都为内比都。缅甸实行总统制，是一个农业为主的中低收入国家。

首都：内比都

国旗：缅甸国旗为16:9的长方形，由自上而下宽度相同的黄、绿、红三色横条组成，国旗正中是一颗白色大五角星，覆盖三色横条。黄色代表统一、智慧、欢乐和各民族亲密团结；绿色代表土地肥沃、和谐、安宁、苍翠的国家；红色代表勇敢、果决；白色代表纯洁、正直、友善和力量（见图4－1）①。

图4－1　缅甸国旗

国徽：缅甸国徽中心是缅甸国家地图；地图两侧各有一支蒲桃枝；国徽两侧各有一只狮子；国徽下端的绸带上写着“缅甸联邦共和国”；国徽正上方是一颗五角星；五角星两侧饰有缅甸花卉（见图4－2）②。

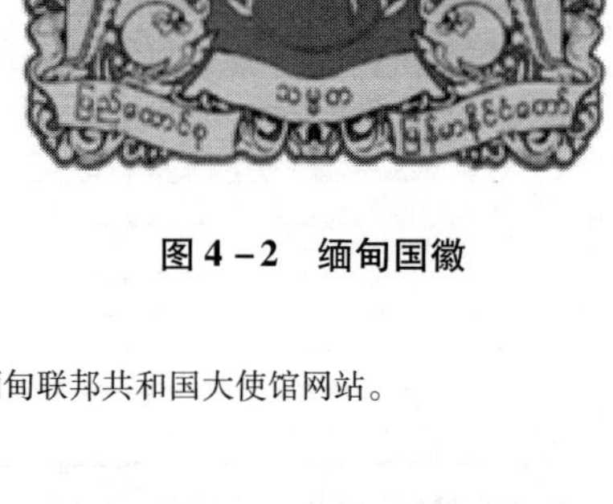

图4－2　缅甸国徽

---

① 中华人民共和国驻缅甸联邦共和国大使馆网站。

② 同上。

国歌：《世界不灭》
管方语言：缅甸语
国花：龙船花
货币：缅币
国际电话区号：0095
应急电话：报警 199　　火警 191

历史的脚步

缅甸经历了蒲甘、东吁和贡榜三个封建王朝后，于 1044 年形成统一国家。19 世纪英国发动三次侵略战争后占领了缅甸，1886 年缅甸被划为英属印度的一个省。1937 年缅甸脱离英属印度，接受英国总督统治。1942 年 5 月被日本占领。1945 年 3 月全国总起义，缅甸光复，但随后被英国重新控制。1948 年 1 月，缅脱离英联邦宣布独立，以吴努为首的政府实行多党民主议会制。1962 年，缅国防军总参谋长奈温将军发动政变，推翻吴努政府，成立革命委员会。1974 年 1 月，颁布新宪法，成立人民议会，组建了“社会主义纲领党”（简称“纲领党”），奈温任“纲领党”主席，定国名为“缅甸联邦社会主义共和国”。1988 年 9 月，军队接管政权，成立“国家恢复法律与秩序委员会”（后改为“国家和平与发展委员会”，简称“和发委”），改国名为“缅甸联邦”。

2005 年 11 月，缅甸政府将首都从仰光迁都至内比都。2007 年 10 月 18 日，缅政府成立由 54 人组成的宪法起草委员会。2008 年 5 月，缅甸联邦共和国新宪法获得通过，规定实行总统制。缅甸于 2010 年依据新宪法举行多党制全国大选。根据缅甸联邦选举委员会公布的选举结果，联邦巩固与发展党（简称“巩发党”）以绝对优势赢得大选。

2011 年 1 月 31 日，缅甸联邦议会召开首次会议，正式将国名改为“缅甸联邦共和国”，并启用新的国旗和国徽。2 月，登盛当选为总统。3 月 30 日，登盛宣誓就任，“和发委”正式解散。2012 年 4 月 1 日，缅甸举行议会补选，昂山素季领导的民盟赢得多数补选议席，成为议会第一大反对党。2015 年 11 月 8 日举行新一轮全国大选，昂山素季领导民盟赢得压倒性胜利，获组阁权。2016 年 3 月，缅甸召开新一届议会，选举吴廷觉为总统。2016 年 4 月 6 日，昂山素季被任命为国务资政。2018 年 3 月 21 日，吴廷觉总统辞职。3 月 28 日，温敏当选总统，并于 3 月 30 日宣誓就职①。

① 中华人民共和国驻缅甸联邦共和国大使馆网站。

第一节 自然环境

一、区位、地形与气候

缅甸位于中南半岛西北部，东北与中国毗邻，西北与印度和孟加拉国相接，东南与老挝、泰国交界，西南濒临孟加拉湾和安达曼海，海岸线长 3 200 千米。缅甸国土面积为 676 578 平方千米，在东南亚国家中仅次于印度尼西亚，居第二位。缅甸连接了东亚、南亚和东南亚，地理位置十分重要。

缅甸的地形较复杂，以山地和高原为主，地势北高南低，山脉河流均呈南北走向。在缅甸北部，喜马拉雅山从中国西藏延伸入境，形成高山地区，地形起伏很大，海拔一般在 3 000 米以上。北部高山地区向南分为东西两支，东支穿过掸邦高原，直抵南部的德林达伊；西支在缅甸西部，自北向南直抵孟加拉国。这一地形形成了三条平行的山脉，即西部山脉、勃固山脉和东部山脉，自北向南纵贯全境。介于西部山地和高原之间的伊洛瓦底江平原，是缅甸经济最发达的地区。缅甸的主要河流有伊洛瓦底江、萨尔温江等。

伊洛瓦底江的流域面积非常广阔，大约有 43 万平方千米，覆盖了缅甸一半以上的面积，从北向南纵贯缅甸 8 个邦省和 32 个县城，总长度大约为 2 030 千米。伊洛瓦底江上游地区的地势落差很大，形成了丰富的水力资源。在下游地区，丰沛的江水和四通八达的水网造就了交通和灌溉的优势。在伊洛瓦底江水的滋养和灌溉下，缅甸北部盛产享誉世界的珍贵柚木，南部则是举世闻名的“稻米之乡”。

缅甸整个国土在赤道以北，大部分地区在北回归线以南，属于热带地区，小部分在北回归线以北，属于亚热带地区。缅甸全境基本上属于热带季风性气候区，但东、北、西三面的群山和高原宛如一道道屏障，阻挡了冬季亚洲大陆寒冷空气的南下，也削弱了南部的热空气，因此气温相对温和。伊洛瓦底江上游及掸邦高原海拔 1 000 ~ 2 000 米的地区几乎四季如春，全年只有一两个月会降霜雪，其余各月平均气温为 10 ~ 22℃。温差年变化小，但昼夜及晴雨温差变化较大。缅甸一年可分为明显的雨季和旱季，雨季在西南季风盛行的 5—10 月，此时降雨量大，7 月雨量最为充沛。全国年平均降雨量为 1 000 ~ 2 500 毫米，各地分布不均，八莫以北地区年降雨量为 1 800 毫米左右，仰光地区年降雨量为 2 500 毫米左右，西海岸阿恰布和土瓦地区年降雨量最高达 4 800 ~ 5 900 毫米，而缅甸中部干旱地区年降雨量很小。

在缅甸，南部区域不同的季节气温变化较小；中部区域热季与凉季的气温变化较大，热季气温在40.6～43.3℃，凉季气温在10～15.6℃；北部某些区域气温常年较低。

二、自然资源

缅甸疆域辽阔，地貌和气候多样，是中南半岛自然资源最为丰富的国家。国内自然生态环境非常优越，极少发生水灾、旱灾等自然灾害。缅甸不仅矿产、石油、天然气以及宝石等储量丰富，还有着丰富的水资源和土地资源。

矿产资源主要有锡、钨、锌、铝、锑、锰、金、银等，宝石和玉石在世界上享有盛誉，石油和天然气在内陆及沿海均有较大蕴藏量。森林资源丰富，2015年森林覆盖率为45%左右。缅甸是世界上柚木产量最大的国家。缅甸水利资源丰富，伊洛瓦底江、钦敦江、萨尔温江、锡唐江四大水系纵贯南北，水利资源占东盟国家水利资源总量的40%，但由于缺少水利设施，尚未得到充分利用。

（一）矿产资源

缅甸的地质结构主要是三叠纪至侏系地层，这一地质结构给缅甸带来了丰富的石油、天然气。同时，火山的沉积过程产生了大量的锡、铜、锌、镍及金、银等矿物。缅甸矿藏资源种类繁多，储量丰富，现已探明的矿产资源包括锡、钨、铜、锌、铝、锑、镍、锰、铁、金、银等。

缅甸的石油和天然气主要分布在缅甸中央盆地伊洛瓦底江两岸和沿海大陆架地区，从北部钦敦江上游向南一直延伸到安达曼海大陆架，长约1 100千米，总面积为25.2万平方千米。至2013年6月，已探明煤储量逾4.9亿吨，大陆架石油储量达22.73亿桶，天然气8.1万亿立方英尺（约2 293.7亿立方米），共有陆地及近海油气区块77个①。

缅甸盛产宝石和玉石，品种多、质地好，储量丰富，在世界上享有盛誉。宝石有红宝石、蓝宝石、水晶石、金刚石、钻石等40余个品种。

根据形成时代、地理及地质构造环境的不同，缅甸矿藏资源的分布从西部到东部大致可分为四大区域：若开沿海区、若开山脉区、中部平原区、掸邦高原区。

若开沿海区，矿藏形成于新生代时期，沿海常见的矿藏为石油、天然气等。

若开山脉区，矿藏形成于中生代时期，矿藏主要有锡、钨、镍、铂、

① 缅甸国家概况［EB/OL］.［2019－09－20］. http：//www.fmprc.gov.cn/web/gjhdq_676201/gj_676203/yz_676205/1206_676788/1206x0_676790/.

铬等。

中部平原区，矿藏形成于新生代时期，矿藏主要有金、银、紫铜、石油、天然气等。

掸邦高原区，矿藏形成于晚古生代时期，矿藏主要有红宝石、玉石、钻石、铅、锌、银、金、锡、钨、铁等。集中了缅甸绝大部分固体矿藏①。

（二）生物资源

缅甸是中南半岛生物种类最为丰富的国家之一。缅甸纬度跨度大，地形气候复杂多样，形成了丰富的动植物资源。

1. 植物

2015 年缅甸森林覆盖率达 45%，主要分布在北部、西部、南部。据 2017 年 6 月 22 日《缅甸之光》报道，缅甸有植物 11 800 种。

截至 2018 年，缅甸林木有 2 300 种，其中乔木有 1 200 余种。缅甸中部勃固山脉是柚木的主要产区。缅甸还盛产檀木、灌木、鸡翅木、铁力、酸枝木、花梨木等各种硬木和名贵硬木。2018 年过渡财年（2018 年 4—9 月），缅甸共生产硬木 11.37 万立方吨，其中柚木 1.23 万立方吨②。较好的林材市场导致缅甸非法伐木严重。2012—2013 财年，缅甸柚木和硬木采伐总量达 92.5 万吨③。2014 年 4 月开始，缅甸政府禁止原木出口。缅甸民盟政府注重林业资源保护，2017 年 11 月底，缅甸国家投资委员会暂停审批使用缅甸原始森林出产的木材原料加工厂项目。

2. 动物

据 2017 年 6 月 22 日《缅甸之光》报道，缅甸有哺乳动物 258 种，鸟类 1 056 种，两栖及爬行类动物 374 种，淡水鱼 310 种，海鱼 465 种。只在缅甸生存的哺乳动物有 5 种（蝙蝠 4 种，鹿科动物金鹿 1 种），鸟类 6 种，两栖及爬行动物类 24 种。

缅甸的动物资源分为陆地动物和水生动物。陆地动物主要生活在森林密布的缅甸北部到南部墨吉一带和属于马来半岛一部分的德林达依南部地区，包括大象、虎、熊、野牛、鹿、犀牛、猿猴、斑灵猫、香猫等。爬行动物中，蛇的种类繁多，计 11 个科、90 个属、388 种，其中毒蛇有 3 科 22 属 81 种，常见的毒蛇有眼镜蛇、蝰蛇、竹叶青蛇、金环蛇等。在 1 000 多种鸟类中，缅甸人最喜

---

① 吴良士．缅甸区域成矿地质特征及其矿产资源（二）［J］．矿床地质，2011，30（2）．

② 商务部《对外投资合作国别（地区）指南——缅甸（2020 年版）》。

③ 缅甸本年度将停止柚木产品生产［EB/OL］.［2019－09－25］. http：//trb.mofcom.gov.cn/article/zuixindt/201605/20160501310166.shtml。

欢的是孔雀和鹦鹉。缅甸人把孔雀当作吉祥的象征，缅王时代的国家标志上就有一只开屏的孔雀，缅王时代的银币和缅甸独立后发行的纸币上都印有孔雀的图案。缅甸的鹦鹉头大，有宽厚而弯曲的红嘴和绿色鲜艳的羽毛。

缅甸濒临印度洋，海岸线长，境内河流、湖泊众多，水生动物丰富。水生动物分为无脊椎动物和脊椎动物。无脊椎动物包括海绵、蛤蜊、珊瑚、海葵、水母、海蜇、海星、海胆、海参、田螺等。

第二节　人文环境

一、行政区划

缅甸实行中央政府领导下的行政制度。中央以下的地方政权分别为邦或省，下设县、镇区、村组（街道）三级。缅甸全国有7个省、7个邦和1个联邦区，省、邦为同级，省是居民以缅族为主体的行政区，邦是居民以少数民族为主体的行政区。7个省分别为仰光、曼德勒、勃固、马圭、实皆、伊洛瓦底、德林达依，7个邦分别为掸邦、克钦邦、克耶邦、孟邦、克伦邦、钦邦、若开邦，联邦区为首都内比都。

二、人口分布

缅甸人口为5 458万人（截至2020年4月）。根据世界银行资料，2019年缅甸人口密度仅为82人/平方千米，人口增长率约为0.63%，且呈逐年下降趋势。

缅甸人口的年龄结构相对年轻，2019年，0～14岁的居民占总人口的25.91%，15～64岁的居民占68.07%，65岁以上的居民占6.02%。

从劳动力就业构成来看，2015—2020年，从事第一产业的人数在持续下降，而从事服务业的人数比例在不断上升，从事工业的人数变化不大。2020年，第一、二、三产业的就业比例为48:16:36（见表4-1）。

表4-1　缅甸2015—2020年劳动力就业人口在三次产业中的比例　单位:%

年份	2015	2016	2017	2018	2019	2020
第一产业	51.69	51.16	50.58	49.70	48.89	48.12
第二产业	16.77	16.34	15.95	16.03	16.15	16.30
第三产业	31.54	32.50	33.47	34.27	34.96	35.58

资料来源：世界银行数据库。

三、民族和宗教信仰

缅甸是一个多民族的国家，共有135个民族，主要有8大族群，即缅族、克伦族、掸族、若开族、孟族、克钦族、钦族和克耶族。

缅族是缅甸人口最多的民族，占总人口的65%①。缅族主要聚居在缅甸中部伊洛瓦底江流域的广大平原地区，经济社会发展水平相对较高。其他少数民族主要聚居于缅甸东西两侧的广大山区，多以所在邦命名，即克伦族、掸族、若开族、孟族、克钦族、钦族和克耶族。少数民族人口总数虽然仅占缅甸总人口的35%，但居住区域超过了缅甸国土面积的一半，经济社会发展水平相对落后。各少数民族均有自己的语言，克钦族、克伦族、掸族和孟族有自己的文字。

缅甸是一个多宗教的国家。缅甸人信仰的宗教主要有佛教、原始拜物教和神灵崇拜、伊斯兰教、印度教及基督教。影响最为广泛并为绝大多数缅甸人信仰的宗教是南传上座部佛教，俗称小乘佛教，是缅甸国教。长期以来，缅甸佛教与缅甸政治紧密结合，缅甸文化也带有很深的佛教文化印记。佛教在缅族、孟族、掸族等许多民族中几乎是全民性的信仰。缅甸信仰佛教的人数占总人口的85%。

伊斯兰教在13—14世纪从孟加拉地区传入缅甸若开地区。2019年，全国有6个拥有独立组织、清真寺等机构的伊斯兰宗教团体，即缅甸穆斯林联盟、若开穆斯林联合会、全缅毛拉同盟、缅甸穆斯林大会、全缅穆斯林学生联合会和穆斯林中央基金会，有3 100多个清真寺。全国有8%的人信仰伊斯兰教。

缅甸人最早接触到基督教是在16世纪初。目前缅甸基督教影响最大的是新教浸礼会和罗马天主教派。缅甸基督教徒占总人口的5%。

缅族人在接受佛教之前的原始宗教信奉万物有灵，信仰称为纳特的精灵，认为大地、天空、风、雨、山川都有精灵。现有1.21%的人仍信仰万物有灵论。

缅甸的印度教徒主要为印度移民，也有少数若开族人。著名的印度教神庙有斯利湿婆克里希那寺和斯利杜尔迦寺。印度教信徒占总人口的0.5%。

由于各民族经济社会发展的不平衡和宗教文化差异，少数民族地区与缅甸中央政府不断发生武装对抗和军事冲突，严重地影响了缅甸的国家稳定和经济社会的发展。

---

① 中华人民共和国驻缅甸联邦共和国大使馆网站。

四、教育和医疗

缅甸教育相对落后，但政府重视发展教育和扫盲工作。至2019年，缅甸全民成人识字率约为94.75%。实行小学义务教育。教育分学前教育、基础教育和高等教育。学前教育招收3~5岁儿童；基础教育学制为10年，1~4年级为小学，5~8年级为普通初级中学，9~10年级为高级中学；高等教育学制4~6年不等。著名学府有仰光大学、曼德勒大学等。

缅甸医疗卫生体系相对落后。截至2016/2017财年末，缅甸共有公立医院1 115所，医生10 479名，护士20 881名。2019年国民预期寿命为69.4岁，其中女性人均寿命为69.11岁，男性人均寿命为64.38岁。

第三节　农业

特殊的地理位置和气候使缅甸出产热带和温带的多种农产品。主要的农作物有稻谷、豆类、小麦、玉米、粟米、花生、芝麻、向日葵、黄麻、油棕、橡胶、烟叶、咖啡、香料、甘蔗、辣椒、洋葱头、大蒜、马铃薯、棉花等。畜牧渔业以私人经营为主。缅甸政府允许外国公司在划定的海域内捕鱼，向外国渔船征收费用。主要林产品有柚木、花梨、丁纹、鸡翅木、黑檀、铁力木等各类硬杂木和藤条、竹子等。缅甸的农业布局根据地形分为三部分：

上缅甸：包括伊洛瓦底江中游谷地干燥地带，分为灌溉区和非灌溉区。灌溉区90%以上的耕地种植谷物，非灌溉区则主要种植经济作物，如棉花、花生、芝麻和豆类等。这一地区又是重要的养牛区，每年向下缅甸输送大量耕牛。

下缅甸：包括伊洛瓦底江下游和三角洲、锡唐河谷及若开和德林达依的沿海地区。这里土地肥沃、气候温暖、雨量充沛，是盛产稻谷的地区，稻谷产量占缅甸稻谷总产量的2/3以上，素有“缅甸粮仓”之称。

掸邦高原区：这里地广人稀，属于迁徙性的自给自足经济。山坡有大片荒地，草原广阔，是发展畜牧业的主要地区。

一、种植业

种植业是缅甸农业中重要的产业，也是缅甸的经济基础。种植的作物主要包括粮食作物、豆类作物和经济作物。

（一）粮食作物

粮食作物主要有水稻、小麦、玉米和高粱，水稻是缅甸最主要的粮食作物。从表4－2可以看出，2015年起，水稻的产量在波动中下降；玉米的产量不断上升；小麦前期产量相对稳定，但从2016年开始下滑；高粱的产量在2016年前不断上升，但从2017年起开始减少。2019年缅甸主要粮食产量达到2 851万吨。

表4－2　缅甸2010—2019年主要粮食产量　　单位：百万吨

年份	2010	2015	2016	2017	2018	2019
水稻	32.07	26.21	25.67	25.62	27.57	26.27
玉米	1.35	1.75	1.83	1.91	1.98	1.98
小麦	0.18	0.18	0.10	0.12	0.12	0.11
高粱	0.22	0.24	0.25	0.21	0.17	0.15
总计	33.82	28.38	27.85	27.86	29.84	28.51

资料来源：联合国粮农组织数据库。

1. 水稻

缅甸素有“稻米之国”的美誉，伊洛瓦底江三角洲地区土地肥沃，雨量充沛，是世界上主要的稻米产区之一。缅甸稻米的另一产地是伊洛瓦底江中游的干旱地区，主要依靠灌溉。第二次世界大战前，缅甸大米出口量占世界大米出口总量的40%。2017年缅甸水稻平均单产水平为3 799千克/公顷，邻近中国的掸邦、克耶邦等地和孟加拉湾沿海地区的农业生产水平较高，基本能够达到4 000千克/公顷，与临近的泰国、马来西亚、印度尼西亚等国3 700～4 700千克/公顷的生产水平相仿。缅甸大米产量高且质量优，在“2011年世界大米会议”上，缅甸波山大米被誉为“世界最好的大米”，广受市场好评。2016年缅甸是世界第六大水稻生产国、第五大稻米出口国①，大米主要出口到中国、日本、印度尼西亚、俄罗斯、西班牙、葡萄牙和巴西等国家。水稻出口已成为政府增加财政收入的主要来源。2019年缅甸出口大米217万吨，出口额达7.82亿美元②。

2. 玉米

缅甸的玉米于1990年后期开始大量种植，主要产区为掸邦的东枝、瑞良、黑河、皎脉、锡袍等地。缅甸政府于1995年开始允许玉米出口，主要出口到中国、马来西亚、孟加拉国和韩国等国。2019年缅甸出口玉米93.08万吨，出口额达2.37亿美元。

---

① 联合国粮农组织数据库。

② 联合国粮农组织数据库。

其他粮食作物如小麦和高粱的产量较小，主要满足国内需要。

（二）豆类作物

豆类是缅甸人的主要副食之一，多产于伊洛瓦底江三角洲及干旱地区北部。种类主要有红豆、白豆、豇豆、鸽子豌豆、印度豆、绿豆等。到 2019 年，豆类耕种面积达 320 万公顷，产量达 584.66 万吨。豆类是缅甸出口量最大的农产品，主要出口国是印度、印度尼西亚、巴基斯坦、马来西亚、新加坡、中国、日本和部分中东国家，其中出口印度的豆类占缅甸豆类出口量的 50% 以上。2019 年缅甸出口豆类 134.43 万吨，出口额为 9.1 亿美元①。

（三）经济作物

缅甸的主要经济作物有芝麻、花生、棉花、黄麻、甘蔗、烟草和咖啡等。芝麻是缅甸重要的油料作物，种植较多。2019 年芝麻的种植面积为 150.52 万公顷，产量达 4.45 万吨。花生多产于缅甸中部的干旱地区，2019 年种植面积为 110.87 万公顷，产量为 161.57 万吨。甘蔗的主要产地为彬文那、东吁及密支那地区，2019 年种植面积为 18.22 万公顷，产量为 1 184.62 万吨。橡胶是缅甸政府重点扶持发展的经济作物，2019 年橡胶种植面积为 33.81 万公顷，产量为 26.49 万吨，主要出口到中国、马来西亚、新加坡、越南、泰国、印度和韩国等国，其中出口到中国的橡胶占缅甸总出口量的 90%。

水果在缅甸的果蔬出口中也占据了一席之地，尤其是西瓜和香瓜出口创汇较多。缅甸全年都可以种植西瓜，除了钦邦和克耶邦外，全国各省邦都在种植西瓜。种植西瓜最多的省邦为实皆省、曼德勒省、勃固省与伊洛瓦底省，种植香瓜最多的是曼德勒省和实皆省。据缅甸商务部统计，2016—2019 财年，缅甸出口到中国的西瓜和香瓜达到 3 亿美元，并且呈现出逐年递增的趋势，其中 2019 年西瓜和香瓜的出口量达到 80 万吨②。

二、林业

缅甸是世界上森林分布最广的国家之一。2019 年缅甸森林总面积为 284 946平方千米，森林覆盖率为 43.63%。

缅甸日照充分，树木全年均匀成长，木质细腻、结构匀称，缅甸木材凭借物美价廉和货源充沛成为国际市场的畅销货。但缅甸林业在发展过程中出现了森林资源因过度砍伐而不断减少、木材出口量下滑且出口产品附加值低

---

① 联合国粮农组织数据库。

② 缅甸对华香瓜和西瓜出口逐渐恢复［EB/OL］.［2020-03-12］. https://www.guojiguoshu.com/article/5714? qt-popular_content=3.

等问题。缅甸政府意识到林业可持续发展的重要性，开始限制和减少木材开采，并制定长期发展规划，促进林业发展与环境保护相结合。

缅甸于 2014 年 4 月 1 日起停止原木出口，之后鼓励木材制品、板材和家具出口及外资进入木材加工行业。

据缅甸商务部的统计，2017—2018 财年（2017 年 4 月 1 日至 2018 年 3 月 31 日），缅甸林产品出口额达 2. 11 亿美元，其中私营企业出口 1. 97 亿美元，国营企业出口 0. 14 亿美元。该财年缅甸林产品出口额较上财年（2016—2017 财年）的 2. 47 亿美元下降了 0. 36 亿美元，跌幅达 15%。包括竹制品在内的缅甸林产品主要出口到孟加拉国、巴基斯坦、韩国和新加坡①。

三、畜牧业

缅甸有大量天然牧场，发展畜牧业条件良好。主要畜产品种为鸡、鸭、牛、羊和猪。畜禽的养殖规模较小，以农户分散饲养为主，方式落后。自 1990 年起，缅甸政府采取措施大力发展畜牧业，但受到资金和技术的限制，畜牧业的发展缓慢。由于缅甸是一个佛教国家，多数国民不吃牛肉，缅甸一直向东南亚国家以及欧美国家出口肉牛。缅甸活牛出口政策出台于 2017 年 9 月，确定木姐、孟都和妙瓦底 3 个边境口岸为活牛出口口岸。据缅甸农业畜牧与灌溉部畜牧兽医局统计，2017 年 12 月—2018 年 4 月，经木姐口岸出口到中国的活牛数量已超过 3. 6 万头，总价值达 4 300 万美元。据 2018 年缅甸官方的统计，缅甸全国共有水牛和黄牛约 1 000 万头，有近 400 家企业在申请活牛出口资质②。

四、渔业

缅甸有 3 200 千米的海岸线，同时还有辽阔的浅海海域、内陆水域和众多的河流，为缅甸提供了丰富的渔业资源和优越的水产养殖条件。缅甸渔业平均年捕捞量为 105 万吨。缅甸沿海鱼虾共有 500 多种，具有经济价值的约 105 种，包括石斑鱼、鲳鱼、龙虾、黄鱼、带鱼、鲨鱼、比目鱼、鲥鱼、虎虾、琵琶虾等，内陆江湖内也有大量淡水鱼虾。缅甸水产品档次高、品质优，受到国际市场欢迎。

---

① 2017—2018 财年缅甸林产品出口额下跌 15% [EB/OL]. [2020 - 07 - 21]. http://mm. mofcom. gov. cn/article/jmxw/201804/20180402734556. shtml.

② 缅甸已出口活牛 3. 6 万头 [EB/OL]. [2020 - 07 - 21]. http://mandalay. mofcom. gov. cn/article/slfw/201804/20180402737948. shtml.

缅甸的海洋渔场主要分为三个区域：北部孟加拉湾的若开邦，水深流急、海底坡度大，地势陡峭，是进行围网、流刺网、钓鱼作业的良好渔场；南部海岸，特别是丹老群岛和土瓦湾近海水域，水深不超过90米，是缅甸产量最高的渔场，主要进行小灯围、流刺网和潜水捕捞作业；伊洛瓦底江入海处的三角洲一带，主要进行流网和围网渔业。

缅甸渔业过去以私人经营为主，本地船只较少，捕捞能力有限，生产工具和生产技术相对落后，渔业开发利用程度低。1990年起，缅甸开始同一些外国公司合作开办鱼虾生产和出口加工企业，缅甸水产品产量与出口额得到较快增长。2010年至2018年，主要水产品产量和价值也在不断增加，2018年缅甸水产品产量为113.04万吨，价值14.99亿美元（见表4－3）。

表4－3 缅甸2010—2018年主要水产品产量和价值

年份	2010	2011	2012	2013	2014	2015	2016	2017	2018
产量（万吨）	85.07	81.68	88.52	92.92	96.22	99.73	101.76	104.87	113.04
价值（亿美元）	9.56	10.71	15.00	17.15	18.68	16.65	19.92	17.5	14.99

资料来源：联合国粮农组织数据库。

缅甸水产品出口到约50个国家和地区，其中主要出口对象是中国、泰国、印度和孟加拉国。2014年水产品出口额达到5.36亿美元，进口额为1.33亿美元；到2018年，缅甸水产品出口额达7.08亿美元，进口额减少到1.15亿美元（见表4－4），水产品贸易顺差不断扩大。

表4－4 缅甸2014—2018年水产品贸易情况 单位：亿美元

年份	2014	2015	2016	2017	2018
出口额	5.36	4.8	4.99	6.93	7.08
进口额	1.33	0.85	0.9	0.94	1.15

资料来源：联合国粮农组织数据库。

第四节 工业

缅甸的工业不发达，工业基础薄弱。1988年以后，缅甸开始打开国门，工业的发展步伐加快。2011年缅甸新政府着手进行经济改革，实行国家宏观调控的市场经济政策，强化了工业发展的重要性，工业产值占GDP的比重从2010年的26%上升到2018年的38%。缅甸主要的工业活动都与加工自然原料有关，其中食品和饮料生产占整个工业产出的75%，其他包括小型机械制造、纺织、印染、木材加工、制糖、造纸、化肥和制药等。

缅甸在1990年建立了缅甸工业发展委员会（MIDC），采取措施支持工业发展。从1992年开始建立工业园区，截至2018年，全缅共有60多个工业园区，占地面积约为101平方千米①。在全国工业园区中，仰光省工业园区扮演重要角色，共有工业园区29个。但缅甸大多数工业园区面临电力不足、交通网络落后等基础设施不足问题，尤其是仰光省以外的其他省邦工业园区，面临的交道、水电供应等问题更为严重。

一、能源工业

缅甸的能源主要有石油、天然气、电力和煤炭。其中，石油和天然气在能源消费量中占绝大部分。

缅甸石油和天然气主要分布在若开山脉与掸邦高原之间的缅甸中部沉积盆地和沿海大陆架，长约1 100千米，宽约200千米，北部较窄，向南逐渐变宽。全区总面积约为25.2平方千米，为新生代沉积区。虽然石油和天然气对于一国的长期发展具有重要的经济和战略意义，但缅甸直到近年来才开始着手在提供可靠能源供应上进行规划改革。从世界范围来看，缅甸的油气储量并不多，但在东南亚国家中缅甸的油气资源算是丰富的。

缅甸曾是东南亚一个重要的石油出口国。1853年，缅甸出口了第一桶石油。20世纪60—70年代，缅甸石油产量保持适度增长，从1965年的380万桶增加到1978年的960万桶。由于当时政府的锁国政策，国内石油开采技术落后，导致20世纪80年代初石油产量出现下降，直到1988年缅甸实行对外开放政策，缅甸的油气产量与油气产业的地位才逐渐回升。

随着2011年缅甸政治改革的推行和西方经济制裁的逐步取消，国际勘探逐步开放，全球石油巨头看好缅甸市场，缅甸政府也希望引进先进技术来发现新的油田。根据缅甸官方在2014年1月第二届海洋油气峰会上公布的数据，其石油探明储量为1.6亿桶，天然气探明储量为5 964亿立方米②，从勘探情况来看，未探明储量潜力巨大。截至2013年，缅甸共有17个大小不等的沉积盆地，其中陆上14个，海上3个，这些盆地共划分为104个区块，其中海上51个，陆上53个。受勘探开发技术和资金的限制，在缅甸14个陆上

---

① 王建娜．缅甸工业区发展缓慢［N］．缅甸金凤凰报，2019－02－11（1）．

② 缅甸石油和天然气资源分布调查［EB/OL］.［2020－07－21］. http：//gas. in－en. com/html/gas－2518510. shtml.

油气盆地中，至2013年只对中央盆地、卑谬盆地和伊洛瓦底江三角盆地进行过勘探和开发，另5个有轻度勘探或开发，而对其他的6个盆地未进行过勘探。

相对陆地来说，缅甸海上油气资源勘探程度更低，油气前景更好。缅甸的海上油气资源被划分为三个沉积盆地，即若开（Rakhine）盆地、马达班（Moattama）盆地和德林达依（Tanintharyi）盆地。在这三个海上盆地已发现10个大小不等的油气田，均在水深200米以内的浅海。

缅甸国内的天然气人均使用量低，天然气需求量不大，除了满足国内需求外，主要用于出口。截至2017年2月底，外国企业在缅甸石油和天然气领域投资了154个项目，投资额达224.1亿美元，占外商在缅甸投资总额的32.1%①。

缅甸煤矿主要分布于中部地区，其次为东部地区，而西部地区只在若开地区及兰里岛有很薄的煤层或煤线，大多无经济价值。中部地区煤炭资源较丰富，但受到盆地构造的影响，产量较小。截至2013年6月，缅甸矿业部已探明的主要煤藏有33个，储量约为4.887亿吨，但这些储量仅有1%被证实②。虽然缅甸煤炭资源分布较广，但煤质不佳，产量低，在国内能源总构成中仅占0.03%。

随着经济发展，缅甸用电需求逐年增大。工业用电有较大缺口，难以保障用电高峰期的使用，停电状况依然普遍。截至2019年底，缅甸仅有50%的居民家庭能用上电。缅甸政府向全球能源企业的电力项目发起招商引资，期待将水力发电和光伏发电项目做大；同时，加大对可再生能源发电项目的建设，以更好地满足国内的电力需求。

二、采矿业

缅甸的矿产资源资源丰富，但由于国内政治、经济等多方面的原因，缅甸的矿产资源没有得到有效的开发。

缅甸的矿业由国有企业经营，第一矿业公司主要负责铅、锌、铜等矿产的开采；第二矿业公司负责钨、锡及其合成品和金、钻石等贵金属等的开采；第三矿业公司负责钢、铁、煤、重晶石、石灰石等工业矿产的开采。珠宝玉石则由缅甸珠宝玉石公司专营。其他主要的矿业公司有克耶邦的摩奇公司

---

① 缅甸重点及特色产业的吸引力［EB/OL］.［2020－07－21］. http：//www.ccpit.org/Contents/Channel_4013/2018/1025/1077765/content_1077765.htm.

② 廖亚辉，等. 缅甸经济社会地理［M］. 广州：世界图书出版广东有限公司，2014：79.

（主要生产锡），掸邦的南渡、波敦矿业公司（主要生产铅、锌、银和金）和曼德勒省的莫谷矿业公司（以生产宝石和玉石著称）。

1994 年 10 月，缅甸政府将缅甸国营部门垄断经营的金矿和铜矿向外资开放。截至 2020 年 4 月，缅甸的矿业共获得外资项目 71 个，批准外资额 29.05 亿美元①。

缅甸素以盛产宝玉石而蜚声全球。主要的宝玉石有红宝石、蓝宝石、水晶石、碧玺、紫牙鸦、金刚石、黄玉、翡翠、琥珀等。其中翡翠产量占世界总产量的 95% 以上，特别是高档翡翠几乎全部产于缅甸。宝石主要产于曼德勒省东北的抹谷宝石区，矿区面积约为 400 平方千米，有采场 49 处。其经营者是缅甸宝石公司（MGE）。该矿区所产的优质鸽血红宝石最有价值。缅甸北部有平隆、南萨两个红蓝宝石矿区（主要由私人经营）。这些红蓝宝石矿区还产有其他高、中、低档宝石，如尖晶石、黄玉、电器石、日光石、橄榄石、石榴石、堇青石及少量高档的海蓝宝石。

2017 年 4 月至 2018 年 3 月中旬，缅甸矿产出口额达 17 亿美元，较上一个财年增加 7.5 亿美元，增长 78.9%。其中，缅甸国营企业矿石出口额为 7.62 亿美元，较上一个财年增加 3.08 亿美元；私营企业矿石出口额为 9.38 亿美元，较上一个财年增加 4.42 亿美元②。2017 年 4 月至 2018 年 1 月，缅甸通过木姐口岸向中国出口了超过 2 990 吨玉石，出口额达 4 亿多美元。

三、制造业

缅甸的制造业包括机械制造业、电子电器制造业和信息产品制造业。机械制造业是缅甸独立以后才逐渐发展起来的。1988 年后缅甸政府把机械电子产品作为缅甸重点发展的产业，允许和鼓励私营企业进入该行业。

着眼于缅甸重新与国际接轨、存在较具规模的内需市场以及具有竞争力的劳动力成本等优势，投资者对缅甸制造业的投资逐渐升温。根据缅甸政府 2014 年初通过的《缅甸经济特区法》，特别经济区内允许外国企业 100% 独资经营制造加工企业，并就特定产业给予 5 ~ 7 年的免税优惠，允许外国人使用特区内所持有的土地 30 年，到期后根据实际需求还可延长 5 ~ 30 年。

在外资的带动下，缅甸的机械制造业开始展现出活力，在汽车生产、电器设备和信息产品生产等方面取得了迅速的发展。据《缅甸环球新光报》报

---

① 商务部《对外投资合作国别（地区）指南——缅甸（2020 年版）》。

② 中国居民赴缅甸投资税收指南［EB/OL］.［2020 - 08 - 21］. http：//upload. silkroad. news. cn/2018/1218/1545124-576451. pdf.

道，2017—2018 财年，制造业共有 136 个外资项目进入，吸引外资 17.6 亿美元，占缅甸吸引外资总额的 30% 以上[①]，居当年吸引外资行业的首位。在外资的推动下，2017 年缅甸制造业的增加值占 GDP 的比重达到 23.85%，占整个工业增加值的 65.72%。

短期而言，缅甸制造业的发展仍以属于来料加工的制衣、制鞋业为主，同时以配合内需发展的产业如食品加工、建筑业、电力电机设备业和汽机车零配件组装等为辅。在机械需求方面，农业机械设备、塑胶机器设备和简单的木材加工机器仍是市场的主流。

四、农产品加工业

食品及饮料行业占缅甸农产品加工业的 85%，多集中在稻米、食用油、糖、盐等农产品加工制作上，产品主要供当地市场消费。自 20 世纪初以来，农产品加工业一直是缅甸加工制造业中的最大产业，碾米业是其中最重要的产业部门。除了少数合资经营的企业技术水平较高外，缅甸的农产品加工业总体发展水平低，企业规模小，技术落后，产品种类少、质量低。

第五节　第三产业

缅甸第三产业的发展整体落后于世界平均水平。近年来，缅甸的旅游业、酒店业、交通运输业和电信业发展相对迅速，教育业、文化广播电视业、金融业和保险业等发展相对较缓慢。2018 年缅甸第三产业占 GDP 的比重为 40.89%。

一、旅游业

缅甸有着丰富的旅游资源，风景优美，名胜古迹多。1988 年以后，缅甸政府实行市场经济政策，认识到开发旅游资源、发展旅游业的重要性。经过多年的发展，缅甸旅游业已形成一定规模并取得了较好的成绩。缅甸主要有 4 个旅游区，即蒲甘旅游区、曼德勒旅游区、茵莱旅游区、仰光旅游区。主要景点有世界闻名的仰光大金塔、文化古都曼德勒、万塔之城蒲甘、茵莱湖水上村庄以及额布里海滩等。

---

① 2017—2018 财年缅甸制造业吸引外资最多［EB/OL］.［2020-08-21］. http://mm.mofcom.gov.cn/article/jmxw/201804/20180402734557.shtml.

2011 年缅甸新政府成立后，大力发展旅游业，积极吸引外资，建设旅游设施，缅甸入境旅游人数快速增长，旅游收入迅速提高。2010 年缅甸的国际游客仅为 79.2 万人，旅游收入为 0.91 亿美元。到 2018 年，缅甸的国际游客增加到 355.1 万人，旅游收入为 16.7 亿美元。国际游客主要从缅甸第一大城市仰光和边境入境，选择从缅甸新首都内比都入境的游客不多，占比不到 1%。

2014 年缅甸入境游客中，亚洲游客占 71.39%，欧洲游客占 17.71%，美洲游客占 7.24%，大洋洲游客占 2.95%，非洲游客占 0.71%。亚洲游客主要来自泰国、日本、中国、韩国和马来西亚；欧洲游客主要来自法国、英国、德国、意大利和瑞士等国家①。

旅游业的发展带动了缅甸酒店业的发展，酒店的数量和服务质量不断提升。据缅甸投资与公司管理局数据，2016—2017 财年，缅甸酒店旅游业的外商投资共有 68 个项目，协议金额为 28.5 亿美元。同期缅甸共有 1 557 个酒店或旅馆，59 476 个房间，118 269 个床位②。较著名的酒店有：仰光的茵雅湖酒店、商贸酒店、皇家公园酒店；内比都的妙多温酒店、丁格哈酒店、阿玛拉酒店；曼德勒的喜多娜饭店、曼德勒山酒店；蒲甘的丹岱饭店、蒲甘饭店等。

2017 年，缅甸在旅游领域的投资额约为 3 亿美元，外国游客在缅甸消费约 24 亿美元，旅游业收入为 49 亿美元，旅游领域向国民提供的就业机会约有 57 万个。缅甸在旅游领域的投资回报较为可观，外国游客的消费占缅甸总出口额的 24.7%，旅游领域收入在 GDP 中的占比约为 2.7%，旅游领域创造的就业机会占总就业机会的 2.5%③。

二、交通运输业

近年来，缅甸政府大力发展交通运输业，修筑公路和铁路，带动陆路运输的发展。南半岛公路网建设基本成型，覆盖中部平原和沿海地区，但缅北山区交通仍较不便。缅甸的交通以水运为主。2020 年初，缅甸与中国双方领导人签署了谅解备忘录及多项协议，启动中缅经济走廊的实质建设，统筹推进公路、铁路、电网等互联互通项目。

---

① 缅甸旅游业飞速发展 游客增多带动社会效益［EB/OL］.［2020-08-23］. https://www.jaadee.com/feicuishouce/miandianfeicui/miandianlvyou/5113.html.

② 缅甸重点/特色产业［EB/OL］.［2020-08-23］. http://www.tannet-group.com/Group/463/17545/20200217111011.

③ 缅甸国内旅游业发展迅速［EB/OL］.［2020-08-23］. http://www.hj8828.cc.

（一）公路运输

缅甸建设部高速公路局公布的相关数据显示，截至2018过渡财年末，缅甸公路总里程为4.19万千米，其中沥青路2.59万千米，碎石路3 011千米，土路4 491千米，货运量为113.9万吨 。

缅甸与中国、泰国、老挝、印度、孟加拉国有公路连通。连接中国与缅甸的公路主要有腾密公路。腾密公路缅甸段起点为云南腾冲与缅甸接壤的中缅南四号界桩，终点是缅甸北部重镇密支那。公路全部由中国援建，共投资8亿元人民币，于2007年4月通车。2020年初，中国向缅甸移交了曼德勒—提坚—木姐高速公路和皎漂—内比都公路项目可行性研究报告，缅甸未来的公路里程和质量将得到大幅提升。

（二）铁路运输

缅甸铁路基础设施较差，路网陈旧。缅甸交通与通讯部铁路局公布的数据显示，截至2018过渡财年末，缅甸铁路全长6 112.29千米，多为窄轨，有960个站点。拥有客车厢990节、货车厢1 847节。主要线路有仰光—曼德勒、仰光—勃固、仰光—毛淡棉、仰光—卑谬、曼德勒—密支那等。2018过渡财年货运量为9.44万吨，客运量为2116万人次，客运收入高于货运收入 。

缅甸仰光有环城铁路，全长约45.9千米，连接缅甸市区与城郊，全程耗时约3小时。目前尚无城市地铁。

2020年初，中国向缅甸移交了木姐—曼德勒铁路建设可行性研究报告。木姐—曼德勒铁路是规划中的中缅铁路通道和中缅经济走廊的重要组成部分，是缅甸国家优先战略项目。线路北起中缅最大贸易口岸木姐，向南至曼德勒。全长410千米，按照标准轨现代化铁路建设，设计客运时速160千米，货运时速120千米。该项目将对促进缅甸民族交流与和解、缓解区域交通压力、降低贸易运输成本、满足缅甸民众出行需求、提升中缅两国经贸合作起到积极作用。

（三）水路运输

缅甸境内水系发达，水运是缅甸的主要运输方式。主要港口有仰光港、勃生港和毛淡棉港，其中仰光港是缅甸最大的海港。2018年过渡财年，缅甸港口总吞吐量为898.3万吨；水路运输旅客达498.7万人次 。

（四）航空运输

缅甸主要航空公司有缅甸国际航空公司、缅甸航空公司、曼德勒航空公司、仰光航空公司、亚洲之翼航空公司、蒲甘航空公司、金色缅甸航空公司、甘波扎航空公司等。缅甸全国有大小机场70余个，主要机场有仰光机场、曼德勒机场、内比都机场、黑河机场、蒲甘机场、丹兑机场等。仰光机场、内比都机场和曼德勒机场为国际机场。截至2018年底，缅甸已与20多个国家和地区建立了直达航线，主要国际航线可达曼谷、清迈、北京、昆明、广州、南宁、香港、台北、吉隆坡、达卡、金边、河内、胡志明、加尔各答、达卡、首尔、多哈等城市。

第六节 外贸与外资

一、对外贸易概况

缅甸过去的对外贸易所占比重较小，随着经济发展，对外贸易比例逐渐加大，但整体来看，贸易仍然处于逆差状态。

1988年，缅甸的对外贸易额仅有4.13亿美元。1989年全面放开后，商品货物和人力资源的增加、资金技术的提升，促进了缅甸经济的全面发展。2011年新政府上台后进一步加大对外开放程度，对外贸易产值占GDP的比重也从2011年的10.09%上升到2018年的61%，对外贸易依存度不断上升。从表4-5可以看出，缅甸的对外贸易总额在不断增加，出口量增幅较大，贸易逆差在不断缩小。

表4-5 2015—2019财年进出口贸易额 单位：亿美元

财政年度	进出口总额	出口额	进口额	贸易逆差
2015—2016	277.15	111.37	165.78	54.41
2016—2017	291.63	119.52	172.11	52.59
2017—2018	335.38	148.51	186.87	38.36
2018—2019	349.80	169.20	180.60	11.40

数据来源：中国国际贸易促进委员会网站。

从货物贸易来看，缅甸主要出口农产品、畜牧产品、林产品、矿产、海产品、工业制成品等，具体商品包括天然气、大米、玉米、各种豆类、橡胶、木材、珍珠、宝石等；主要进口生产资料、工业原料、消费品（如日用消费品、电子设备、汽车和汽车配件），以及中间产品等。

在2018—2019年财年中，缅甸共出口农产品32.61亿美元、畜牧产品3.66亿美元、水产品7.32亿美元、矿产品14.65亿美元、林产品1.65亿美元、工业制成品 101.54 亿美元、其他物资 1.67 亿美元。

从贸易类别来看，缅甸的工业制成品在出口份额中是最大的，占全部出口产品的60%。出口额仅次于工业制成品的出口产品类别是缅甸的农产品。2019 年缅甸农产品出口值达到 37.61 亿美元，主要的农产品有大米、豆类和果蔬等。

缅甸在亚洲的货物进出口对象主要是中国、泰国、印度、日本、韩国、新加坡、马来西亚、越南和孟加拉国。

随着经济的发展，缅甸的服务贸易在贸易总额中的比例不断增加。2010 年服务贸易仅占贸易总额的6.74%，2018 年已增加到17.62%，其中服务出口贸易的增幅较大。交通服务、电脑和通信服务、保险和金融服务、旅游服务分别占商业服务贸易进口的 57.71%、25.35%、8.63%、7.87%。交通服务进口是商业服务贸易进口的主要来源。

二、贸易法规

缅甸贸易主管部门为缅甸商务部，负责办理进出口营业执照、签发进出口许可证、管理国内外展览会、办理边境贸易许可、研究缅甸对外经济贸易问题、制定和颁布各种法令法规等。下设贸易司和边贸司，边贸司在各边境口岸设有边境贸易办公室，负责办理边境贸易各项事务。缅甸私营企业从事对外贸易须向进出口贸易注册办公室领取营业执照，申领进出口许可证，在国家政策许可范围内从事对外贸易活动。

（一）贸易法规体系

现行与贸易管理相关的法律和规定有《缅甸联邦进出口贸易法》（2012 年）、《缅甸联邦贸易部关于进出口商必须遵守和了解的有关规定》（1989 年）、《缅甸贸易联邦关于边境贸易的规定》（1991 年）、《缅甸联邦进出口贸易实施细则》（1992 年）、《缅甸联邦进出口贸易修正法》（1992 年）、《重要商品服务法》（2012 年）、《竞争法》（2015 年）、《〈竞争法〉实施细则》（2017 年）、《消费者保护法》（2019 年）、《破产法》（2020 年）等。

（二）贸易管理的相关规定

1989 年以来，缅甸政府实行市场经济政策，允许私人从事对外贸易，对外贸易实行许可证管理制度。同年，政府颁布相关法令，放宽了对外贸易的限制，允许外商投资，农民可自由经营农产品，私人可进行进出口贸易，并开放了同邻国的边境贸易。

2006 年以来，在中缅边境地区出口的木材及进行的矿产品贸易，须获得缅甸商务部、林业部木材公司出具的证明及中国驻缅甸大使馆经济商务处的证明。缅甸已于 2014 年 4 月 1 日起停止原木出口，木材必须经加工后方可出口。2012—2016 年，缅甸逐年递减 15% 的柚木和 20% 的硬木采伐量，并分别减少 75% 和 22% 勃固山脉的柚木和硬木采伐量。

（三）海关管理的相关规定

《缅甸海关进出口程序》（1991 年）对禁止进出口的物品做了详细规定，《缅甸海关计征制度及通关程序》对进出口关税、通关程序做了详细规定。

根据现行的缅甸土地法，任何外国个人或公司不得拥有缅甸土地的所有权，但可以长期租用土地用于投资活动。

缅甸原来主要在农业、工业生产和基础设施建设 3 个领域给予外资优惠政策。2016 年，缅甸政府开始向从事旅游业、向缅甸国内转让生产技术、培养熟练技术人员、投资欠发达地区的外资企业提供优惠政策。同时，缅甸对于设立在经济特区的企业也会提供特别的优惠政策。

《外国投资法》规定了外商投资的最低投资金额，生产制造业为 50 万美元，服务业为 30 万美元，具体由投资委员会根据投资项目所处行业和规模来确定。外资可以采用以货物的形式注资，也可以采用以现金的形式注资。

三、与中国的贸易关系

近年来，中缅两国各领域友好交流与合作进一步加强。中缅经贸合作取得长足发展，合作领域从原来单纯的贸易和经援扩展到工程承包、投资和多边合作，双边贸易额逐年递增。中国对缅甸主要出口成套设备和机电产品、纺织品、摩托车配件和化工产品等，从缅甸主要进口原木、锯材、农产品和矿产品等。为扩大从缅甸的进口，中国先后两次宣布单方面向缅甸共计 220 个对华出口产品提供特惠关税待遇。

中国已连续多年成为缅甸第一大贸易伙伴。2019 年，中缅双边贸易额为 187 亿美元，同比增长 22.7%，其中中方出口额为 123.1 亿美元，同比增长 16.7%，进口额为 63.9 亿美元，同比增长 36.2%（见表 4－6）。

表 4－6　2015—2019 年中缅双边贸易　　单位：亿美元

年份	贸易总额	从缅进口	对缅出口
2015	152.8	56.3	96.5
2016	122.8	40.9	81.9

续表

年份	贸易总额	从缅进口	对缅出口
2017	135.4	45.3	90.1
2018	152.4	46.9	105.5
2019	187.0	63.9	123.1

资料来源：中国海关网站。

中缅地方交往活跃，截至2014年两国间已有7对友好城市和省区，分别是：扬州市—仰光市（1997年7月）、昆明市—曼德勒市（2001年5月）、昆明市—仰光市（2008年12月）、南宁市—仰光市（2009年10月）、保山市—密支那市（2010年6月）、瑞丽市—木姐市（2012年10月）、广西壮族自治区—仰光省（2014年3月）。

四、中国在缅甸的FDI政策

1988年之前，缅甸政府推行闭关政策，外资流入被禁止。1988年缅甸军政府执政后，颁布《外商直接投资法》吸引外资，外国资本开始进入缅甸。2006年后中国企业对缅直接投资开始稳步增长，2008年中国企业对缅直接投资流量为2.33亿美元，存量为4.99亿美元。2010年后，随着缅甸的营商环境不断改善，以美国为首的发达国家不断加大对缅甸的投资力度，中国企业对缅直接投资受发达国家投资挤压有所减少，由2010年的8.76亿美元下降到2011年的2.19亿美元。2012年后，该状况有所缓解，但中国企业对缅直接投资仍呈下降趋势。在“一带一路”倡议提出后中缅经贸合作方式增多，如合作经营、工程承包、经济援助等，而直接投资相对减少。中国企业对缅直接投资流量的波动幅度较大，但是存量稳步增长。到2017年底，中国企业对缅直接投资存量达到55.25亿美元，占缅甸吸引外资存量的9.8%，排名第一，这还不包括在港澳注册的中国内地企业对缅的投资额①。

中国在缅甸投资的领域受到缅甸的外交政策和引资政策的影响。1989—1998年，中国企业对缅投资以贸易导向型产业为主，集中于木材、玉石和农产品等缅甸对中国出口的领域。1999年以后，中国企业对缅投资逐步转向资源型产业，重点投资油气、矿产及水电资源开发等领域。2013年以来，随着

① 孟萍莉，吴若楠．中国企业对缅甸投资面临的风险及对策［J］．对外经贸实务，2019（10）：79-81.

"一带一路"倡议的深入推进，中国企业对缅甸投资受到国家政策影响，侧重于基础设施、能源设施等领域。2018 年中缅经济走廊启动，在原有投资的基础上，中国企业对缅的投资拓展到旅游、金融、信息等领域。

五、缅甸吸收外资

自 1988 年对外开放以来，缅甸吸引了大量的外商参与到本国的经济建设中，外资注入量进一步扩大。1988 年至 2018 年 2 月底，缅甸累计吸引外资总额已超过 756 亿美元。据缅甸投资与公司管理局的统计，2011—2018 财年，引进外资最多的是 2015—2016 财年，高达 94.86 亿美元；最少的是 2012—2013 财年，为 14.19 亿美元。各财年引进外资没有规律可循，时高时低（见表 4－7）。

表 4－7 缅甸 2011—2018 财年吸引外资总额 单位：亿美元

财年	吸引外资总额	财年	吸引外资总额
2011—2012 财年	46.44	2015—2016 财年	94.86
2012—2013 财年	14.19	2016—2017 财年	66.49
2013—2014 财年	41.07	2017—2018 财年	57.18
2014—2015 财年	80.10		

资料来源：中华人民共和国驻缅甸联邦共和国大使馆经济商务处网站。

2017—2018 财年（2017 年 4 月 1 日至 2018 年 3 月 31 日），缅甸投资委员会共批准 222 个外资项目。其中，制造业共有 136 个外资项目进入，吸引外资 17.6 亿美元，居各行业第一位，吸引外资额占缅甸吸引外资总额的 30% 以上；房地产行业紧随其后，吸引外资 12.6 亿美元；交通与通信业 9.02 亿美元；能源业 4.06 亿美元；饭店与旅游业 1.77 亿美元；农业 1.35 亿美元；其他服务业 10.05 亿美元。据悉，2017—2018 财年新加坡对缅投资额最高，达 21.63 亿美元，中国位居第二，投资额达 13.95 亿美元①。缅甸的新《公司法》于 2018—2019 财年实施，教育、零售等行业的开放将吸引更多的外资流入。

过去外国投资者很少在缅甸的农业领域投资，外资在农业领域的投资仅占外国总投资额的 0.5%。为了促进农业领域的发展，缅甸政府积极采取措施同国际农业公司合作，引进先进种植技术，提高农产品质量，扩展国际市场。

① 缅甸公布历年吸引外资总额［EB/OL］.［2020－08－23］. http：//www.mofcom.gov.cn/article/i/jyjl/j/201810/20181002801036.shtml.

目前，缅甸出口的农产品中，85% 为原料产品。据缅甸投资与公司管理局数据，1988—2017 财年，中国、新加坡、韩国、泰国、马来西亚、法国、印度、日本等 8 个国家在缅甸农业领域的投资额累计达 2.17 亿美元。其中，马来西亚投资额最多，投资额达约 7 675 万美元①。

小贴士

1. 汇率：1 元人民币 =195.68 缅币（2020 年）。

2. 换汇：在中国境内中国银行不能兑换缅币，可以在出国前在中国银行将人民币换成美元，到缅甸后再兑换成缅币。

3. 银联：在有银联标志的 ATM 机上可直接以银行卡提取缅币，汇率按照当天中国银行公布的外汇牌价卖出价计算，但发卡行会收取一定的手续费。每取一笔，缅甸方面会收 5 000 缅币的手续费，每次最高可取300 000 缅币。

4. 刷卡：最好准备 ISA 信用卡或 Mastercard 信用卡，可以直接按美元结算。

5. 民俗：缅甸是一个佛教国家。在宗教场所穿着要得体，不要露出肩膀和膝盖，在进入寺庙前请脱鞋。不要用脚指东西，那会被认为不尊重。不要摸别人的头。

6. 小费：给小费不是必需的。如果住酒店需要行李生搬运行李，可给小费，一般给 1 000 缅币（人民币约 5 元），如果不用则不需要给，餐厅点餐一般是不需要给小费的。

7. 电压：缅甸的电压是 220～230V，同中国一样。多数酒店的插座和中国国内一样，但有部分酒店是德标（欧洲）插座，国内的插头不能正常使用，必须使用插头转换器。

8. 缅甸工业发展水平低，交通、通信等基础设施较为落后，电力供应不足，燃料短缺，这些是外国投资者需要考虑的。

课后练习

一、填空题

1. 缅甸的全称是（　　），位于中南半岛（　　）。西北与（　　）和

① 中华人民共和国驻曼德勒总领馆网站。

（　　）相接，东南与（　　）、（　　）交界，西南濒临（　　）和(　　)。

2. 缅甸国土面积为（　　）万平方千米，在东南亚国家中仅次于(　　)。

3. 缅甸全境基本上属于（　　）气候区。伊洛瓦底江上游及掸邦高原海拔1 000 ~ 2 000 米的地区年温差小，但昼夜和晴雨之间气温变化大，有(　　)的说法。

4. 缅甸2016年是世界第（　　）大水稻生产国，第（　　）大稻米出口国。

5. 缅甸矿藏资源的分布，从西部到东部大致可分为四大区域：（　　）、(　　)、(　　)、(　　)。

6. 缅甸共有（　　）个邦和（　　）个省。

7. 缅甸境内共有（　　）个民族，主要有（　　）大族群。

二、判断题

1. 介于西部山地和高原之间的萨尔温江平原，是缅甸经济最发达的地区。(　　)

2. 缅甸是中南半岛生物多样性最为丰富的国家。(　　)

3. 2016 年 4 月开始，缅甸政府禁止原木出口。(　　)

4. 缅甸国教是小乘佛教。(　　)

5. 豆类是缅甸出口量最大的农产品。(　　)

6. 缅甸的对外贸易已经处于贸易顺差态势。(　　)

7. 缅甸的交通方式以公路为主。(　　)

8. 缅甸旅游资源丰富，但是旅游业不发达。(　　)

9. 缅甸的翡翠产量占世界总产量的95%以上，特别是高档翡翠几乎全部产于缅甸。(　　)

三、思考题

1. 简述缅甸地理位置的重要性。

2. 对于一个中国投资商来讲，到缅甸投资的注意事项有哪些？

第五章　柬埔寨

刘红梅

柬埔寨王国简称“柬埔寨”，是东南亚国家联盟成员国之一。位于中南半岛南部，西部及西北部与泰国接壤，东北部与老挝交界，东部及东南部与越南毗邻，南部则面向暹罗湾。柬埔寨属于中低收入国家。

首都：金边

国旗：呈长方形，长与宽之比为3:2。由三个平行的横长方形相连构成，中间是红色宽面，上下均为蓝色长条。红色象征吉祥和喜庆，蓝色象征光明和自由。红色宽面中间绘有白色镶金边的吴哥庙，这是著名的佛教建筑，象征柬埔寨悠久的历史和古老的文化（见图5－1）[1]。

图5－1　柬埔寨国旗

国徽：柬埔寨国徽的图案是以王剑为中心线两边对称的图案。中心的王剑由托盘托举，意为王权至高无上；两侧为由狮子守护着的五层华盖，“五”在柬埔寨文化里象征完美、吉祥；两边的棕榈树叶象征胜利。底部的饰带上写着“柬埔寨王国之国王”。整个图案象征柬埔寨王国在国王的领导下，是一个统一、完整、团结、幸福的国家[2]（见图5－2）。

图5－2　柬埔寨国徽

① 中国人大网。
② 中国人大网。

国歌：《吴哥王国》
国语：高棉语
国花：稻花
货币：瑞尔
国际电话区号：855
应急电话：报警 117　　火警 118

历史的脚步

柬埔寨原名高棉，是个历史悠久的文明古国。于公元 1 世纪下半叶建国，历经扶南、真腊、吴哥等王朝。公元 9—14 世纪是吴哥王朝的鼎盛时期，国力强盛，文化发达，创造了举世闻名的吴哥文明。

1863 年柬埔寨沦为法国保护国，1940 年被日本占领，1945 年日本投降后又被法国重新占领，于 1953 年 11 月 9 日独立。

1970 年 3 月 18 日，朗诺集团发动政变推翻西哈努克政权，改国名为"高棉共和国"。3 月 23 日，西哈努克成立柬埔寨民族统一阵线，开展抗美救国斗争。5 月 5 日，成立以宾努亲王为首相的柬埔寨王国民族团结政府。1975 年 4 月 17 日，柬埔寨抗击美国救国斗争取得胜利。1976 年 1 月，柬埔寨颁布新宪法，改国名为"民主柬埔寨"。

1978 年 12 月，越南出兵柬埔寨，成立"柬埔寨人民共和国"。1982 年 7 月，西哈努克亲王、宋双、乔森潘三方组成民主柬埔寨联合政府。1990 年 9 月，成立柬埔寨全国最高委员会，西哈努克出任主席。10 月 23 日，在巴黎召开关于和平解决柬埔寨问题的国际会议，签署了《柬埔寨冲突全面政治解决协定》。

1993 年 5 月，柬埔寨在联合国主持下举行了第一次全国大选，成立联合政府。9 月，通过新宪法，恢复君主立宪制，改国名为"柬埔寨王国"，西哈努克重任国王。11 月，任命拉那烈为第一首相，洪森为第二首相。联合国驻柬埔寨维和部队全面撤离，柬埔寨进入和平重建历史新时期。

1998 年第二次全国大选以及其后的几次选举中，人民党均保持了绝对优势，进一步巩固了执政地位，柬埔寨也进入和平与快速发展的轨道。在 2008 年的第四届全国大选中，由首相洪森领导的人民党以绝对优势胜出。2013 年和 2018 年，人民党连续胜选，洪森连任首相，确保了柬埔寨政治、经济、社会的平稳发展。在国际事务中，柬埔寨奉行独立、和平、永久中立和不结盟的外交政策。1999 年柬埔寨正式加入东盟后，积极发展与周边国家、西方发达国家和国际组织之间的关系。

自 2016 年 7 月 1 日起，世界银行将柬埔寨视为中等偏下收入国家①。

第一节　自然环境

一、区位、地形与气候

柬埔寨位于中南半岛南部，国土面积为 18 万平方千米。柬埔寨东部、东南部和越南接壤，东北部与老挝交界，西部、北部与泰国相邻，西南部濒临暹罗湾，海岸线长约 460 千米。柬埔寨是一个连接内陆、濒临海洋的国家，处于中国和印度两大文明板块之间，地理区位优势明显：向北，可以穿越柬泰、柬老之间的众多山口，经由泰国或老挝进入中国，进而深入亚洲大陆腹地；向东，可以沿湄公河顺流而下，进入南海，进而通达东北亚诸国直至太平洋彼岸的美洲各国；向南，可以从西哈努克港等海港出发，经由泰国湾远涉南亚、西亚乃至非洲和欧洲；向西则可以穿越泰国、缅甸，进入孟加拉国和印度等南亚国家。由于地理位置特殊，柬埔寨自古以来就是东西方交通的要冲②。

柬埔寨的地貌为碟状盆地，中部和南部是平原，地势平坦开阔，海拔一般为 5 ~ 30 米，东部、北部和西部被山地、高原环绕，大部分地区被森林覆盖。柬埔寨境内从北到南有湄公河、洞里萨湖，西南部有豆蔻山脉和象山山脉，与泰国交界处有扁担山脉，东北部有东部高地。柬埔寨的高原、山地和平原分别占国土面积的 29%、25% 和 46%③。国土面积的一半以上被森林覆盖，其次是农业用地，约占总面积的 37%，其余土地类型为草地、水域、城镇用地和未利用的原始土地。

柬埔寨地处北回归线以南，属于热带季风气候区，终年如夏，旱季和雨季较为分明，每年 5—10 月为雨季，11 月至次年 4 月为旱季，年均降雨量为 1 250 ~ 1 750 毫米，年均湿度为 60% ~ 80%，年均温度为 23 ~ 32℃。

柬埔寨可根据气候的不同分为北部、中部和西南三个区域。

地处内陆的北部地区包括奥多棉吉、暹粒、柏威夏、上丁等省，该地区与泰国交界，扁担山成为天然分界线。由于受海洋季风影响较小，降水量相

① 商务部《对外投资合作国别（地区）指南——柬埔寨（2020 年版）》。

② 王士录. 当代柬埔寨经济［M］. 昆明：云南大学出版社，1999：4.

③ 毕世鸿，等. 柬埔寨经济社会地理［M］. 广州：世界图书出版广东有限公司，2014：3.

对少，气温变化较大，属于典型的高原气候区。

柬埔寨盆地中央的中部地区由于地势低，气候比较干热，雨量偏少。但巨大的淡水湖和常年奔流不息的湄公河给该地区带来了充足的水源，使整个洞里萨盆地和湄公河低地成为柬埔寨乃至东南亚地区著名的粮仓。

西南地区主要指豆蔻山和象山山脉的沿海地区，该地区受海洋季风影响很大，年气温变化较小，降水量充沛，年均降水量为 2 500 ~ 5 000 毫米。丰沛的降水弥补了人工灌溉不足的缺陷，有利于野生动植物的生长，使这一地区成为柬埔寨的森林资源宝库。

二、自然资源

柬埔寨水资源丰富，洞里萨湖是东南亚最大的天然淡水湖，有“鱼湖”之称，西南沿海盛产鱼虾。2019 年，柬埔寨全国森林覆盖率达 61.4%，主要分布在东、北和西部山区，盛产柚木、铁木、紫檀、黑檀、白卯等高级木材。矿藏主要有金、磷酸盐、宝石和石油，以及少量的铁、煤。

（一）水资源

柬埔寨境内水系发达，河流众多，丰富的水资源为柬埔寨的农业经济发展奠定了基础，也为水电和水利开发带来了巨大的潜力。

柬埔寨的河流大体上可以分为三大水系，其一是湄公河及其支流，其二是洞里萨河及其支流，其三是流入泰国湾的河流。柬埔寨水系的主要特点是分布不均，湄公河和洞里萨河为基本水系，集中分布于柬埔寨中部和东南部地区，其他地区农业用水较为缺乏。

柬埔寨最大、最长的河流是湄公河，湄公河及其支流的水力资源占湄公河中下游总量的33%。湄公河全年平均流量为 1.1 万立方米/秒，水位受季节影响很大，每年 9—10 月水位最高，整个雨季的平均流量为 3.9 万立方米/秒。湄公河在柬埔寨境内长约 500 千米，水流湍急，落差大，是湄公河各河段中流量最大的。湄公河集纳了罗芬高原和昆嵩高原的许多支流，总集水面积为 1.75 万平方千米，落差达 1 100 米，为水电的发展创造了有利条件。截至 2010 年，柬埔寨水电蕴藏量约为 1 万兆瓦，其中，50% 在主要河流，40% 在支流，10% 在沿海地区①。

湄公河除了是柬埔寨人民生活和农业灌溉用水的基本来源外，同时也在柬埔寨的内河航运中发挥着重要作用，沿河的重要港口有金边港、磅湛港等。

---

① 中国银行股份有限公司．文化中行“一带一路”国别文化手册：柬埔寨［M］．北京：社会科学文献出版社，2016：55.

（二）生物资源

柬埔寨拥有优越的气候和地理条件，是东南亚生物资源最多样化的国家之一。截至2009年，柬埔寨有植物412种（10%为特有种）、哺乳类动物282种、鸟类700种、爬行类动物150种、两栖类动物89种、鱼类468种。柬埔寨全境的树种有200多种，其中以柚木、铁树、紫檀、黑檀、白卯、观丹木最为名贵。柬埔寨还有大量的野生药用植物资源，主要有豆蔻、胖大海、马钱子、沉香、桂皮、藤黄、樟脑等，同时还有种类繁多的水果，如香蕉、芒果、椰子、菠萝、红毛丹、榴莲、番木瓜等。

柬埔寨野生动物资源丰富，既有大象、野牛、虎、黑豹、熊等大型野兽，也有各种小型野兽，以及鹤、苍鹭、松鸡等鸟类和眼镜蛇、克雷特蛇、蝰蛇等蛇类。野牛是柬埔寨国家级保护动物。鱼类品种主要有黑斑鱼、黑鲤鱼、鳗鱼、鲑鱼、红目鱼等[①]。

从农业资源来看，柬埔寨的自然地理条件适合大多数农作物的生长，特别是为稻谷种植提供了得天独厚的条件，使得柬埔寨成为世界上重要的稻谷产地之一。除稻谷外，其他主要农产品有玉米、薯类、花生、豆类，此外还有经济作物如橡胶、胡椒、棉花、烟草、棕糖、甘蔗、咖啡、芝麻、黄麻等。

柬埔寨江河湖泊众多，水产资源丰富。洞里萨湖是世界上著名的天然淡水渔场。柬埔寨全国年产淡水鱼约13万吨，洞里萨湖约占50%。柬埔寨西南沿海有戈公、云壤等重要渔场，盛产鱼虾，年产量约4万吨。

柬埔寨森林类型以常绿林、半常绿林、落叶林、非林地和其他林（包括次生林、红树林、水淹林、人工林、竹林、橡胶林和棕榈林等）五种为主，常见树种为龙脑香科、豆科、千屈菜科、壳斗科、竹柏科和竹类等。

（三）矿产资源

柬埔寨已探明的矿藏有20余种，主要分为三类：金属矿产、非金属矿产和能源矿产。金属矿产主要包括铁、锰、金、铜和铅等；非金属矿产主要有宝石、磷、石灰石、白沙、硫磺、黏土和岩盐等，红宝石和蓝宝石品质良好；能源矿产主要包括石油、天然气和煤。柬埔寨的优势矿产主要有铁、锰、金、宝石和石油。

1. 铁矿

铁矿分布于马德望省、磅同省、贡布省、柏威夏省、暹粒省和上丁省等地，有16个储有赤铁矿和磁铁矿的区域，此外，南部贡布省也有少量产出。

---

① 毕世鸿，等．柬埔寨经济社会地理［M］．广州：世界图书出版广东有限公司，2014.

其中，柏威夏省罗文县的铁矿估计蕴藏量为620万吨，适宜露天开采①。柬埔寨铁矿的类型以矽卡岩型为主，其次为沉积型与风化淋滤型。

2. 锰矿

锰矿主要分布在磅同省的戚普县，由含硬锰矿和软锰矿的红土组成，红土厚约18米，矿石储量达到12万吨左右，矿石中锰含量在11%～26%，最高达到40%，有较高的开采价值。

3. 金矿

金矿主要分布在马户德省、磅湛省、磅同省、贡布省、蒙多基里省、柏威夏省、腊塔纳基里省、暹粒省和上丁省，有云晒、博坎、罗代、隆山、德无斯山等矿点。以班迭奇马附近的金矿为例，根据勘查资料，该矿矿石储量约为44万吨，平均金品位为15克/吨，即开采后可得到大约6.6吨的黄金②。

4. 宝石

柬埔寨的宝石种类丰富，有蓝宝石、红宝石、尖晶石水晶、紫晶、石榴石、玉髓、蛋白石等。宝石的开采历史有上百年，其中西部的拜林是著名的宝石产区，主要的宝石产品为蓝宝石、红宝石等。

5. 石油

20世纪80年代，苏联和柬埔寨两国对柬埔寨进行了一次地质调查，确认了7个具有油气潜力的沉积盆地。1999年柬埔寨政局稳定后，政府放开了石油和天然气的开采权。据世界银行估测，在柬埔寨西南部3万多平方千米的海域内，石油储量高达20亿桶，可为柬埔寨带来20亿美元的收入③。但总体来说，柬埔寨石油工业仍处于初创阶段，具有很大的发展潜力。

第二节　人文环境

一、行政区划

柬埔寨独立前全国分为15个省、1个特别市（金边市）。1953年独立后不断调整，截至2020年，柬埔寨全国共设有24个省、1个直辖市。柬埔寨的行政区划为省、县、区、乡、村五级。

---

① 毕世鸿，等．柬埔寨经济社会地理［M］．广州：世界图书出版广东有限公司，2014：24.

② 孟瑞，冯希．柬埔寨地质矿产资源概况及矿业政策［J］．国土资源情报，2011（7）：49－51.

③ 毕世鸿，等．柬埔寨经济社会地理［M］．广州：世界图书出版广东有限公司，2014：29.

二、人口分布

柬埔寨地广人稀，是中南半岛五国中除老挝之外人口最少的国家。2021年，柬埔寨共有人口 1 600 万人。从表 5 - 1 可以看出，2010—2018 年，15 岁以下人口比率从 2010 年的 33.33% 下降到 2018 年的 31.2%；65 岁以上人口的比例在逐年上升，从 2010 年的 3.73% 逐渐上升到 2018 年的 4.57%；15 ~ 64 岁的劳动年龄人口比例在逐渐增加。柬埔寨的人口还比较年轻，抚养比率从 2010 年的 58.88% 下降到 2018 年的 55.80%。2018 年柬埔寨 76.6% 的人口都属于农村人口，仅有 23.4% 的人口为城市人口。2018 年柬埔寨的劳动力人口为 919.12 万人，劳动力参与率为 82.21%。在就业总人数中，农业就业人员所占比例为 33.65%，工业就业人员所占比例为 28.28%，服务业就业人员所占比例为 38.07%①。

表 5 - 1　柬埔寨 2010—2018 年不同年龄段人口组成　单位:%

年份	2010	2011	2012	2013	2014	2015	2016	2017	2018
0 ~ 14 岁	33.33	32.92	32.49	32.11	31.81	31.60	31.39	31.28	31.20
15 ~ 64 岁	62.94	63.28	63.64	63.96	64.17	64.28	64.35	64.31	64.23
65 岁及以上	3.73	3.80	3.87	3.93	4.02	4.12	4.26	4.41	4.57

资料来源：世界银行数据库。

三、民族和宗教信仰

柬埔寨是一个多民族国家，全国共有 20 多个民族和部族，主要有高棉族、京族、占族、华族、普农族、老族、泰族、缅族、马来族、斯丁族等。

高棉族是柬埔寨的主体民族，占总人口的 80%。高棉族主要分为平原高棉人和山地高棉人，平原高棉人主要分布在湄公河沿岸、洞里萨湖周边和过渡性平原以及金边和沿海地带；山地高棉人又被称为柬埔寨原住民，主要居住在腊塔纳基里和蒙多基里省②。高棉族有自己的语言和文字，高棉语是柬埔寨的通用语言。

京族也称越族，与越南的京族同属于一个民族。京族占柬埔寨总人口的 5%。目前京族主要分为三大支系，主要分布在上丁、马德望及柬越边境的菠

① 世界银行数据库。

② 刘盈，卢光盛．柬埔寨民族问题与民族政策［M］//李晨阳．GMS 研究 200．昆明：云南大学出版社，2009：2.

萝勉等省，另外洞里萨湖畔、洞里萨河及湄公河沿岸也有少量分布。

占族又称为马来族，约占柬埔寨总人口的1.5%。柬埔寨境内的占族主要分布在干丹省西北部至磅湛省的湄公河沿岸及干丹省至贡布省的沿海地区，在其余高原地区省份也有一些占族人的村落。磅湛省是占族人聚居的地方。占族多信奉伊斯兰教。

华族是柬埔寨华人的简称。华族分布在柬埔寨全国各地，主要居住在金边、马德望、干丹、贡布、暹粒及其周边地区。

普农族人口约为10万人，主要分布在柬埔寨东北部的腊塔纳基里省、蒙多基里省、上丁省人烟稀少的山区。他们是柬埔寨的土著民族，讲高棉语，既信佛教，又敬鬼神。

柬埔寨是一个多宗教的国家，国教为小乘佛教。截至2019年，全国85%的国民信奉佛教。第二大宗教是伊斯兰教，教徒占总人口的2.1%；其他宗教依次是基督教、原始宗教和婆罗门教等。

四、教育和医疗

柬埔寨实行九年制义务教育，涵盖小学（1～6年级）和初中（7～9年级）。义务教育阶段之后是高中（10～12年级）、大学及其他高等教育阶段。截至2019年，全国共有4 014所幼儿园，7 144所小学，1 731所中学，63所高等学院（其中18所公立院校，45所私立院校）①。

自20世纪80年代以来，政府开始采取措施逐步恢复医疗体系。新生婴儿的死亡率逐年降低，各种疾病的发病率有所下降。从2003年起，政府将提高卫生服务水平纳入施政纲领，制定医疗卫生方面的法律法规，致力于提高医疗卫生服务质量；利用国际援助加强卫生建设，鼓励私人投资卫生领域；陆续在各省、县、乡建立医院和医疗中心。

第三节　农业

农业是柬埔寨的第一大支柱产业，是国民经济的基础。长期的战乱和政局动荡之后，柬埔寨政局趋于稳定，柬埔寨的农业开始走上恢复发展之路。柬埔寨政府对农业发展给予高度重视，大力加强农业基础设施建设，把农业

---

① 商务部《对外投资合作国别（地区）指南——柬埔寨（2020年版）》。

作为国家战略发展的重点。在政府的大力支持下近年来柬埔寨农业产值在GDP中所占比重逐年增加，农产品产量持续增加，其中大米产量不仅能自给自足，还有大量盈余可供出口。除了种植业，畜牧业、林业、渔业在政府的有力监督和大力支持下也得到了较快发展，对推动柬埔寨国家经济建设起到了积极作用。2018年农业各领域对柬埔寨GDP贡献中，农作物生产占58.1%、养殖业占11.2%、水产业占24%、林业占6.7%①。

柬埔寨从农业经济区域的角度分为四个农业区：

第一农业区是中部平原稻谷和农畜产区，主要包括干丹、茶胶和磅士卑三省。

第二农业区是东南部柬越边界稻谷和玉米产区，主要包括磅湛、波萝勉、柴桢等省。

第三农业区是西部稻谷主产区，主要包括马德望、暹粒、菩萨、磅清扬等省。

第四农业区是北部及东部橡胶、腰果、木薯、林木等主产区，这一地区是有名的红壤区，特别适合栽种橡胶。

一、种植业

种植业是柬埔寨政府农业发展的重点，尤其是粮食作物种植和经济作物种植。

（一）粮食作物

柬埔寨的粮食作物具有明显的热带气候特征和稻作文化特征。其粮食作物分主粮和杂粮两种。主粮主要是稻谷，其中又可分为水稻、旱稻和漂稻（又称浮稻）等。杂粮主要有玉米、豆类、木薯和甘薯等。

稻谷是柬埔寨最主要的粮食作物，其产值一般占全国农业产值的80%以上。全国耕地面积中大约有80%用于种植稻谷，主要分布在排灌条件较好的平原地区。从表5-2可以看出，水稻种植面积较大，远高出其他粮食作物的种植面积，主要原因在于柬埔寨全年都可以种植水稻，农民一般种植一季或两季。进入21世纪后，柬埔寨政府一直把扩大水稻种植面积、提高粮食产量作为发展农业特别是种植业的重点，从表5-2和表5-3可以看出，2015—2019年水稻种植面积和产量一直呈稳步增长态势。

---

① 王向社．柬埔寨农林渔业部部长永沙坤表示：农业对GDP贡献依旧功不可没［J］．世界热带农业信息，2019（4）：27.

表 5－2　柬埔寨 2015—2019 年主要粮食作物种植面积　单位：万公顷

年份	水稻	玉米	黄豆	木薯	蔬菜
2015	279.84	8.27	10.20	38.80	9.73
2016	294.12	13.70	10.20	43.17	9.98
2017	303.57	15.11	10.40	45.73	10.18
2018	307.17	24.22	10.50	48.17	10.38
2019	300.13	27.07	10.90	50.49	10.58

资料来源：联合国粮农组织数据库。

表 5－3　柬埔寨 2015—2019 年主要粮食作物产量　单位：万吨

年份	水稻	玉米	黄豆	木薯	蔬菜
2015	933.50	40.00	16.20	1 012.04	62.23
2016	995.20	66.30	16.20	1 094.18	63.94
2017	1 051.80	75.00	16.80	1 187.38	65.25
2018	1 089.20	123.20	17.00	1 280.59	66.55
2019	1 088.60	141.03	17.60	1 373.79	68.85

资料来源：联合国粮农组织数据库。

大米是柬埔寨重要的出口产品，主要品种是茉莉香米，其凭借香软的口感和过硬的质量受到许多国家消费者的好评，已连续多年获得“世界最佳大米奖”。但由于柬埔寨采用传统耕作方式、坚持绿色有机农业概念，大米生产成本高，市场竞争力受到一定限制。

居于种植业第二位的是木薯。木薯有“淀粉之王”、“地下粮仓”和“特用作物”等美称，是优良的工业原料，可以加工生产出淀粉糖类、淀粉类、酒精类、有机化学品类、精细化学品类五大系列 2 000 多个品种的产品，可广泛应用于食品、医药、酒精、纺织、造纸、制糖和涂料等各个行业中①。柬埔寨地理气候条件优越，非常适合木薯的生产，从表 5－2 和表 5－3 可以看出，虽然木薯的种植面积远低于水稻，但产量却略高于水稻。但是，柬埔寨加工设备缺乏、技术落后，大部分需要运到泰国进行加工再出口，导致柬埔寨的木薯价格在很大程度上受到泰国加工成本的影响。鉴于木薯种植面积和产量的不断增长，为把柬埔寨变为世界认可的木薯加工与供应工业的基地，柬埔

① 黄洁，李开绵，叶剑秋，等. 中国木薯产业化的发展研究与对策［J］. 中国农学通报，2006，22（5）：421－426.

寨王国政府制定了《2020—2025年国家木薯政策》，该政策旨在确保木薯种植获得高产量和高价格，满足国内外市场需求。

柬埔寨广大地区都适宜种植玉米，但以东部高原和金边附近省份的玉米种植最为集中。从表5－2和表5－3可以看出，玉米的种植面积和产量都呈现连年增长的态势。但由于玉米在种植时要使用肥料、出售价格低、玉米加工设备有限，许多农民更愿意种木薯而不是玉米，因此玉米产量不高。

柬埔寨黄豆的种植面积近些年基本维持在10万公顷左右。2019年柬埔寨的黄豆出口量为5.7万吨，大部分直接出口到泰国。

（二）经济作物

柬埔寨优越的气候为各种经济作物的生产提供了良好的条件。柬埔寨最主要的经济作物有橡胶、棉花、棕糖、咖啡、烟草、花生和芝麻等。自20世纪30年代，柬埔寨就以出口橡胶、胡椒闻名于世。近年来柬埔寨的橡胶的产量在稳步上升（见表5－4）。

表5－4 柬埔寨2015—2019年橡胶种植面积、产量及出口量

年份	2015	2016	2017	2018	2019
面积（万公顷）	38.89	43.27	43.63	43.73	40.61
割胶面积（万公顷）	11.12	13.35	17.02	20.20	24.71
产量（万吨）	12.70	14.80	18.88	22.00	28.76
出口量（万吨）	12.80	14.52	18.90	21.75	28.21

资料来源：莫业勇．柬埔寨的天然橡胶产业［J］．中国热带农业，2019（1）：40－42.

柬埔寨是亚洲最早种植橡胶的国家之一。橡胶主要分布在东部、东北部的广大红壤地区以及北部的马德望省。磅同、磅湛、桔井、腊塔纳基里和马德望是最大的橡胶产区，产量约占全国产量的90%。2019年柬埔寨橡胶种植面积为40.61万公顷，其中可割胶面积为24.71万公顷，橡胶产量达到28.76万吨，同比增长31%。2019年，柬埔寨橡胶出口量为28.21万吨，同比增长30%；出口额为3.76亿美元，主要出口对象为中国、越南、新加坡和马来西亚[①]。

胡椒也是柬埔寨重要的出口产品，主要出口到欧盟、美国、日本和加拿

① 2019年柬埔寨橡胶出口逾28万吨［EB/OL］.［2020－02－04］. http：//www.cnraw.org.cn/ShowArticles.php？id=12267.

大等地。2019 年，柬埔寨出口胡椒 3 159 吨，价值 936.6 万美元[①]。柬埔寨胡椒以贡布胡椒最为有名，贡布胡椒种植在河边的红土地，在种植过程中不施化肥，因此贡布胡椒具有更浓厚的辛辣味和香味，是柬埔寨的地理标志产品。

二、林业

柬埔寨大部分地区炎热潮湿、土地肥沃，森林资源十分丰富，林业也成为柬埔寨国民经济的重要组成部分。2019 年柬埔寨森林总面积为 1 111.55 万公顷，森林覆盖率为 61.4%[②]。森林类型以常绿林、半常绿林、落叶林和其他林（包括次生林、红树林、水淹林、人工林、竹林、橡胶林和棕榈林等）为主，常见树种为龙脑香科、豆科、千屈菜科、壳斗科、竹柏科和竹类等。森林以常绿林、落叶林居多，分别占柬埔寨森林面积的 19.27% 和 24.68%。西部和西北部是常绿林，东北部主要是落叶林，南部和中部很少有森林覆盖。

柬埔寨西北部森林砍伐严重，森林覆盖率呈逐年下降趋势。世界银行统计数据显示，1990 年柬埔寨的森林覆盖率为 73.33%，2001 年下降到 64.48%。

柬埔寨主要的林产品是木材和薪材，非木材林产品是竹、藤、树脂、药用植物和蜂蜜等。木材出口在国民经济中占有重要地位，一度成为柬埔寨过去几十年社会经济发展的创汇商品，从 20 世纪 60 年代一直到 1993 年前，原木出口占所有林业产品出口产值的 80% 以上。

柬埔寨在 1993 年成立联合政府后制定了一系列的林业政策，禁止原木出口，并制定了林业采伐、木材加工运输、出口税收等方面的法律条文。在禁止原木出口的禁令下，1994—2006 年柬埔寨的原木出口为零。为满足国内木材和非木材林产品的需求，2006 年柬埔寨出台了“木材和非木材林产品进出口二级法令”，规定宽度、厚度小于 25 厘米的原木或锯木严禁出口，并对特许林地的经营管理进行了加强。2007 年原木出口在一定程度上得以放松，原木的出口产值在林业产值中的比重达到 19%，此后一度上升到 2014 年的 65%。为实现森林资源的可持续发展，自 2015 年起，原木的出口产值又开始下降，到 2019 年原木的出口产值仅占到林业出口产值的 10%[③]。柬埔寨的木材加工企业主要分布在金边、茶胶、磅同等交通比较便利的省市。

在柬埔寨政府的高度重视下，柬埔寨的林业已由最初单纯的木材生产转

---

① 联合国粮农组织数据库。

② 商务部《对外投资合作国别（地区）指南——柬埔寨（2020 年版）》。

③ 联合国粮农组织数据库。

向国计民生、环境保护和生态旅游兼顾，促进了经济、社会、环境和资源的可持续发展。

三、畜牧业

畜牧业在柬埔寨农业中占据一定的地位。柬埔寨地处热带，土质肥沃，雨量充沛，阳光充足，水草丰盛，畜牧业发展条件优越。过去畜牧业只是作为农民的副业存在，没有走向规模化、产业化。造成这种情况的原因是：首先，从自然环境来看，柬埔寨缺少优质牧场，平原地区多为耕地，山区要么是森林，要么也被开垦成耕地，天然牧场很少。其次，柬埔寨居民大多信奉上座部佛教，佛教徒不杀生，不食肉类。农民饲养少量大牲畜主要是让牲畜干农活，而不是食用。最后，柬埔寨畜牧业发展缓慢受到整个国家社会经济发展的影响。过去，柬埔寨长期处于战乱和社会动荡之中，科学技术落后，牲畜的养殖方法落后，养殖规模小，阻碍了畜牧业的发展。

现在的畜牧养殖业在政府的扶持下，无论是工业化养殖还是家庭养殖均有了长足的发展，取得了可喜的成果，已成为种植业之后的第二大产业。主要的家畜种类有黄牛、水牛、猪和马，黄牛和水牛主要用于农耕、运输，也供食用和产奶。家禽主要有鸡和鸭，供食用、产蛋和出口。

联合国粮农组织数据显示，柬埔寨畜牧产品中黄牛的数量最多，2019 年黄牛存栏头数为 284. 88 万头；居于第二位的是猪，2019 年的存栏头数为 210. 24 万头；然后是水牛，存栏头数为 60. 56 万头。2019 年柬埔寨有 2 229. 6 万只家禽。

四、渔业

柬埔寨水资源丰富，不仅有东南亚最大的淡水湖——洞里萨湖，还有长达 460 千米的海岸线，使柬埔寨拥有丰富的淡水渔业和海洋渔业资源。捕鱼活动从吴哥王朝开始就成为柬埔寨人民日常生产活动的重要组成部分，和稻谷种植一样对于人们的日常生计有着重要的意义。柬埔寨目前大约有 100 万人专门以捕鱼为生，从渔业的生产、加工到销售均有就业岗位，渔业为该国近 600 万人创造了就业机会，约占全国总人口的 40%。2018 年，渔业产值在整体农业中的比重达 25%。柬埔寨人饮食中 82% 的动物蛋白质来自鱼类食品，平均每人一年要食用 52. 4 千克的鱼[①]。柬埔寨也成为继挪威和日本之后鱼肉消费量较多的国家。

---

① 毕士鸿，等．柬埔寨经济社会地理［M］．广州：世界图书出版广东有限公司，2014.

2018年，柬埔寨的鱼类产量达91万吨，同比增长了6.3%，其中淡水鱼类产量为53.5万吨、海水鱼类产量为12.1万吨，而水产养殖产量为25.4万吨，同比增长了22.5%①。相比于2008年，2018年柬埔寨淡水渔业产量增长了35%，海洋渔业产量增长了91%，水产养殖产量增长了6.22倍（见表5-5）。这一增长速度说明柬埔寨的水产养殖无论在技术还是在规模上都得到了有效发展。

表5-5　柬埔寨2008—2018年渔业产量　　单位：吨

年份	淡水渔业	海洋渔业	水产养殖	总量
2008	395 000	63 500	35 200	493 700
2010	405 000	85 000	60 001	550 001
2018	535 000	121 000	254 000	910 000

资料来源：柬埔寨渔业部网站。

从柬埔寨政府的规划来看，农业仍然是政府工作的重点，政府将继续推动大米出口和增值，推动畜牧业和水产养殖业发展，鼓励企业投资农产品加工业，提高农业的现代化和商业化水平。

第四节　工业

柬埔寨是东南亚国家中工业发展较为落后的国家之一，其工业总体特点是基础薄弱、门类单一、规模小、技术落后、基础设施不健全。进入21世纪后，柬埔寨经济高速发展，GDP年增速长期保持在10%左右，被称为“亚洲经济新虎”。工业也随之发展，工业产值在GDP中的比重不断上升，到2018年已经占到了32.29%，且工业产值增长率高达11.73%，超过当年GDP增长率（见表5-6）。

表5-6　柬埔寨2010—2018年GDP增长与工业增长情况

年份	GDP现价（亿美元）	GDP增长率（%）	工业产值占GDP的比重（%）	工业产值增长率（%）
2010	112.42	5.96	21.87	13.56
2011	128.30	7.07	22.14	14.48

① 王向社.2018年柬埔寨渔政建设成绩斐然［J］.世界热带农业信息，2019（4）.

续表

年份	GDP 现价（亿美元）	GDP 增长率（%）	工业产值占 GDP 的比重（%）	工业产值增长率（%）
2012	140.54	7.31	22.98	9.34
2013	152.28	7.36	24.07	10.73
2014	167.03	7.14	25.61	10.09
2015	180.50	7.04	27.68	11.73
2016	200.17	6.95	29.45	10.86
2017	221.58	6.81	30.85	10.21
2018	245.72	7.52	32.29	11.73

注：增长率以 2010 年不变价格计算

资料来源：世界银行数据库。

柬埔寨工业以成衣制造业和建筑业为主，这两大工业部门被称为柬埔寨工业的“两驾马车”。出口主要依赖“两头在外”的成衣制造业，即原材料和产成品都在国外，国内仅是单纯的加工制造，这加大了柬埔寨成衣制造业对国际市场的依赖。

柬埔寨的工业还处于初级阶段，以劳动密集型的加工业为主。为改变工业部门的发展困境，柬埔寨正加大在水电供应、矿业加工及化工产品生产等工业部门的投资，也逐渐向制造业、电子信息产品工业等技术密集型产业发展。

一、能源工业

柬埔寨煤炭主要依赖进口，国内部分地区富含煤矿，但蕴藏量不多，工业开采价值不高。石油、天然气的勘探起步较晚，其石油产品全部靠从国外输入。美国雪佛龙（Chevron）海外石油（柬埔寨）有限公司在 2004 年率先在西哈努克市以南 140 多海里的柬埔寨领海内发现了石油和天然气。据初步勘探，柬埔寨可能拥有 20 亿桶原油和 10 亿立方尺的天然气。柬埔寨把在西南海域发现的油气划定为 A、B、C、D、E、F 6 个区块，这些区块的勘探开采权已全部商业化给外国石油公司。2020 年 12 月 29 日，新加坡克里斯能源（Kris Energy）公司在柬埔寨的 A 区块油田成功开采出第一滴油。截至 2021 年 5 月，新加坡克里斯能源公司在 A 区块的 5 个钻井台正常作业，日均可开采 2 000 桶原油[①]。柬埔寨石油商业化的开采将有力推动柬埔寨经济的发展。

① 柬埔寨石油有望本月内首次出口国际市场［EB/OL］.［2021 - 05 - 19］. http：//cb.mofcom.gov.cn/article/jmxw/202105/20210503062564.shtml。

柬埔寨电力基础设施薄弱，供应不足。电力供应主要限于首都金边和其他大城市及主要省城，60%的城镇用户可得到电力供应，大部分农村地区仍处在无电力供应的状况。柬埔寨需要大量进口电力，主要从邻国越南、泰国和老挝进口电力。截至2016年，柬埔寨发电装机总容量为210.7万千瓦，人均总装机量仅为134瓦。其中，水电装机容量占44.04%，集中分布在西部和东北部地区；煤电装机容量占25.39%；燃油装机容量占11.9%；生物能源装机容量占0.31%；其余18.36%的电力靠进口。截至2016年底，柬埔寨共有230千伏变电站12座，230千伏变电器总容量为169万千伏安，230千伏线路总长度约为893千米；115千伏变电站13座，115千伏变压器总容量为120万千伏安，115千伏线路总长度约为518千米。2016年，柬埔寨全社会用电量为71.75亿千瓦小时，人均用电量约为455千瓦小时[①]，电网负荷持续增长。为了满足电力发展的需求，降低对其他国家的电力依赖，柬埔寨政府制定了电力能源供应战略。在柬埔寨2017—2030年电力发展规划中，计划装机总容量为321.3万千瓦，其中，北部水电规划电源装机容量为111.7万千瓦，西部水电规划电源装机容量为7.6万千瓦，南部火电规划电源装机容量为202万千瓦。同时，政府也制定政策大力支持新能源的发展，风电、光伏和生物质发电也具有广大的发展前景。

二、原材料工业

柬埔寨的原材料工业主要涉及采矿业、化工业及建筑材料业，但基于柬埔寨矿产资源开发能力有限，开采技术落后，难以形成有效规模。

化工业以橡胶加工业为主。柬埔寨拥有丰富的橡胶树资源，为其加工业发展提供了有利的条件。但是由于生产技术落后，无法对橡胶进行深加工。

随着柬埔寨建筑业的迅猛发展，市场对建筑材料的需求加大，比如砖瓦、水泥、平板玻璃等，但柬埔寨建材工业基础薄弱，建材产品供应严重不足，需要大量从中国和周边国家进口。近年来，柬埔寨的建材市场吸引了包括中国、印度、新加坡、马来西亚、泰国、越南等国家的数百家公司进驻柬埔寨投资办厂。

三、制造业

制造业在柬埔寨工业中占有重要地位。柬埔寨王国成立后，政府通过了

---

① 张英杰．柬埔寨电力发展及电力市场机会分析［J］．中国电力企业管理，2018（10）：62－65.

新的《对外投资法》，积极鼓励引进外资。大量的外国援助和外国投资进入柬埔寨，使柬埔寨形成主要依靠外国投资和外国市场的经济结构。柬埔寨充分利用美国、欧盟、日本等 28 个国家/地区给予柬埔寨的普惠制待遇（GSP）等优惠政策，凭借本国劳工成本低廉的优势，积极吸引外资投入制衣业和制鞋业。

经过多年的发展，成衣制造已经发展成为柬埔寨工业的支柱，带动了整个工业经济的发展。从 1993 年开始，制造业在工业中的比重持续上升，1998 年达到 78%，之后随着其他工业的逐渐发展，制造业的比重波动下降。到 2010 年时，制造业占到整个工业产值的 67%，2018 年制造业占工业的比重已下降到 51%（见图 5－3）。尽管制造业占工业产值的比重在下降，但制造业对 GDP 的贡献率却是持续上升的，从 1993 年占 GDP 比重的 8.6% 一路上升，2018 年柬埔寨的制造业占 GDP 的比重为 16.35%。

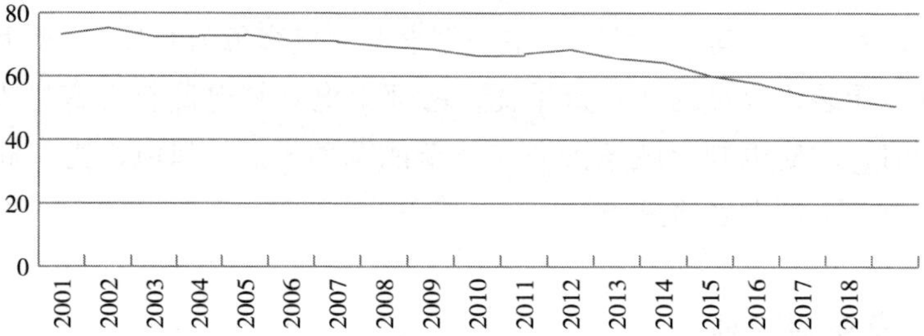

图 5－3　柬埔寨 2001—2018 年制造业占工业产值的比重（单位：%）

资料来源：世界银行数据库。

柬埔寨制造业以成衣与皮鞋制造为主，五金机械制造、电子电器制造和信息产品制造都还处在起步阶段。2018 年成衣、纺织、皮鞋制造业占 GDP 的比重为 11.3%。截至 2018 年末，柬埔寨共有 625 家成衣制造商和 83 家鞋业制造商。2018 年净增 47 家制造商，其中 41 家是成衣制造商，6 家为鞋业制造商。2018 年柬埔寨成衣业出口额为 86.69 亿美元，比 2017 年增长 24.7%。柬埔寨成衣、纺织和制鞋业主要出口目的地为欧洲（占 43%）、美国（占 26%）和日本（占 9%）。

纺织制衣业既是柬埔寨的经济支柱，又是提供就业、消减贫困、保持社会稳定的主要力量。2018 年成衣、纺织和制鞋业在柬埔寨共创造了 660 327 个就业岗位。

2015 年 8 月柬埔寨发布《2015—2025 年工业发展计划》，其主要目标是：

到 2025 年，柬埔寨经济融入地区和国际产业链，改变当前劳动密集型为主的经济发展模式，力争向科技驱动型和知识型现代产业模式发展。根据该计划，2025 年前，柬埔寨制造业在 GDP 中的比重将从 2013 年的 24.1% 提高到 30%；柬埔寨将进一步促进出口产品多元化，重点发展高附加值新型工业、制造业、医药、建材、包装、家具制造等。

尽管如此，柬埔寨的工业发展仍然面临着电力不足、基础设施落后、物流成本高、劳工缺乏技术和知识以及私人工业项目融资困难这五个关键障碍。

四、建筑业

建筑业是工业的“另一驾马车”。随着柬埔寨城镇化和工业化进程加快，基础设施的建设推进了建筑业的快速发展。近几年，柬埔寨建筑业的增长主要依靠商业大楼、酒店、超市、卫星城、住宅城、别墅、成衣厂、鞋厂、碾米厂、经济特区和工业园区的大量兴建。

2001—2018 年，柬埔寨建筑业的产值从 2 亿美元上涨到 29 亿美元（见图 5－4），尤其是 2011 年后增速迅猛。建筑业对 GDP 的贡献率已经开始超越成衣制造业对 GDP 的贡献率。

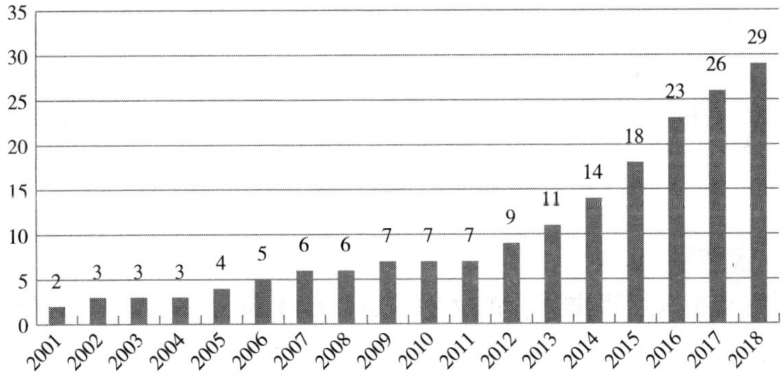

图 5－4 柬埔寨 2001—2018 年建筑业产值（单位：亿美元）

资料来源：亚洲开发银行网站。

从建筑业资金来源来看，2012—2016 年，柬埔寨政府平均每年获得 14 亿美元的外国优惠贷款，其中基础设施建设融资占据了相当大的比重，建设投资五年增长 67%，道路里程每年增长超过 1 万千米。

2000—2018 年，柬埔寨建筑业累计投资总额达 433.7 亿美元，其中外国资本在柬埔寨建筑业投资 327 个项目，占地 140 万平方米，投资额高达 48.92

亿美元。外国投资中，中国排名第一，投资额达20亿美元，之后是韩国、日本、泰国和新加坡。2013—2018年，柬埔寨建设部共批准11 959个建筑项目，投资额高达210亿美元。仅2017年柬埔寨全国就有3 052个建筑项目在建，总投资额达64.29亿美元，与2016年相比增长22.31%[①]。2019年，建筑业在全国各个工地创造25万至26万个就业岗位，共有3 000名工程师投身该领域。

柬埔寨的建筑业发展得如火如荼，未来还有很大的提升空间。首先，柬埔寨的住房还较为短缺。2015年柬埔寨城市人口占总人口的20%，到2030年将达到44%，这就要求城市每年至少新增5万套住宅才能满足不断增长的城市人口的需求[②]。其次，旅游业的发展也将带动柬埔寨商业建筑和酒店业的发展。最后，在中国"一带一路"倡议的带动下，柬埔寨的基础设施建设将会有较大的改善，为未来建筑业的发展注入新的活力。

第五节 第三产业

柬埔寨自1993年新政府成立以来，第三产业占GDP的比重基本都保持在39%左右，发展快于其他产业，特别是旅游业、酒店和餐饮业成为服务业中的支柱产业。国内政治局势平稳、政府的大力支持、丰富的旅游资源、廉价的劳动力以及所获得的国际援助和投资等都对柬埔寨第三产业的发展起到了促进作用。

一、旅游业

柬埔寨是东南亚历史悠久的文明古国，旅游资源丰富，不仅拥有海岸美景、热带雨林等迷人的自然风光，而且历史文化遗产古老独特，以高棉文化为主的民族风情神秘浓郁，特别是以吴哥古迹群为代表的神秘壮观的吴哥文化更是吸引了世界各地众多的游客。

柬埔寨目前已开发了大量的自然景观、历史文化景观、休闲度假胜地。截至2017年，在旅游部注册的全国旅游胜地达394个，其中文化历史胜地114个，

① 外国人在柬埔寨建筑业投资，中国排名第一［EB/OL］.［2020-07-21］. http://www.sohu.com/a/235011854_744893.

② 狂飙突进的建筑业，正在托起柬埔寨的黄金时代［EB/OL］.［2020-07-21］. http://blog.sina.com.cn/s/blog_16490b9010-102yx78.html.

自然文化历史胜地21个，自然文化旅游胜地27个和自然旅游胜地196个①。著名旅游景区有吴哥古迹、荔枝山、西哈努克港、洞里萨湖、塔山、万谷湖、金边王宫及湄公河生态旅游区和柬东北生态旅游区等。1992年，联合国教科文组织将吴哥古迹列为世界文化遗产。2011年，国公省、西哈努克省、贡布省和白马省的海滨地区入围"世界最美海滩俱乐部"。

柬埔寨政府制定了优惠的政策措施，吸引外资来发展本国的旅游业，使旅游业迅速发展，成为本国经济发展的主导产业之一。尤其是在中国的支持帮助下，柬埔寨旅游业的发展更加迅速。

2018年，柬埔寨共接待外国游客620万人次，比上年增长11.5%，是2000年的13倍（见表5-7）。其中，中国是柬埔寨最大的游客来源地，游客数量达200万人次。在柬埔寨的旅游景点中，吴哥景区是首选项也是必选项。2018年，共有来自194个国家或地区的260万人次的国际游客游览了吴哥景区，比上年增长5.45%；来自中国的游客达112.597万人次，占当年到访吴哥景区国际游客总数的43.3%，比上年增长23.43%，仅吴哥窟门票收入一项就超过了1.1亿美元，较上年增长8%②。

表5-7显示，随着柬埔寨经济社会的发展，入境旅游人数迅速增加，旅游业创造的产值也迅速上升。2000年，柬埔寨的国际游客仅有46.6万人，创造的旅游产值仅为3.45亿美元，旅游业产值仅占GDP的9.38%，到2018年时国际游客增加到620万人，比2000年增加了12倍，旅游业发展对柬埔寨GDP的贡献率增加到17%以上。

表5-7 柬埔寨2000—2018年接待的国际游客人数及旅游业收入

年份	2000	2005	2010	2015	2018
国际游客（万人）	46.60	142.20	250.80	477.50	620.00
旅游业产值（亿美元）	3.45	9.29	16.71	34.18	43.56
占GDP的比率（%）	9.38	14.76	14.86	18.94	17.73

资料来源：世界银行数据库。

旅游业是一个关联性很高的产业，能有效带动酒店、餐饮、交通运输等相关服务业的发展。2006年，柬埔寨只有酒店351家（客房17 914间），客栈742家（客房9 166间），旅行社382家（见表5-8）。到2018年，柬埔寨

① 近5年旅游业为柬埔寨创收151亿美元［EB/OL］.［2020-07-11］. http：//www.sohu.com/a/241165664_99978839.

② 中国人支撑起了柬埔寨经济半壁江山［EB/OL］.［2020-09-23］. https：//www.toutiao.com/a6642849036468503047.

已有600个旅行社，38家旅游运输公司和5 200多名导游；有酒店815家（客房47 700间），客栈2 281家（客房34 038间）。

表5-8　柬埔寨2006—2018年的酒店、客栈及旅行社数量

年份	2006	2010	2015	2016	2018
酒店（家）	351	440	668	760	815
客栈（家）	742	1 087	2 229	2 170	2 281
酒店房间数（间）	17 914	24 393	34 619	40 160	47 700
客栈房间数（间）	9 166	15 321	28 660	32 463	34 038
旅行社（家）	382	507	632	665	600

资料来源：柬埔寨旅游局网站。

2012年，因旅游业带动的柬埔寨相关产业产值已达到国内生产总值的40%。旅游业今后的发展还将进一步与当地的基础设施建设和交通运输条件的改善紧密相联。

二、交通运输业

柬埔寨交通运输条件较差。随着柬埔寨经济的发展，柬政府通过引进外资不断加大基础设施建设的投入。柬埔寨目前的交通运输主要依靠公路和水路。

（一）公路运输

公路运输是柬埔寨最主要的运输方式，占客运总量的65%和货运总量的69%。在柬埔寨，只有20%的公路为沥青铺设的路面；大约有50%的公路为沙石路面，甚至是碎石路或土路；剩下30%的公路为自然状态的泥土路①。柬埔寨的公路网建设在东南亚相对落后。截至2019年底，柬埔寨路网总长度约为7.83万千米，包括一级公路2.43万千米，二级公路5.40万千米。公路密度为0.25千米/平方千米，沥青路面公路密度极低，仅为0.011千米/平方千米②。国道主要是以首都金边市为中心的8条公路，基本达到中国三级公路标准，铺设沥青路面。

（二）铁路运输

2010年以前，柬埔寨仅有南北两条铁路线，总长655千米，均为单线米

---

① Infrasturcture Development in Cambodia [EB/OL]. [2020-07-21]. http://www.eria.org/pubications/research_ projet_ reports/images/pdf/PDF20No.2/-part2-2.

② 聚焦柬埔寨公路发展，抓住交通发展黄金机遇[EB/OL]. [2020-07-21]. https://www.sohu.com/a/370270597_ 120133562.

轨。北线为金边—马德望—诗梳风，南线为金边—西哈努克市，两条线路的运输分配情况是 20% 用于客运，80% 用于货运。由于柬埔寨国内长年战乱，两线铁路损坏严重，缺乏维护，运输设备陈旧，运输效率低下。在缺乏资金投入的情况下，柬埔寨政府无力对铁路进行修复，只能求助于国际社会。2010 年起，柬埔寨政府利用亚洲发展银行的低息贷款和澳大利亚政府提供的无偿援助，开始修复这两条铁路。其中，南线于 2016 年 4 月 30 日恢复客运。2017 年，柬埔寨在参加“一带一路”国际合作高峰论坛期间，与中国签订了《柬埔寨铁路网建设谅解备忘录》，中柬双方将共同投资和建设以下铁路项目：金边—暹粒铁路项目、金边—泰国边境铁路项目、金边—越南边境铁路项目、金边—西哈努克高铁项目。自 2018 年起，已恢复了“金边—西哈努克港”铁路、“波贝—是士芬”铁路、“是士芬—马德望”铁路、“马德望—菩萨省”铁路、“菩萨—金边”铁路等。

（三）航空运输

柬埔寨航空运输主要为客运。柬埔寨有金边国际机场、暹粒 - 吴哥国际机场和西哈努克国际机场 3 个国际机场。柬埔寨政府执行航空开放政策，开通柬埔寨航线的航空公司数量稳步增长。2018 年航班数达 10. 5 万个，客流量为 1 055 万人，同比增长 21. 1% 。从金边国际机场现可直飞马来西亚、新加坡、泰国、越南、中国、韩国等国家。截至 2019 年，共有 15 家航空公司开通了中国直飞柬埔寨航班，每周直飞 398 个航班①。

（四）水路运输

柬埔寨水路运输分为海运与河运。海运港口主要是西哈努克港，它是柬埔寨唯一的深水海港，有两个泊位，码头长度分别为 240 米和 160 米，前沿水深 9 米。该港海运线路可抵达美国、欧盟、中国、印度尼西亚、日本、马来西亚、菲律宾、新加坡、韩国、泰国、越南等国家（多通过新加坡中转）。2018 年西哈努克港货物吞吐量达 532. 83 万吨。其中，集装箱货物 338. 89 万吨、燃料 158. 26 万吨、普通货物 35. 68 万吨。集装箱吞吐量达 54. 1 万标准箱（TEU），其中，进口重箱 24. 88 万 TEU，进口空箱 2. 80 万 TEU，出口重箱 17. 34 万 TEU，出口空箱 9. 10 万 TEU①。

截至 2018 年，柬埔寨全国有 7 个主要河运港口，包括金边港、磅湛码头、桔井码头、上汀码头、奈良码头、磅清扬码头和重涅码头。金边港长 300

---

① “一带一路”视野中的柬埔寨西哈努克港［EB/OL］.［2020 - 02 - 03］. http：//www. chinaports. com/portlspnews/3628.

米、宽22米，有两个500吨级货轮泊位，年集装箱吞吐量为12万个标准箱①。

第六节 外贸与外资

一、对外贸易概况

1993年后，柬埔寨政府把注意力集中在经济发展和社会转型上，实施开放政策，推进了经济社会的全面发展。1992年，美国解除了对柬埔寨的贸易禁运，双方签订了双边贸易和投资协议。1999年，柬埔寨加入东盟，其对外贸易自由化进程又向前迈进了一步。

柬埔寨的对外贸易发展历程主要分为两大阶段：一是到20世纪末期的贸易发展阶段；二是21世纪以来的贸易发展阶段。

（一）20世纪末期的贸易发展情况

1993年前，柬埔寨政府几乎没什么对外贸易，仅与苏联及一些社会主义国家有少量贸易往来。1993年后，柬埔寨实行了自由贸易和对外开放政策后，贸易合作伙伴增加，进出口总额不断增长。主要出口商品为木材、服装、橡胶、大米，主要进口商品有建筑材料、香烟、石油产品、机械和摩托车等，贸易对象也扩大到10个国家和地区。

（二）21世纪以来的贸易发展情况

进入21世纪以后，柬埔寨的经济发展更富活力。从2000年到2018年，柬埔寨的GDP一直保持稳定增长。在2008年以前，柬埔寨经济呈现两位数的快速增长，2008年受到美国次贷危机的影响，经济增速迅速下降，不过在2010年后，柬埔寨经济又得以迅速恢复，经济增长率基本维持在7%左右（见表5-9）。

表5-9 柬埔寨2000—2018年GDP年增长率与货物和服务进出口年增长率 单位：%

年份	2000	2005	2010	2015	2016	2017	2018
GDP年增长率	10.71	13.25	5.96	7.04	6.95	6.81	7.52
货物和服务出口年增长率	30.29	16.39	20.56	7.21	8.62	5.26	5.27
货物和服务进口年增长率	23.72	17.33	16.82	6.5	8.61	4.06	4.06

资料来源：世界银行数据库。

① 中国银行股份有限公司. 文化中行“一带一路”国别文化手册：柬埔寨［M］. 北京：社会科学文献出版社，2016.

从对外贸易来看，贸易额占国民生产总值的比例一直很高。1993 年到 1999 年，柬埔寨的贸易额占 GDP 的比重从 48.72% 一路上升到 94%[①]。进入 21 世纪后，柬埔寨对贸易的依存度更是急剧膨胀，从 2000 年的 111% 上升到 2018 年的 125%（见表 5－10）。对外贸易的快速发展推动了柬埔寨国民经济的发展。

表 5－10　柬埔寨 1995—2018 年贸易额占 GDP 的比重　　单位:%

年份	1995	2000	2005	2010	2015	2016	2017	2018
贸易额占 GDP 的比例	78	111	137	114	128	127	125	125

资料来源：世界银行数据库。

2018 年，柬埔寨进出口总额为 249.85 亿美元，较上年的 237.96 亿美元增长了 5%。其中，出口额为 112.14 亿美元，同比增长 4.05%，出口市场增加至 147 个；进口额为 137.71 亿美元，同比增长 5.78%。成衣、鞋帽、大米和橡胶等仍是柬埔寨的主要出口创汇产品，柬埔寨 2018 年出口总额占 GDP 的 60% 左右[②]。柬埔寨主要的贸易伙伴国包括欧洲国家、美国、中国、韩国、日本、泰国、越南、新加坡和马来西亚。

2018 年，柬埔寨成衣与鞋子的出口额为 100 亿美元，相比 2017 年的 80 亿美元增长了 25%。其中，出口到欧盟的成衣和鞋子占总出口量的 46%，出口到美国的占 24%，出口到加拿大的占 9%，出口到日本占 8%[③]。

2018 年，柬埔寨共出口大米 62.6 万吨，出口额达 112 亿美元。2010—2018 年，柬埔寨的大米出口量从 10.5 万吨增加到 62.6 万吨，增加了近 5 倍（见图 5－5），年度间的增速有所波动。柬埔寨大米的主要出口对象是中国、欧盟、马来西亚、越南。其中，中国是柬埔寨大米最大的国际市场[④]。

橡胶也是柬埔寨出口的主要产品之一，随着柬埔寨近年来橡胶的种植面积和可割胶面积的增加，橡胶的产量和出口量都在增加。从表 5－11 可以看出，柬埔寨每年生产的橡胶基本全部出口。橡胶要在种植 8 年后才能割胶，因此在 2010 年时可割胶面积较少，只有 3.84 万公顷，产胶量只有 4.24 万吨。

① 世界银行数据库。

② 2018 年柬埔寨进出口贸易总额 250 亿美元［EB/OL］.［2020－07－20］. http：//www.sohu.com/a/284240615_99978839.

③ 2018 年柬埔寨成衣鞋子出口额超百亿美元［EB/OL］.［2020－07－20］. http：//www.sohu.com/a/292659236_99978839.

④ 从中国买柬埔寨的 40 万吨大米说起［EB/OL］.［2020－07－21］. http：//www.sohu.com/a/312791770_120022585.

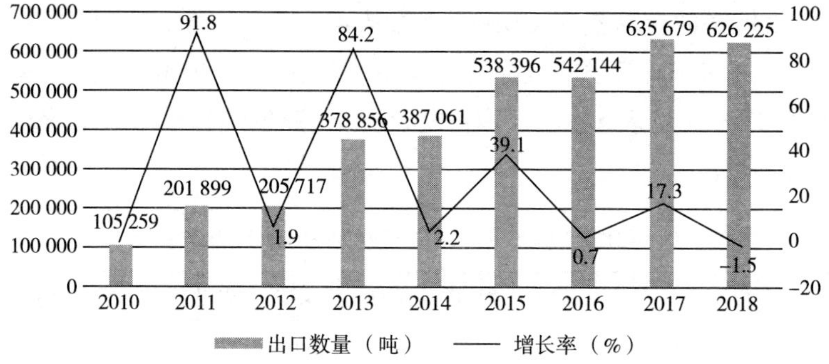

图 5-5　2010—218 年柬埔寨大米出口数量和增长率

到 2018 年时，可割胶面积达到 20.2 万公顷，产量也增加到 22 万吨，出口量为 21.75 万吨。后期随着割胶面积的进一步扩大，产量和出口量还将进一步增加。2018 年，柬埔寨的橡胶出口值达到近 3 亿美元。柬埔寨橡胶的主要出口国家为中国、越南、新加坡和马来西亚。

表 5-11　柬埔寨 2010—2018 年橡胶产量和出口量　　　单位：万吨

年份	2010	2015	2016	2017	2018
产量	4.24	12.70	14.80	18.88	22.00
出口量	4.26	12.80	14.52	18.90	21.75

资料来源：柬埔寨农林渔业部橡胶总局网站。

二、外国直接投资

冷战时期，柬埔寨国内局势紧张，很少能吸引到外国直接投资。随着国内局势稳定，国家经济体制从计划经济转向市场经济，并于 1993 年通过了新的投资法案，外国直接投资开始逐年增加。柬埔寨 1999 年成为东盟自由贸易区成员，并于 2003 年成为世界贸易组织（WTO）成员，外国直接投资在项目数量和投资总额上都迅速扩大。表 5-12 表明，柬埔寨获得的外国直接投资额从 2000 年的 1.18 亿美元上升到 2018 年的 31.03 亿美元。尤其是 2010 年后，获得的外国直接投资迅速增加，2018 年已是 2010 年的两倍多，这和柬埔寨这段时间国内经济持续稳定发展、政府不断扩大对外开放密切相关。2018 年，柬埔寨的外国直接投资已占到国内生产总值的 12.6%①。

---

① 2018 年柬埔寨获得 31 亿美元外国直接投资［EB/OL］.［2020-07-22］. http：//www.sohu.com/a/292896170_99978839.

表 5-12　柬埔寨 2000—2018 年外国直接投资净流入　　单位：亿美元

年份	2000	2005	2010	2015	2016	2017	2018
外资净流入量	1.18	4.83	14.04	18.23	24.76	27.88	31.03

资料来源：世界银行数据库。

大量的外资涌入与柬埔寨创造的投资环境和实施的投资优惠政策息息相关。柬埔寨政府对投资者提供的投资保障包括：①对外资与内资基本给予同等待遇，所有的投资者，不分国籍，在法律面前一律平等；②柬埔寨政府不实行损害投资者财产的国有化政策；③已获批准的投资项目，柬埔寨政府不对其产品价格和服务价格进行管制；④不实行外汇管制，允许投资者从银行系统购买外汇转往国外，用以清算其与投资活动有关的债务等。

经柬埔寨发展理事会批准的合格投资项目可取得的投资优惠政策包括：①免征投资生产企业的生产设备、建筑材料、零配件和原材料等的进口关税；②企业投资后可享受 3~8 年的免税期（经济特区最长可达 9 年），免税期后按税法交纳税率为 9% 的利润税；③利润用于再投资的免征利润税，分配红利不征税；④产品出口免征出口税。

据中国商务部统计，截至 2019 年中国在柬埔寨的投资额达到 64.64 亿美元。中国对柬埔寨的投资覆盖了多个领域，包括农业、基础设施建设、水电站、输变电网、旅游、航空、电信、经济特区开发等。截至 2018 年，由中国政府提供的优惠贷款援助已在柬埔寨建设了 8 座大型桥梁，其中 7 座已投入使用，正在兴建的斯登特朗－格罗奇马湄公河大桥将于 2021 年底竣工。

三、贸易法规

（一）贸易法规

柬埔寨商业部为柬埔寨贸易主管部门。柬埔寨与贸易相关的法律法规主要包括《进出口商品关税管理法》《关于颁发服装原产地证明、商业发票和出口许可证的法令》《关于实施货物装运前验货检查工作的管理条例》《加入世界贸易组织法》《关于风险管理的次法令》《关于成立海关与税收署风险管理办公室的规定》《有关商业公司从事贸易活动的法令》等。

（二）贸易管理相关规定

柬埔寨商业部负责进出口审批手续。在多数情况下，进口货物无需许可证，但部分产品需要获得相关政府部门特别出口授权或许可后出口。

柬埔寨禁止或严格限制出口的产品包括文物、麻醉品和有毒物质、原木、贵重金属和宝石、武器等。2013 年起，柬埔寨政府禁止红木的贸易与流通。

半成品或成品木材制品、橡胶、生皮或熟皮、鱼类（生鲜、冷冻或切片）及动物活体出口需缴纳10%的出口税。服装出口需向商业部缴纳管理费。普惠制下服装出口至美国或欧盟的，需获得出口许可证。柬埔寨对矿产品出口也有严格的法律程序及手续。

柬埔寨海关与关税署、商业部进出口检验与反欺诈局联合负责进出口商品检验。柬埔寨进出口货物均接受检验，检验地点为工厂或进出口港口。

柬埔寨的关税税率根据进出口货物不同而不同。一般出口货物不需缴纳关税，但天然橡胶、宝石、半成品或成品木材、海产品、沙石等5类产品需要缴纳关税。所有货物在进入柬埔寨时均应缴纳进口税，投资法或其他特殊法规规定享受免税待遇的除外。进口关税主要由四种税率组成：7%、15%、35%和50%。

在东盟自由贸易协定的共同有效关税体制下，从东盟其他成员国进口满足原产地规则规定的产品可享受较低的关税税率。

四、与中国的贸易关系

1958年7月19日柬埔寨和中国正式建交，但由于柬埔寨国内政局长期动荡，经济发展落后，中柬双方贸易额很低。1993年柬埔寨新政府执政后，柬埔寨国内局势趋于稳定，政府也开始加强经济建设，中柬双边经贸合作发展也迎来新机遇。

近年来，中柬双边经济贸易规模不断扩大。柬埔寨自中国进口的主要商品为纺织品、皮革以及机械、电子产品等，对中国出口的主要商品为大米、大豆等农产品。

据中国商务部统计，2018年中国与柬埔寨双边货物进出口额为73.9亿美元，同比增长26%，其中，中国自柬埔寨进口额为13.8亿美元，同比增长27.8%，中国对柬埔寨出口额为60.1亿美元，同比增长25.6%（见表5－13）。

表5－13　2014—2018年中柬贸易情况　　单位：亿美元

年份	进出口总额	中国对柬埔寨出口额	柬埔寨对中国出口额
2014	37.57	32.74	4.83
2015	44.32	37.65	6.67
2016	47.59	39.29	8.30
2017	58.64	47.84	10.80
2018	73.90	60.10	13.80

资料来源：中华人民共和国海关总署网站。

双向投资方面，截至2019年，中国企业对柬直接投资存量为64.64亿美元。工程承包方面，截至2018年底，中国企业在柬累计签订工程承包合同204.2亿美元，完成营业额128.8亿美元，较2013年增长近1倍①。中柬两国的目标是在2023年使双边贸易额达到100亿美元②。此外，中国国际进口博览会成为两国贸易深化发展的契机，不仅为柬埔寨大米、腰果、咖啡等优质产品提供了展示平台，也为增加柬埔寨产品出口、平衡贸易逆差创造了机遇。

目前，中国是柬埔寨的第一大贸易合作伙伴、最大的外资来源国和客源国。这些都说明中国与柬埔寨两国的经贸关系发展越来越紧密，中国对柬埔寨的经济发展带动作用明显。随着2020年中国和柬埔寨“中柬自由贸易协定”谈判的达成，在中柬自贸协定框架下，中国对柬埔寨出口商品的关税减免幅度达到98%。柬埔寨将再有340种商品免税出口到中国，这会进一步扩大中国与柬埔寨的双边贸易规模。

五、中柬两国人文交流

随着柬埔寨对外开放大门的敞开，中国与柬埔寨的人文交流不断深化，两国政党、议会、军队、文化、教育等部门的交往与合作密切。双方截至2017年已签署《中柬引渡条约》《中柬文化合作协定》《中柬互免持外交、公务护照人员签证协定》等条约和协定，以及文物保护、旅游、警务、体育、农业、水利、建设、国土资源管理等领域的合作谅解备忘录。柬埔寨已在广州、上海、香港、昆明、重庆、南宁和西安设立总领事馆。中国在柬埔寨暹粒省设有驻柬大使馆领事办公室。从2015年开始，柬埔寨旅游业增速放缓，但是中国游客增加显著。2019年，中国访柬游客达236万人次，同比增长16.7%③。此外，两国互派留学生和人员培训规模不断扩大，中国帮助柬埔寨培训了大批经济建设急需的人才。截至2014年，中国为柬埔寨培训各类人才约1 450名，培训范围涉及外交、金融、教育、农业、商务、工业、交通、卫生等多个领域，生源来自首相府、外交部、财经部、商业部、工矿能源部、农林渔业部、公共工程运输部、卫生部、国土规划与建设部、国家银行等多个部门。

---

① 裴长洪．海上丝绸之路亮点：中国柬埔寨经济贸易关系发展分析［J］．财经智库，2019，4（4）：5－17.

② 顾佳赟．新时代打造中柬命运共同体的机遇、挑战与建议［J］．当代世界，2019（4）：48.

③ 2019年236万中国人到柬埔寨旅游［EB/OL］.［2020－07－23］. https：//www. sohu. com/a/369998037_ 99978839.

六、中国在柬埔寨的 FDI 政策

2002 年中国与东盟签署了《中国－东盟自贸区协议》，根据协议，双方于 2005 年开始全面降低关税。截至 2015 年底，已经有超过 90% 的产品实现零关税，中国对东盟的关税降低到了 0.1%，东盟六国对中国的关税降低到了 0.6%。这为中国与柬埔寨两国经贸合作提供了更多的机会。1996 年中国和柬埔寨签署了《中华人民共和国和柬埔寨王国政府关于促进和保护投资协定》，双方规定将在各自的领土内为投资创造良好的条件，对投资有关的活动给予公平的待遇，这为中国企业到柬埔寨投资给予了最大的保障和信心。2013 年习近平总书记提出“一带一路”倡议，随后中国主导成立了亚洲基础设施投资银行和“丝路基金”。在这一背景下，中国企业到柬埔寨投资迎来了更多机遇。2016 年 10 月，习近平总书记访问柬埔寨时，签署了《中华人民共和国政府和柬埔寨王国政府对所得避免双重征税和防止逃避税的协定》，为中国企业到柬埔寨投资提供了税收优惠政策。以上这些优惠政策，为中国企业“走出去”提供了保障。

目前，中国在柬埔寨的投资呈现四个特点：第一，投资主体多元。以中国国有企业作为主体对柬埔寨的投资主要集中在水电领域、基础设施、矿业和能源开发领域。这些项目耗资巨大，技术难度系数高，建设周期长，都需要中国中央政府的支持和鼓励。中国民营企业在柬投资规模不大，主要集中在纺织制衣业、房地产业、加工业、农业和旅游业。第二，投资领域广泛。中国投资涉及面广，涵盖了农业、林业、建筑材料、卫生、电信等多个领域。第三，产业链向纵深方向发展，不再是单一产品生产，同时带动相关产业的发展。第四，中柬双方优势互补。柬埔寨拥有廉价的劳动力、丰富的资源以及优惠的政策，中国有技术、人才、管理和资金优势①。

中国和柬埔寨通力合作，采取互惠互利的政策，实现了中国企业“走出去”，既解决了中国企业国内产能过剩的问题，又有效促进了柬埔寨经济的发展。

七、吸收外资与对外投资

1993 年柬埔寨新政府执政后大力发展经济，但由于底子薄，财政能力弱，只能借助外来资金帮助本国发展经济。

据柬埔寨国家银行发布的 2018 年年度报告，2018 年柬埔寨获得 30.83 亿

---

① 李红蕾．中国在柬埔寨投资的现状、特点及问题研究［D］．广州：暨南大学，2017.

美元的外国直接投资（FDI），比 2017 年的 26.73 亿美元增长了 15.3%。2018 年银行业与房地产业的外国直接投资继续强劲增长，对制造业与农业的投资近几年下降后，于 2018 年重新增长，成衣与制鞋业的外国直接投资也重新大幅度增长，自行车、汽车零件与电器设备厂投资继续增长。

柬埔寨在 2000 年前基本还是一个外资净流入国，直到 2003 年后才有少量的对外投资（726 万美元）。随着国内经济的不断发展，2010 年后，柬埔寨的对外投资也迅速提升，从 2010 年的 2 058 万美元上升到 2018 年的 1.24 亿美元①。

小贴士

1. 汇率：1 元人民币 =578.19 柬埔寨瑞尔（2020 年）。

2. 换汇：柬埔寨的货币是瑞尔，但是柬埔寨人民更习惯于使用美元。可在出国前换些美元，到柬埔寨后再兑换些瑞尔。

3. 银联：柬埔寨境内加华银行（CANADIA BANK）和柬埔寨亚洲银行（CAB）的 ATM 机可使用银联卡提取美元现金，ATM 机主要分布在柬埔寨首都金边和暹粒。银联借记卡单卡每日累计取款不超过 1 万元人民币的等值外币。

4. 刷卡：除了大型超市、酒店和免税店可以刷银联卡，其他地方只能用美元现金。

5. 民俗：佛教是柬埔寨的国教，柬埔寨人信奉小乘佛教。寺院遍及全国，僧王及僧侣普遍受到尊重。通常，男子无论社会地位高低，一生都要出家一次，但可随时还俗。进佛寺参观时，要衣着整洁，免冠脱鞋。忌用手摸人头顶。

6. 小费：柬埔寨是收小费的，一般为 1 ~2 美元。

7. 电压：柬埔寨的电压是 220V，和中国一样。插头是两脚插头。

8. 柬埔寨经济发展的主要障碍是基础设施落后，电网建设不足，电价较高，产业配套较差。柬埔寨的投资软环境有待提高。

课后练习

一、填空题

1. 柬埔寨东部、东南部和（　　）接壤，西部、北部与（　　）相邻，

① 世界银行数据库。

西南部濒临（　　）。

2. 柬埔寨有东南亚最大的天然淡水湖——（　　）。

3. （　　）是柬埔寨的国家级保护动物。

4. 西部的（　　）是著名的宝石产区，主要的宝石产品为（　　）、（　　）等。

5. 被称为柬埔寨工业中“两驾马车”的是（　　）和（　　）。

6. 柬埔寨的四大主要出口创汇产品是（　　）、（　　）、（　　）和（　　）。

7. 柬埔寨有世界上最大的石窟庙宇，是（　　）。

二、判断题

1. 湄公河在柬埔寨境内的河段是湄公河各河段中流量最大的。(　　)

2. 柬埔寨是一个多宗教的国家，但是国教为大乘佛教。(　　)

3. 柬埔寨是继挪威和日本之后，虾的消费量最多的国家之一。(　　)

4. 21 世纪以来，柬埔寨经济中的对外贸易依存度不断增大。(　　)

三、思考题

1. 思考中国与柬埔寨双边贸易发展的现状及未来主要方向。

2. 分析到柬埔寨投资的主要风险及防范措施。

第六章　老挝

刘红梅

老挝人民民主共和国简称“老挝”，是东南亚国家联盟成员国之一。老挝是位于中南半岛北部的内陆国家，北邻中国，南接柬埔寨，东接越南，西北邻缅甸，西南毗连泰国。老挝是世界上中低收入国家之一。

首都：万象

国旗：老挝国旗为深蓝色背景，中间有白色月亮，上下两端有红色边。国旗的宽度是长度的三分之二。上下红色边的面积各为蓝色面积的一半（见图6－1）[①]。

图6－1　老挝国旗

国徽：底部的红色饰带上写着“老挝人民民主共和国”，两侧由两束水稻形成半月形，水稻的红色饰带上写着“和平、独立、民主、统一、繁荣昌盛”。两束水稻中间是万象塔銮，在国徽的中间有大路、田野、森林和水坝（见图6－2）[②]。

图6－2　老挝国徽

① 老越国家议会官网。

② 同上。

国歌：《老挝人民颂歌》
国语： 老挝语
国花： 鸡蛋花
货币： 基普
国际电话区号： 0856
应急电话： 报警 191　　火警 190

历史的脚步

老挝历史悠久，公元 1353 年法昂王建立澜沧王国（1353—1707 年），定都琅勃拉邦。这一时期为老挝历史的鼎盛时期。

1560 年，澜沧王国国王塞塔提腊迁都至万象。1707—1713 年，澜沧王国先后分裂为北部琅勃拉邦、中部万象和南部占巴塞三个王国。1778—1893 年，三国沦为暹罗（今泰国）属国。

1893 年，法国与暹罗签订《法暹条约》（又称《曼谷条约》），琅勃拉邦、万象和占巴塞被并入法属印度支那联邦，1940 年 9 月被日本占领。

1945 年 8 月老挝人民举行武装起义，10 月 12 日宣布独立，成立了伊沙拉政府。

1946 年，法国再次入侵老挝，伊沙拉政府解体。1947 年，在法国政府扶持下，琅勃拉邦国王西萨旺冯宣布成立老挝王国，实行君主立宪制。1950 年爱国力量重建伊沙拉，成立了以苏发努冯亲王为总理的寮国抗战政府。

1954 年 7 月，法国在奠边府战役中失败，被迫签署关于恢复印度支那和平的日内瓦协议，法国从老挝撤军，不久美国取而代之，控制了老挝。

1962 年，美国签订关于老挝问题的日内瓦协议，从老挝撤军。老挝成立了以富马亲王为首相、苏发努冯亲王为副首相的联合政府。

1964 年，美国支持亲美势力破坏联合政府，进攻解放区。1973 年 2 月，老挝各方签署了关于在老挝恢复和平与民族和睦的协定。1974 年 4 月，成立了以富马为首相的新联合政府和以苏发努冯亲王为主席的政治联合委员会。

1975 年 12 月 2 日，宣布废除君主制，成立老挝人民民主共和国。

1986 年 11 月，老挝人民党提出革新政策，老挝进入革新时期。

1997 年 7 月，老挝正式加入东盟。

第一节 自然环境

一、区位、地形与气候

老挝位于中南半岛北部，是东盟唯一的内陆国家。老挝北邻中国，南接柬埔寨，东临越南，西南毗邻泰国。

老挝国土面积为23.68万平方千米，地形南北长、东西窄，像一只向西北方向生长的蘑菇。境内80%为山地和高原且多被森林覆盖，被称为“中南半岛屋脊”。老挝地势北高南低，西北向东南倾斜。北部与中国云南的滇西高原接壤，东部老越边境为长山山脉构成的高原，西部是湄公河谷地和湄公河及其支流沿岸的盆地和小块平原。全国自北向南分为上寮、中寮和下寮，上寮地势最高，高原海拔为2 000 ~2 800米。最高峰普比亚山海拔为2 820米。境内著名的山脉有比亚山山脉、宋山山脉、来山山脉、鞘山山脉和赛富良山山脉。老挝境内山脉构成四大高原，自北向南为会芬高原、镇宁高原、甘蒙高原和波罗芬高原。

老挝的平原主要分布在万象以南的湄公河沿岸，有万象平原、沙湾拿吉平原及巴色西南面的湄公河低地。在万象以北地区，流经老缅和老泰边境地区的湄公河及其支流沿岸有许多小盆地，如班班平原和查尔平原。查尔平原面积为100多平方千米，是东部山区进入西部地区的门户。

老挝有20多条流程在200千米以上的河流，其中湄公河在老挝境内全长1 877千米。湄公河在老挝境内多流经丘陵和平原地带，容易造成洪涝灾害，每年河水泛滥后，会在两岸沉淀一层肥沃的土壤，形成冲积平原，成为老挝的农业区。

老挝属于热带、亚热带季风性气候区，终年常热，没有季节区分，只有雨季和旱季之分，5月至10月为雨季，11月至次年4月为旱季。除南北高山地区外，各地气温没有明显差异，年均气温为20 ~ 26℃，最高气温不超过40℃，最低气温也在0℃以上。老挝全境雨量充沛，平均年降水量为1 600 ~ 1 800毫米，但因地形不同，雨量分布不均，通常南多北少，高原和山地多，平原和谷地少。

二、自然资源

老挝有着丰富的水利资源、生物资源和矿产资源。2016年，老挝森林面积约为189 506平方千米，全国森林覆盖率约为82.11%①，产柚木、花梨等名贵木材。

（一）水资源

老挝是东南亚地区水资源最为丰富的国家，湄公河从北向南纵贯全国。湄公河发源于中国的青藏高原，在老挝境内落差为484米，流量巨大。老挝丰富的水资源得益于其优越的气候条件，即热带、亚热带季风性气候，每年长达6个月的雨季带来丰富的降水量。与此同时，北高南低的地势使老挝拥有丰富的水力动能。老挝水资源储备总量为1 900亿立方米，人均水资源占有量为35 000立方米/年，主要河流有湄公河及其支流、南汕河（朱江）和南马河（马江）的上游段②。湄公河干流和支流众多，覆盖全国约95%的乡村，地势落差大，水电资源丰富。

水资源对老挝的社会经济发展贡献很大，尤其是在电力和农业灌溉方面，丰富的水资源为水力发电提供了得天独厚的条件。老挝全国有60多个水资源丰富的地方可以兴建水电站。

（二）生物资源

老挝具有多种生态环境，容纳了繁多的物种。近年来，老挝不断地发现新物种，包括一些哺乳动物（如武广牛、越南大麂）、鸟类、鱼类、爬行类和两栖类动物等。

2004年5月，老挝签署了《濒危物种国际贸易协定》，在农林部和野生动物保护协会的努力下，野生动物交易在老挝国内已越来越少见。

（三）矿产资源

老挝矿产资源较为丰富，目前已发现金、铜、铁、铅、锌、钼、锑、锡、锰、铝土矿、钾盐、石膏、煤、高岭土、叶蜡石、宝石、石墨、石棉、滑石、石灰岩和石英砂等20余种矿产，其中较为重要的是金矿、铜矿和钾盐等。

老挝境内金矿较多，并且分布较为广泛，大多分布于老挝西部波乔省及万象-赛松本行政特区一带。老挝金矿类型主要有冲积型砂金矿、斑岩型与铜伴生的金矿及石英脉型金矿。赛奔和富开两座铜金矿是目前老挝已知金矿资源的主要产地，其储量均已超过60吨。

老挝铜矿资源丰富，主要分布在西北部南塔省，中部川圹和南部的色贡、沙拉湾以及占巴塞地区。铜的品位平均为4%左右，个别地区最高能达到25%，拥有全世界品位排名第四的大型铜矿——赛奔铜矿。据美国地质勘探

① 世界银行数据库。

② 郑茗戈，陈蒿．老挝经济社会地理［M］．广州：世界图书出版广东有限公司，2014.

局数据，2018 年，老挝全国铜产量约为 15. 19 万吨。

老挝矿产资源主要集中分布在沙耶武里、琅勃拉邦—川圹—华潘一带和川圹、华潘—甘蒙—沙湾拿吉—阿速波一带。金属矿产方面，截至 2012 年，已经发现的老挝金属矿床（点）共 405 处，共发现 20 个矿种，其中：优势金属矿种 7 个，具体为铜、铁、铅、锌、锡、金、铝；普通矿种 13 个，具体为锰、铬、钨、钼、铋、镍、锑、汞、铂、铀、钍、铍、独居石。

能源及非金属矿产方面，截至 2012 年，老挝的能源与非金属矿床（点）已经发现 141 处。已经发现的 26 个矿种为：煤、钾盐、石盐、重晶石、黄铁矿、石棉、石膏、石墨、黏土、高岭土、建筑石材、滑石、石英砂岩、叶蜡石、蓝宝石、绿柱石、石榴石、琥珀、紫水晶（水晶）、尖晶石、黄玉、锆石、菱镁矿、石灰石、白云石、温泉。其中，煤、钾盐、蓝宝石为老挝的优势能源与非金属矿种，具有较好的开发前景。

老挝拥有丰富的钾盐资源，截至 2003 年，中国云南省地矿局在老挝探明氯化钾资源量 142 亿吨。2018 年老挝生产钾盐 33. 5 万吨。

老挝煤炭资源主要分布于北部的丰沙里省、中部的万象省和南部的沙拉湾省。老挝的煤主要是无烟煤和褐煤，煤质相对优质。2018 年，老挝生产了 14. 3 万吨的无烟煤和 1 590. 33 万吨的褐煤。

第二节　人文环境

一、行政区划

老挝历史上被称为寮国，自北向南划分为上寮、中寮、下寮 3 个地区。老挝被划分为 17 个省和 1 个直辖市：上寮有丰沙里、南塔、波乔、乌多姆赛、琅勃拉邦、华潘、沙耶武里、川圹 8 个省；中寮有万象直辖市、万象省、波里坎赛省、甘蒙省和赛松本省；下寮有沙湾拿吉省、沙拉湾省、色贡省、占巴塞省和阿速坡省①。

二、人口分布

老挝 2020 年有人口 727 万人，人口自然增长率为 1. 52%。城市人口占 35. 65%，农村人口占 64. 35%。老挝人口结构相对年轻，其中劳动年龄人口

① 商务部《对外投资合作国别（地区）指南——老挝（2020 年版）》。

（15~64岁）为63.53%，老年人口（大于64岁）仅为4.16%，劳动力的抚养比为57.4%[①]。老挝的人口数据表明老挝尚未进入老龄化，但未成年人口较多，劳动力不足。

三、民族和宗教信仰

老挝有50个民族，分属老泰语族系、孟－高棉语族系、苗－瑶语族系、汉－藏语族系。老挝的各个民族根据其居住地被划分为三个民族体系。

（一）佬龙族

居住在平原与谷地的老挝人为“佬龙族”。佬龙族是老挝的主体民族，其人口占全国人口的一半以上，其中佬族和泰族人口较多。该族系主要由老泰语族系和汉－藏语族系构成，集中居住在湄公河两岸西部平原的万象、沙湾拿吉等大城市。该区域土地肥沃，河流纵横，是老挝的经济和文化中心。

（二）佬听族

居住在半山腰的老挝人为“佬听族”，由老挝境内的孟－高棉系民族及部分氐、羌系民族构成，是老挝的第二大民族。佬听族主要居住在北部和东部山区以及南部的沙拉湾、阿速坡等省。

（三）佬松族

居住在高山深处的老挝人为“佬松族”。佬松族主要由苗－瑶系民族及部分氐－羌系民族构成，多数是19世纪时期由中国云南高原进入老挝境内的，居住在老挝北方的崇山峻岭中，以烧荒耕地为生。

老挝是一个信奉佛教的国家，有85%的老挝人信仰小乘佛教。老挝男子到了一定年龄后，都必须出家剃度当一次和尚，老挝人把当和尚视作人生应有的经历。据老挝政府统计，老挝有佛寺近2 000座，僧侣2万多名。在老挝人居住的地区，几乎每个村寨都有佛寺，一些大的村寨甚至有2~3座，每座佛寺中少则有僧侣3~5名，多则几十名，大的佛寺僧侣超过百名[②]。

老挝的山地民族多信仰原始宗教，少部分人信仰天主教和基督教，还有部分人信仰婆罗门教。

四、教育和医疗

老挝的教育学制分为小学5年、初中3年、高中4年。老挝现有4所大

---

① 世界银行数据库。

② 中国银行股份有限公司．文化中行“一带一路”国别文化手册：老挝［M］．北京：社会科学文献出版社，2016.

学，主要有老挝国立大学、占巴塞大学、苏发努冯大学和2009年中老合办的老挝–苏州大学。

老挝的医疗卫生事业逐年发展，国家职工和普通居民均享受免费医疗。据老挝官方统计，2015年，老挝医疗人员总人数为19 877人，大型综合性医院仅5所，共1 170个床位，总体医疗水平不高。

第三节　农业

老挝土地资源丰富，森林覆盖率高，农业用地仅占国土面积的十分之一，可耕地面积开发潜力巨大，且全境土地pH值在5～7，适宜农作物种植。老挝属于热带、亚热带季风气候区，5月至10月为雨季，11月至次年4月为旱季，年平均气温为26℃，光照、雨水充足，农业开发条件较好。但老挝经济发展落后，农业基本还处于粗放种养殖阶段。2019年老挝全国约62.42%的成年劳动力从事农业生产，却仅贡献了15.29%的GDP①。

老挝农业生产按地理位置可分为北部、中部和南部三个农业生态区。北部山地大部分地区尚处于刀耕火种的原始农业阶段；东南部高原和西部低山丘陵的种植业较为发达；平原低地地区是老挝经济较为发达的区域，包括湄公河沿岸的万象市及周边、中部的沙湾拿吉省和南部的占巴塞省，是老挝粮食和工业品的主要供应地。

老挝政府为推动农业发展，实行“分田到户家庭经营”，规定土地所有者拥有使用权、转让权、出租权、继承权并且可以将土地作为担保品。同时，政府还允许外国投资者在一定的时期内租赁土地，用于从事农业生产和大面积的农业项目。这些土地政策为老挝发展跨境订单农业提供了基础保障。进入21世纪后，老挝政府加大农业投入力度，兴修农田水利设施，调整农业税收政策，激发了农民的生产积极性，农业产值不断增加，带动农产品出口产值迅速增长。

2014年，老挝的农牧产品出口产值仅为进口产值的52%，到2015年，农产品出口产值就超过了进口产值，贸易净值为0.68亿美元。随后，农产品的贸易一直处于顺差态势，2019年，贸易净值达到4.24亿美元。

一、种植业

老挝降水丰富，热量充足，气候条件及地理条件都很适宜农作物生长。

① 世界银行数据库。

在老挝农业生产中，种植业占据很重要的位置，其中甘蒙、沙湾拿吉两省是粮食生产、加工和出口的重要基地。老挝最主要的粮食作物是水稻，种植面积占全国农作物种植面积的85%，拥有超过13 000种本土稻种[①]，以糯稻、粳米和旱稻为主，是世界重要的糯稻发源地。北部生态区中，沙耶武里省雨季稻种植面积最大，其次是琅勃拉邦省；波乔省平均产量最高，琅勃拉邦省最低。中部生态区中，沙湾拿吉省雨季稻种植面积最大，万象省产量最高。南部生态区中，占巴塞省雨季稻种植面积最大，平均产量也最高[②]。

玉米是老挝的第二大农作物，主要分布在老挝北部生态区。2019年老挝的玉米种植面积是14.8万公顷，产量为71.7万吨，当年出口玉米18.13万吨，创汇3 117.7万美元[③]。

咖啡是老挝重要的经济作物，质量优良，种植区主要分布在南部占巴塞省、沙拉湾省和色贡省。咖啡的种植面积约占经济作物总面积的二分之一。2019年老挝出口咖啡2.62万吨，出口额达5 477万美元。另一经济作物橡胶，主要种植在老挝北部山区，2019年橡胶出口量为22.39万吨，产值达2.17亿美元。

老挝的自然条件很适宜热带和亚热带果木的生长，成活率高，生产期短。2019年，老挝香蕉产量为105万吨，优良品种为牛角蕉；西瓜产量为19万吨；菠萝产量为4.35万吨，优良品种为大圆菠萝和新加坡无眼菠萝；橘子产量约为4.66万吨，优良品种为法国橘；木瓜产量为2.76万吨；芒果产量为0.53万吨，被老挝人称为“果中之王”；葡萄柚产量为0.6万吨，是老挝的名产。以上这些水果在老挝全国各地均有种植。

近年来，香蕉成为老挝经济作物中产量和出口量均大幅提升的一个品种，产量从2010年的17.86万吨迅速上升到2018年的97.1万吨，当年出口12.97万吨，出口额达1.12亿美元。主要出口对象为中国、泰国和越南。

二、林业

老挝是世界森林面积占比最大的国家之一，也是珍贵木材最多的国家之一。至2012年末，老挝森林面积约为1 700万公顷，森林覆盖率为50%。2005—2015年，老挝的森林总面积和森林覆盖率虽然都呈增长的趋势，但单位面积森林蓄积量呈下降趋势，由2005年的每公顷56.79立方米下降到2015

① 湖北省农业农村厅网站。

② 郑茗戈，陈嵩．老挝经济社会地理［M］．广州：世界图书出版广东有限公司，2014：12.

③ 联合国粮农组织数据库。

年的每公顷46.56立方米①。

老挝的木材蓄积量中，储量较大、经济价值较高的有柚木、乌木、紫檀、黄檀、沉香木、红豆杉、双叶黄松、红木、花梨木等。柚木最为珍贵，是老挝重要的出口商品。2019年老挝出口的林产品价值达4.44亿美元。

森林资源还可以加工成丰富的森林副产品，例如老挝北部地区盛产紫胶、树脂、沉香和安息香等。其中，安息香是老挝历史悠久的林产品，气味浓郁，以“暹罗安息香”闻名世界，产量和质量均居世界第一，出口量约占世界市场的70%。

为实现林业资源的可持续开发利用，老挝政府于1988年禁止加工木材外销，1991年又出台了禁止原木出口的法令。2006年老挝政府再次颁布法令，明确未加工的木材不准出口。2020年，老挝农业和林业部门提出在今后5年内努力植树，实现70%的森林覆盖率。

三、畜牧业

老挝地广人稀，80%的国土面积是山坡地，土壤是肥沃的红土，适合牧草生长，为畜牧业的发展提供了良好的条件。老挝地势北高南低，拥有许多适宜发展畜牧业的草场，全国草场面积达到150万公顷。在畜牧养殖中，水牛主要用于耕田，黄牛主要用于肉类加工，骡、马和驴主要用于驮运，其他畜禽供食用和上市交易。

由于周边国家尤其是越南和中国对牛的需求不断增加，老挝扩大了畜牧业的发展规模。从表6-1可以看出，从2015年到2019年，老挝畜禽的存栏数都在增加。增长最快的是羊（包括山羊和绵羊），增幅达20%；黄牛数量由2015年的182.78万头增加到2019年的209.23万头，增幅达14%；水牛数量增加幅度较小，仅有3.8%；猪的数量由2015年的325.82万头增加到2019年的379.56万头，增幅达16.5%；家禽主要有鸡、鸭、鹅和鹌鹑，总量由2015年的3 806.3万只增加到2019年的4 510.5万只，增幅达到18.5%。

老挝畜牧产品数量不断增加，不仅能够满足国内需求，还能用于出口创汇。2019年畜牧业成为农林部的最大收入来源，销售总额为2.277亿美元。老挝对越南出口的畜牧产品总额近2.2亿美元，出口中国的畜牧产品总额达750万美元。因回报率高，北部省份许多农民正在向商业化育种养殖方向转变，畜牧业被老挝政府视为减贫的重要产业。

---

① 李婷婷，苏时鹏．中国与东南亚国家森林可持续经营比较及合作探讨［J］．林业经济，2017（5）：62.

表 6-1　老挝 2015—2019 年主要畜禽存栏数

年份	2015	2016	2017	2018	2019
黄牛（万头）	182.78	192.30	198.40	204.10	209.23
水牛（万头）	116.53	117.70	118.90	120.00	120.97
羊（万只）	53.29	56.00	58.80	61.63	63.97
猪（万头）	325.82	370.00	386.90	382.47	379.56
家禽（万只）	3 806.30	3 878.90	4 062.00	4 290.30	4 510.50

资料来源：联合国粮农组织数据库。

截至 2016 年，老挝全国共有 1 370 个畜牧养殖场。为了提高牲畜产量，满足国内外市场需求，老挝农林部制定了畜牧业七大重点发展方向，包括配种、喂养、疫苗供应和防疫、牲畜管理、屠宰、肉类加工、草场建设等。

虽然老挝的畜牧业有所发展，但缺乏先进养殖技术，与邻国中国、泰国、越南相比，效益不高。老挝政府为了进一步发展畜牧业，出台了一系列扶植政策，包括：鼓励农户从事畜禽的养殖，减免养殖税；支持有关单位、企业和公司建立和发展养殖场，如养牛场、养猪场、养鸡场和养鸭场等；积极吸引外资，鼓励外商与老挝有关单位或私人合作建立和发展畜禽养殖、加工和营销一体化的企业。老挝的畜牧养殖正在由传统的养殖向现代化养殖迈进，较为现代化的养殖场主要集中在万象市、万象省、川圹省、沙耶武里省、琅勃拉邦省、甘蒙省、沙湾拿吉省、占巴塞省一带。

四、渔业

老挝是内陆国家，没有海洋水产，但河流众多，河网密集，拥有丰富的淡水渔业资源。渔业资源主要分布在湄公河及其 14 条支流，如南娥、南松、南乌、南增、南洞、南门等河流及大型水库，这些河流及水库的捕获量占全国渔业总产量的 60% 以上。老挝渔业的主要品种有罗非鱼、鲤鱼、攀鲈鱼、巴勒鱼、印度鱼种（厚唇鲃、野鲮和鲮）等。其中，巴勒鱼为湄公河特产，以鳞薄、肉嫩著称；湄公河的沙湾拿吉至巴色段还盛产鳄鱼。

在老挝，71% 的农业家庭因季节原因兼职养鱼。老挝的水产养殖设施还比较落后，老挝政府一方面在积极改善现有的渔业养殖设施，先后完善了南爽河渔业养殖发展中心项目、占巴塞省孔县那村和哈德村本地鱼种研究站项目、乌多姆赛省北部（敦乔村）山区本地鱼种生产中心建设项目，以及琅勃拉邦、沙湾拿吉、占巴塞鱼苗生产站等，另一方面借助国际社会力量发展本国的渔业生产，如与日本合作加强渔业和水产养殖业的研究和开发。老挝在日本等国有关机构的支持下大力建设和发展渔业生产体系、渔业病害研究室和南爽河渔业发展中心，在琅勃拉邦和阿速坡建立新的渔业站，以促进老挝渔业发展取得新的成果。

老挝的渔业产量逐年增加，仅万象北部的南娥河水库年产鱼就达 1 500 至 2 000 吨①。2010—2018 年，老挝渔业总产量由 11.3 万吨增加到 17.91 万吨（见表 6－2），其中水产养殖渔业产量在 2010—2013 年维持在渔业总产量的 73% 左右，2014 年开始下降，到 2018 年水产养殖渔业产量只占到渔业总产量的 60%。捕捞渔业产量随着捕捞技术的改进逐渐增加，2018 年已占到渔业总产量的约 40%。

表 6－2　老挝 2010—2018 年渔业总产量　　单位：万吨

年份	2010	2011	2012	2013	2014	2015	2016	2017	2018
渔业总产量	11.30	12.96	13.60	14.69	16.86	15.86	17.09	17.49	17.91
捕捞渔业产量	3.09	3.40	3.41	3.89	6.02	6.26	7.09	7.09	7.09
水产养殖渔业产量	8.21	9.56	10.19	10.80	10.84	9.60	10.00	10.40	10.82

资料来源：联合国粮农组织数据库。

第四节　工业

老挝工业基础薄弱，工业化起步晚。老挝工业大致经历了萌芽时期（1975—1996 年）、发展初期（1997—2012 年）、再调整时期（2013 年至今）。

萌芽时期（1975—1996 年）：在工业的萌芽时期，老挝刚从殖民统治中独立出来，经济基础薄弱，老挝人民革命党实行农业合作化、工业国有化及商业统购统销的国民经济管理方式和一系列计划政策及措施。这些举措从发展经济的角度来看实施效果并不理想。到 20 世纪 90 年代，老挝政府调整和改革了工业国有化政策，提高私营企业的地位，老挝的工业开始步入发展轨道。

发展初期（1997—2012 年）：1997 年 7 月 23 日，为促进老挝对外经济的发展，老挝加入了东南亚国家联盟。借助国际援助，老挝工业得以缓步前行。进入 21 世纪，老挝工业化发展以市场推动为主，政府管理为辅；追求工业发展的全面性、可持续性，由粗放型工业发展模式向集约型工业发展模式转变；

① 郑茗戈，陈嵩．老挝经济社会地理［M］．广州：世界图书出版广东有限公司，2014：121.

融入国际社会，充分利用外部资源，加速本国工业化进程。进入 21 世纪后，老挝第一产业的比重逐渐下降，第二、三产业的比重逐渐上升。尽管老挝的工业已取得一定的成就，但因历史原因，老挝的总体工业发展水平与新兴工业化国家的差距还在进一步扩大。落后的经济发展水平严重影响了整体工业的发展，工业发展所需的资金缺口大，技术水平低，人才匮乏，资源开采力度小，利用率低。面对这一困境，老挝政府于 2000 年早期制订了四个五年社会经济发展计划，实施工业化现代化战略，争取到 2020 年从世界上最不发达国家名单上除名。老挝农业在 GDP 中的比重持续下降，但工业和服务业的比重却不稳定，2012 年工业和服务业的比重达到上升阶段的顶峰。

再调整时期（2013 年至今）：从 2013 年起，老挝的工业和服务业比重又开始下降，2016 年起又开始缓慢上升，这主要得益于老挝水电建设项目的大力发展。2019 年老挝工业产值为 56.18 亿美元，占当年 GDP 的 1/3①。老挝的主要工业部门包括电力工业、采矿业、建材业、日用品工业、食品和卷烟工业、医疗工业六个工业部门。

一、能源工业

由于地理环境特殊，老挝的水力资源充足，因此老挝政府非常重视水电资源的开发和利用。

电力工业是老挝发展最快的产业，也是老挝工业当中最为重要的产业部门。老挝电力工业以水电为主，占老挝发电总量的 90%。湄公河是亚洲最重要的跨国水系，老挝独特的地形使得湄公河在老挝境内的落差增大，水能储量丰富，潜力巨大。从地缘角度来看，东南亚各国的电力总体紧缺，因此老挝电力工业的发展能有效缓解东南亚各国电力供给不足的矛盾，助推老挝经济的发展。老挝政府以建成“中南半岛蓄电池”为战略目标，并将其作为老挝摆脱贫困与逐步实现工业化和现代化的重要战略。

老挝水电站主要集中在琅勃拉邦以上到与中国接壤的河段，范围大约在 600 千米以内；第二处集中在老挝中部的万象段；第三段集中在湄公河老挝境内巴色段。截至 2020 年，老挝共有 78 座水电站，装机容量为 997.2 万千瓦，年发电 522.11 亿千瓦小时；此外还有 1 座火电站、4 座生物发电站、5 座太阳能发电站和 4 座风力发电站，全国输变电线路共 65 563 千米。年出口电量 645.7 万千瓦小时，其中向泰国、越南和缅甸分别出口电量 562 万千瓦小时、

① 世界银行数据库。

57 万千瓦小时和 1 万千瓦小时。2016—2020 年，电力行业向老挝政府纳税 10.2 亿美元，占 GDP 的 9.3%[①]。

老挝的煤炭资源勘查程度低，且勘查工作多由国外煤炭企业或研究院来完成。老挝煤炭资源主要为褐煤，是煤化程度最低的矿产煤，含水量高，主要用作发电厂燃料。老挝煤炭产地主要分布在丰沙里省、乌多姆赛省、万象省、沙拉湾省和川圹省境内，基本都是小型煤矿。

老挝油气资源尚未做过全面勘查，但由于老挝地质构造演化历史长，被国际社会看作是矿物能源开发潜力巨大的国家，受到全球能源机构和企业的关注。

二、原材料工业

原材料工业主要包含采矿业和建材业。

（一）采矿业

采矿业是老挝除了水力发电外的第二大工业部门。老挝矿产资源种类较多，有金、铜、铁、铝土矿、钾盐等，成矿地质条件较好，资源潜力较大；但是地质勘探程度较低，矿业开发活动不多，国内开发的矿业项目规模都比较小，矿产资源大多未开发，具有一定的勘探开发前景。

近几年来，由于老挝政府政策的支持和大量外资的引入，采矿业得到了较快的发展，特别是铜、金、铝土矿等矿产的开发，使矿业部门对老挝国内生产总值的贡献率快速提高。总体来看，老挝绝大部分矿产开采以合资或国企单独投资的中小规模勘探开发为主，新的大型矿山的投资开发依然较少。截至 2020 年，老挝政府共批准 193 家公司从事地质勘探和矿产开发，其中地质勘探公司 69 家、项目咨询公司 43 家、矿产开发公司 81 家。2016—2020 年，矿产业共计向政府纳税 7.34 亿美元，占 GDP 的 6.7%[②]。

（二）建材业

老挝的建材业是依靠国外的援助和合作兴建的，主要有水泥厂、砖瓦厂、大理石加工厂、石料厂、石棉瓦厂及木材厂。随着老挝经济的发展，基础设施建设需求不断增加，对建筑材料的需求也将进一步增大。截至 2020 年，老挝有 18 家水泥厂，分别位于万象和万象省、川圹省、沙耶武里省、琅勃拉邦省、甘蒙省、沙湾拿吉省、沙拉湾省和乌多姆赛省等，年生产能力超过 1 000 万吨[③]。

① 中华人民共和国驻老挝人民民主共和国大使馆经济商务处网站。

② 中华人民共和国驻老挝人民民主共和国大使馆经济商务处网站。

③ 老挝水泥出口收入增长近 4 000 倍，中国为其最大水泥生产投资国 [EB/OL].[2020 - 03 - 14]. https://www.ccement.com/news/content/15689496767375001.html.

泰国是老挝主要的水泥出口市场，中国是老挝最大的水泥生产投资国。

三、制造业

老挝2019年的GDP增长率仅为4.65%，而制造业仍以6.75%的增速增长，对GDP的贡献率为7.47%。老挝的制造业出口产品中金属和矿产品的比重由2010年的43%下降到2019年的25%，原木和木制产品的出口占制造业的比例从2010年的14.7%下降到2019年的5%，下降比例很大；而电子产品、农业和林产品的出口比例都增加了一倍，反映出老挝制造业结构正从简单的粗加工向精加工发展。老挝政府采取措施改善商业环境，为制造业创造更多的机会，力争使老挝在将来能够成为区域制造业中心。

服装业是老挝发展较快的产业之一，国外公司纷纷到老挝投资服装行业。2019年老挝服装进出口额达2.35亿美元，其中老挝向欧洲、亚洲、拉美和中东等地区55个国家出口的服装总额为2.12亿美元，前三大出口目的地国是德国（6 800万美元）、日本（2 100万美元）和瑞典（2 000万美元）；服装进口额为0.23亿美元，前三大进口来源国为中国（900万美元）、越南（600万美元）和泰国（500万美元）。2019年，老挝共有182家服装厂，就业人数为145 400人①。因为老挝成衣出口没有出口配额限制，欧盟又对老挝实施原产地优惠政策，取消了产品种类限制，因此老挝廉价的劳动力吸引了大批外商进入。

为加快老挝制造业的发展，老挝政府不断加大老挝经济特区的建设。截至2019年末，老挝全国共有12个经济特区，共吸引806家企业入驻，投资工业、贸易和服务领域的企业分别占26.34%、25.26%和48.4%，实际投资56.9亿美元，共纳税3 923万美元，为55 771人提供就业岗位，其中老挝员工有12 596人②。

四、农产品加工业

农产品加工业主要包含农业和林业产品加工、原木和木制产品加工。受到原木出口的限制，原木和木制产品加工占工业产值的比重由2010年的14.7%下降到2017年的5.5%；农业和林业产品由2010年的7.5%上升到2017年的14.8%。农业加工包含粮食加工和食品加工：粮食加工主要包括稻谷碾米、面粉制作、玉米加工、植物油脂提取等；食品加工产品主要有糕点、

① 中华人民共和国驻老挝人民民主共和国大使馆经济商务处网站。

② 中华人民共和国驻老挝人民民主共和国大使馆经济商务处网站。

面条、罐头、卷烟、咖啡、酿酒、饮料等。

老挝卷烟市场相对活跃，有两家完全由国家控股的公司——老挝烟草有限公司和老挝寮中红塔好运烟草有限公司。

老挝啤酒在世界上享有盛誉，出口到泰国、越南等国，被美国《时代》杂志评价为“亚洲最好喝的啤酒”。

第五节 第三产业

近年来，老挝加强对产业结构的调整，第三产业迅速发展。老挝第三产业从 1996 年起就开始超过农业，成为 GDP 的主要贡献部门。到 2006 年，工业才开始超过农业，最终形成三、二、一的产业部门结构。进入 21 世纪后，老挝服务业的 GDP 贡献率不断上升，达到 50% 左右（见图 6－3）。

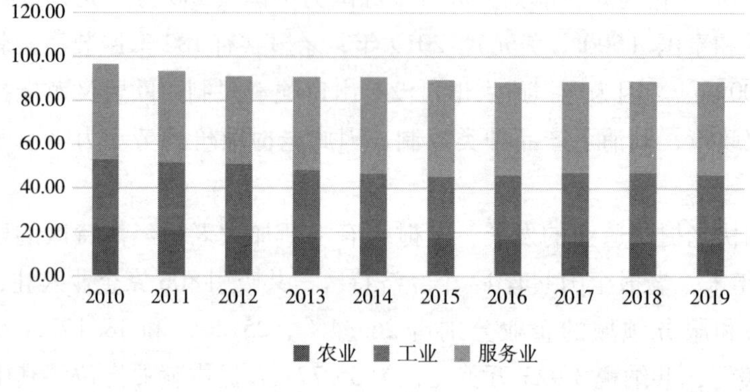

图 6－3 2010—2019 年老挝 GDP 中农业、工业和服务业的贡献率（单位：%）

资料来源：世界银行数据库。

老挝第三产业主要由旅游业、交通运输与通信业、金融服务业、酒店与餐饮业、批发零售业和其他部分组成。

一、旅游业

老挝旅游资源丰富，截至 2017 年，老挝共有 2 094 个官方指定的旅游景点，包括 1 184 个风景区、632 个文化景点、278 个历史名胜景区①，主要分布

① 孔志坚，寸佳莅．中国－老挝经济走廊建设中的旅游合作［J］．东南亚纵横，2019（2）：48－54.

在占巴塞省、万象省、甘蒙省、丰沙里省、沙耶武里省和琅勃拉邦省。万象塔銮、玉佛寺、占巴塞孔阜瀑布、琅勃拉邦关西瀑布、香通寺、迈佛寺、维春寺等景点闻名于世，琅勃拉邦古城和以瓦普神庙建筑群为主体的占巴塞文化景区被联合国教科文组织列入世界文化遗产名录。老挝各省都有迷人的景观，包括自然风景和历史文化景点，吸引了许多国外游客，但受限于交通道路等基础设施落后，老挝的旅游业发展面临巨大挑战。

1986 年第四届老挝革命党代表大会提出“旅游业是国家对外开放的一个重要组成部分，并将成为国家的一项收入来源”后，老挝政府将旅游业确定为老挝最重要的产业之一。截至 2018 年，老挝与超过 500 家国外旅游公司签署合作协议，开放 15 个国际旅游口岸，同时采取加大旅游基础设施投入、减少签证费、放宽边境旅游手续等措施促进旅游业持续发展。游客数量由 1990 年的 1.4 万人次增加到 2018 年的 418 万人次，旅游经济收入从 225 万美元增加到 7.55 亿美元。2010 年到 2015 年，游客人数基本保持年均 10% 的增长速度。2013 年 5 月，老挝被欧盟理事会评为“全球最佳旅游目的地”。2015 年后，受到航空服务限制、旅游景点开发缓慢、入境口岸服务效率低下、政府宣传不够等影响，老挝的入境游人数呈下降趋势。2018 年老挝开展了旅游年活动，游客人数有所回升，尤其是 2019 年的“中国 - 老挝旅游年”活动，使当年的游客人数上升到 479 万人次，其中中国游客超过 100 万人次，2019 年的旅游收入达到 9.35 亿美元（见表 6 - 3）。

表 6 - 3 老挝 2015—2019 年旅游人数及旅游收入

年份	2015	2016	2017	2018	2019
游客人数（万人次）	460	420	386	418	479
旅游收入（亿美元）	7.25	7.16	6.48	8.11	9.35

资料来源：老挝银行数据库。

从游客的来源地来看，老挝的游客主要集中在亚太地区，占总游客人数的 95%。2019 年前三大游客来源国为中国、泰国和越南，欧洲游客仅占 3.5%，美洲游客占 1.4%，非洲和中东游客仅占 0.1%。

二、交通运输业

老挝是中南半岛唯一的内陆国，交通运输业发展比较落后。老挝的运输方式以公路、水路运输为主，航空、畜力为辅。近年来，在国际组织和相关国家的帮助下，老挝政府加大了基础设施建设的投入，交通基础设施状况得到较大改善。

（一）公路运输

老挝公路密度在东盟十国中位居倒数第二，仅高于缅甸，公路运输体系较为落后，公路总里程约为 4.7 万千米①。政府不断加大对基础设施的建设，现已贯通南北的 13 号公路为主要运输干线，运输条件和状况良好，公路运输占老挝运输总量的 80% 以上。

中国云南建投集团与老挝共同投资建设老挝的第一条高速公路。该项目于 2018 年 12 月开工，起于中老边境磨憨口岸，贯穿老挝北部，止于老挝首都万象，全线设计里程约为 440 千米。全线建成通车后，从磨憨口岸至万象仅需 5 小时，比现在的 20 小时节省 15 小时，昆明至万象实现当日到达。2020 年 12 月，高速公路万象至万荣段建成通车，结束了老挝不通高速公路的历史②。

老挝国内和国际交通运输均不发达，大部分的对外贸易在边境地区进行，难以满足运输和经济日益发展的需要。老挝公路的建设直接影响其经济和社会的发展。在国内方面，公路建设能够降低运输成本，有效地缩短两地之间的空间和时间距离，降低运输费用，改善运输市场服务，提高效率。在国际方面，老挝公路建设将加速其国际化市场一体化进程。边境地区进出境国际通道的建设将打破封闭的经济环境，进一步促进老挝与邻国的经贸联系，尤其是在资源、电力和旅游等领域的国际合作。

（二）铁路运输

老挝铁路建设起步晚，长度非常有限，但发展势头却非常迅猛。截至 2020 年，老挝共有铁路 3.5 千米，2009 年 3 月正式通车，起点为首都万象的塔那凉车站，终点为老挝和泰国边境的友谊大桥。

中老铁路于 2012 年 12 月开始修建，全长 418 千米，时速 160 千米，连接云南磨憨口岸和老挝首都万象，预计 2021 年底建成通车。中老铁路是一条全线采用中国技术标准和使用中国设备的铁路，是泛亚铁路中线的重要组成部分，也是老挝的第一条现代化铁路。老挝段北起中老边境磨憨口岸与昆磨铁路相连，往南经老挝的南塔省、琅勃拉邦省、万象省后到达老挝首都万象。中老铁路修通后，从中国的磨憨到老挝首都万象，只需要 3 个小时左右。

2012 年 6 月，老挝与泰国签署修建由老挝万象至泰国塔拉楞之间 7.75 千

---

① 老挝交通设施［EB/OL］.［2019－06－11］.http：//www.camining.org/ziliaoku/show..php?itemid=592.

② 中华人民共和国商务部网站。

米铁路的协议，该项目是廊开至塔拉楞铁路的延长线工程项目，预算投资 16.5 亿泰铢。这两条铁路建成后，老挝南、北方向通道将打通，中老铁路和曼谷至廊开铁路也将成为未来昆明至新加坡铁路的一部分，老挝将从一个内陆封闭国转变成为中国与东盟的陆路枢纽国。

（三）水路运输

湄公河在老挝境内主要支流有南塔河、南乌江、南俄河、南康河、宾非河、色贡河、宾汉河、色顿河、南卡定河、南坎河等 13 条，流经 13 个省（市），沿湄公河有 20 多个小型码头。

中国、老挝、缅甸和泰国四国于 2000 年 4 月签署了《澜沧江－湄公河商船通航协定》，四方通过了六项规则、办法和导则，包括湄公河船舶安全航行规则、水路运输管理规则、航道维护与改善导则、水上交通事故调查处理规则、水上搜救和沉船打捞办法及商船检验技术规则等。2001 年 6 月，这条全长 786 千米的航道已经正式通航。建设的 14 个港口和码头中，老挝就占 6 个。为维护湄公河国际流域航运安全、保障四国经贸和人员的正常往来，打击跨国犯罪，2011 年 10 月，中国、老挝、缅甸和泰国在中国北京举行了四国湄公河流域执法安全合作会议，并签署了《关于湄公河流域执法安全合作的联合声明》。同年 12 月，四国联合巡逻执法在中国云南西双版纳关累港正式启动。随着湄公河国际安全合作的执行，老挝的内河运力将得到有效提升。

（四）航空运输

相比于陆路运输和水上运输，航空运输业是老挝最快捷和最先进的运输方式。老挝航空公司成立于 1976 年，总部设在万象。截至 2019 年已开通的国际航班线路有：①万象往返昆明、南宁、广州、曼谷、清迈、金边、暹粒、河内、吉隆坡、新加坡、岘港、首尔；②琅勃拉邦往返曼谷、清迈、乌隆、暹粒、河内、景洪、胡志明市；③巴色往返曼谷、暹粒；④沙湾拿吉往返曼谷；⑤与中国台北开通不定期万象—台北旅游包机航线。

目前老挝民航设施状况明显改善，万象瓦岱机场、琅勃拉邦机场、沙湾那吉机场和巴色机场为国际机场。老挝没有开通洲际航线，通过洲际航空线路进出该国需经周边国家中转，老挝国内航班以万象为中心辐射各省会。

随着机场的不断建设，老挝的航空运力迅速增长。从表 6－4 可以看出，2010 年老挝的航空客运量仅为 44.38 万人次，货运量仅为 12.2 万吨，到 2018 年时，客运量增长了 1.3 倍，货运量增长了 6.5 倍，分别为 100.94 万人次和 91.14 万吨。

表 6－4　老挝 2010—2018 年航空客运量和货运量

年份	2010	2011	2012	2013	2014	2015	2016	2017	2018
客运量（万人次）	44.38	53.27	87.79	147.65	131.01	118.12	122.02	119.60	100.94
货运量（万吨）	12.20	38.90	96.65	140.98	137.20	135.65	149.60	147.33	91.14

资料来源：世界银行数据库。

第六节　外贸与外资

一、对外贸易概况

随着老挝国内经济的恢复，国际经济环境也进一步改善，老挝的对外贸易也在持续发展，进出口贸易已成为老挝经济发展的主要动力之一。老挝已同 50 多个国家和地区有贸易关系，与约 20 个国家签署了贸易协定，中国、日本、韩国、俄罗斯、欧盟等 30 多个国家和地区向老挝提供优惠关税待遇。

老挝进口的物资主要是一些日用工业品、生产设备、运输工具、武器和高科技产品等生产生活用品，出口的物资主要是农产品、林产品、矿产品和水电等初级产品。在老挝的进出口贸易中，进口一直大于出口，处于入超状态。

2012 年老挝加入了世界贸易组织，促使老挝进一步对外开放，紧密融入世界经济发展进程，推动了国内经济的发展。进入 21 世纪后，老挝的进出口贸易总量在持续增加，进口和出口都实现了翻番，但不同年份受到本国和国际经济的影响而波动较大。2018 年老挝出口额为 54 亿美元，主要出口产品有电力、铜矿产品、铜及铜制品、录像机零配件、饮料、服装、天然橡胶等。2018 年老挝主要进口产品有车辆、电器、燃料、机械设备、钢铁产品、汽车零配件、钢筋和改造钢以及电力，进口额为 58 亿美元（见表 6－5）。老挝既出口电力也进口电力，是因为老挝基本上靠水力发电，发电集中在雨季，旱季电力资源缺乏，仍需从邻国进口。

表 6－5　老挝 2010—2018 年进出口额　　单位：亿美元

年份	2010	2011	2012	2013	2014	2015	2016	2017	2018
出口额	25.22	35.30	38.60	45.59	54.08	48.86	52.49	57.87	54.00
进口额	35.17	44.93	61.46	71.66	77.36	74.61	66.20	69.92	58.00

资料来源：世界银行数据库。

从老挝主要产品的出口国（或地区）来看，亚洲和欧洲是老挝重要的出口目的地，尤其是东南亚。老挝的主要出口国家为泰国、越南、中国、印度、日本和德国，其中泰国占老挝出口总额的46.9%，中国占25.99%，越南占16.36%。截至2018年10月，老挝对泰国的出口额达16.5亿美元，从泰国进口额达27.5亿美元。对泰国出口产品种类达100多种，包括电力、农产品和铜制品，从泰国进口的产品多为机械设备、电子产品和燃油等。

从变化情况看，老挝对东南亚的出口金额较大，对美国和西欧的出口金额较小且不稳定，总体呈现先增加后减少的趋势。可以看出，老挝是一个产品出口主要依赖中国和东南亚区域的国家。

老挝主要进口国为泰国、中国、越南、印度尼西亚、日本和韩国，其中泰国占老挝进口总额的56.08%，中国占23.62%，越南占11.86%①。

二、贸易法规

（一）贸易法规体系

老挝贸易主管部门为老挝工业与贸易部。老挝与贸易相关的主要法律有《投资促进管理法》《关税法》《企业法》《进出口管理令》《进口关税统一与税率制度商品目录条例》等。

（二）贸易进出口管理

贸易管理规定老挝所有经济实体享有经营对外经济贸易的同等权利，除少数商品受禁止和许可证限制外，其余商品均可进出口。

1. 进出口商品管理

禁止进出口的商品有：枪支、弹药、战争用武器及车辆；鸦片、大麻类商品。

禁止进口的商品有：危险性杀虫剂、不良性游戏、淫秽刊物。

禁止出口的商品有：动物及其制品；原木、锯材、自然林出产的沉香木；自然采摘的石斛花和龙血树；藤条；硝石；古董、佛像、古代圣物等。

2. 进出口许可证管理

以下商品进口需许可证：活动物、鱼、水生物；食用肉及其制品；奶制品；稻谷、大米；食用粮食、蔬菜及其制品；饮料、酒、醋；养殖饲料；水泥及其制品；燃油；天然气；损害臭氧层化学物品及其制品；生物化学制品；药品及医疗器械；化肥；部分化妆品；杀虫剂、毒鼠药、细菌；锯材；原木

---

① 回看老挝2018年进口数据，寻我国2019年商机［EB/OL］.［2020－08－27］. http://www.wdgjwl.com/information/asean－news/2909.html.

及树苗；书籍、课本；未加工宝石；银块、金条；钢材；车辆及其配件（自行车及手扶犁田机除外）；游戏机；爆炸物。

以下商品出口需许可证：活动物（含鱼及水生物）；稻谷、大米；虫胶、树脂、林产品；矿产品；木材及其制品；未加工宝石；金条、银块。

3. 进出口商品检验检疫

老挝对各类动植物产品的进口有检疫要求，要求对进口产品的特征及进口商的相关信息进行检查。

活动物、鲜冻肉及肉罐头等的进口商须向农林部动物检疫司申请动物检疫许可证。商品入境时由驻口岸的动物检疫员查验产地国签发的动物检疫证和老挝农林部签发的检疫许可证。

进口植物及其产品须在老挝的边境口岸接受驻口岸检查员检查，并出示产品原产国有关机构签发的植物检疫证。

4. 关税

2005年5月颁布实施《关税法》，对进出口商品限制、禁止种类、报关、纳税、仓储、提货、出关、关税文件管理及报关复核等做了相关规定。老挝关税分自主关税、协定关税、优惠关税、减让关税和零关税等5种不同的税率。

三、与中国的贸易关系

得益于两国良好的政治关系和东盟合作框架下的双方合作等因素的推动，中老两国的贸易快速发展。截至2019年，中国是老挝的最大投资国，投资领域涉及水电、矿产开发、服务贸易、建材、种植养殖、药品生产等。2019年，中老贸易额为39.2亿美元，同比增长12.9%，其中，中国对老挝出口17.6亿美元，同比增长21.2%；自老挝进口21.6亿美元，同比增长7%（见表6－6）。

表6－6　2015—2019年中老贸易统计　　单位：亿美元

年份	贸易总额		老挝从中国进口		老挝出口到中国	
	金额	同比（%）	金额	同比（%）	金额	同比（%）
2015	27.81	－23.10	12.27	－33.39	15.54	－12.40
2016	23.38	－15.70	9.86	－19.60	13.53	－12.60
2017	30.17	28.60	14.27	44.50	15.91	17.00
2018	34.70	14.90	14.50	2.50	20.20	25.80
2019	39.20	12.90	17.60	21.20	21.60	7.00

注：增长率以2015年不变价格计算

资料来源：中国海关网站。

四、中国在老挝的直接投资

在2010年前，中国对老挝的投资总额少，投资增长缓慢。随着中国经济的发展，对作为邻国的老挝的投资也在不断增加。2010年后中国对老挝的投资额持续增长，由2009年的3.45亿美元上升至2010年的10.7亿美元。2016年，中国在“一带一路”倡议提出后加大了对沿线国家的投资，对老挝的投资额大幅上升，高达12.46亿美元①，随后的投资幅度趋缓，2019年，中国企业对老挝的直接投资额为11.8亿美元。

从投资结构来看，中国对老挝的投资主要集中在工业领域，约占90%，农业仅占2%，服务业的投资占8%左右。

2019年，中国企业在老挝新签工程承包合同额为21.6亿美元，同比下降10.9%；完成营业额52.1亿美元，同比下降1.1%。

五、老挝吸收外资

随着老挝经济的发展，老挝丰富的自然资源、矿产资源和劳动力资源吸引着大量外国企业进入。老挝获得的外国直接投资不断增加，从2010年的2.79亿美元增加到2017年的16.93亿美元，然后开始持续下降，到2019年降至5.57亿美元（见表6-7）。外国直接投资占GDP的比例在2010—2019年最高达到10.05%（2017年），最低则是2019年，占3.07%。在这些外国直接投资中，很大一部分是政府开发援助，这些投资有力地推动了老挝经济发展，使老挝摆脱了最不发达国家的称号，进入低收入国家行列。

表6-7　老挝2010—2019年外国直接投资净流入

年份	2010	2011	2012	2013	2014	2015	2016	2017	2018	2019
外国直接投资（亿美元）	2.79	3.01	6.18	6.81	8.68	10.78	9.35	16.93	13.2	5.57
外国直接投资占GDP的比例（%）	3.91	3.43	6.06	5.71	6.54	7.49	5.92	10.05	7.35	3.07

资料来源：世界银行数据库。

老挝最受欢迎的投资领域是电力，1989年至2019年，吸引了约140亿美元的投资。其次是采矿业，外国投资总额为75亿美元。其他吸引高水平投资的部门是服务业、农业、工业和手工业②。

① 中华人民共和国商务部网站。

② 1989年以来 老挝吸引超6 000个投资项目 中国为最大投资国［EB/OL］.［2020-08-07］. https://www.sohu.com/a/406573888_100245588.

小贴士

1. 汇率：1 元人民币 =1 294.33 老挝基普（2020 年）。

2. 换汇：老挝境内流通的是美元和老挝的货币基普，泰铢也是可以使用的，但是不支持人民币。去老挝的话，可先将人民币换成美元，到老挝后到酒店、银行和旅馆等地方将美元兑换为基普。

3. 银联：在老挝外贸银行的 ATM 机可使用银联卡提取老挝基普现金。境外使用银联卡或通过银联网络消费或取款，无需支付 1% ~2% 的货币转换费，所发生的当地货币金额将按市场汇率直接转换成人民币金额，并由发卡银行即时记入持卡人的人民币账户。

4. 刷卡：有银联标识的 ATM 机可以取现或刷卡消费。这些 ATM 机主要分布在老挝首都万象和著名的旅游城市琅勃拉邦，受理区域涵盖机场、百货店、租车公司、风景名胜区、宾馆等中国游客常去的场所。

5. 民俗：老挝 95% 的居民信奉小乘佛教。忌讳用手摸小孩的头。进入寺庙要脱鞋，服装要整洁端庄。见面要施合十礼（双手十指并拢合掌举起）。对长辈、僧侣、王族、上司等人，合掌要放在额头前；对晚辈和身份比自己低的人，手掌要放在领下；对待平辈放于脸前即可。

6. 小费：老挝不流行付小费，但是可以适当地给服务周到的餐馆和酒店服务人员一些。

7. 电压：老挝的电压是 220V，同中国一样，但是老挝的插座为美式两孔或三孔插座，国内的两孔扁插可以正常使用，三孔则需插头转换器。

8. 老挝投资环境无论是硬件还是软件都还很落后，企业投资老挝时要充分了解老挝的政策法规、自然条件和社会环境，考虑老挝市场、效益及投入资金的回收问题。老挝的基础条件差，电力不足且成本高，员工普遍不愿意加班，这些问题需要投资者全面考虑。

课后练习

一、填空题

1. 老挝是东盟唯一的（　　）国家，被称为（　　）。

2. 老挝水资源丰富，是（　　）地区水资源最为充裕的国家，（　　）从北向南纵贯全国。

3. 老挝拥有全世界品位排名第四的大型铜矿——（　　）铜矿。

4. 老挝历史上被称为（　　），自北向南划分为（　　）、（　　）、

(　　)3 个地区。

5. (　　) 是老挝历史悠久的林产品，气味浓郁，闻名世界，其(　　) 和 (　　) 均居世界第一。

6. 老挝水能资源丰富，助推 (　　) 工业得以较快发展，且 90% 都以 (　　) 为主。

7. 中老铁路于 2012 年修建，预计 2020 年通车。中老铁路连接着中国云南的 (　　) 和老挝的 (　　)，是老挝的第一条 (　　) 铁路。

8. 老挝政府充分利用老挝的资源和地缘优势，把老挝建成中南半岛的 (　　)。

二、判断题

1. 老挝的水稻种植中 90% 是糯稻。(　　)

2. 老挝啤酒享誉世界，被美国《时代》杂志评价为“亚洲最好喝的啤酒”。(　　)

3. 老挝当前的进出口贸易扭转了进口大于出口的局面。(　　)

4. 中国是老挝第一大出口目的国和第一大进口来源国。(　　)

三、思考题

1. 分析湄公河对老挝国家社会经济发展的重要性。

2. 分析中老铁路修建对老挝经济发展的影响。

第七章　马来西亚

翁玮

马来西亚的全称是“马来西亚联邦”，它是由前马来亚联合邦、沙巴及沙捞越所组成的联邦制国家。目前全国共13个州，首都为吉隆坡，主要居民由马来族、华族、印度族组成，是东南亚一个具有悠久历史的文明古国。

首都： 吉隆坡

国旗： 国旗由蓝底黄色星月和14条等宽的红白条纹组成。14条红白条纹代表联邦政府和13个联邦州的平等地位。左上角的深蓝色块代表马来西亚民族团结。新月象征伊斯兰教。星星的14个尖角象征联邦政府和13个联邦州。星月的黄色代表皇室。1997年8月30日，时任总理马哈蒂尔将马国旗正式命名为“光辉条纹”旗（见图7－1）①。

图7－1 马来西亚国旗

国徽： 国徽上方的星月图案象征伊斯兰教和君主至高无上。盾牌上端分列5支入鞘的马来短剑，分别代表柔佛州、吉打州、玻璃市州、吉兰丹州和登嘉楼州。中间红、黑、白、黄4条色带分别代表雪兰莪州、彭亨州、霹雳州和森美兰州。红色条纹左侧的蓝、白波纹海水、槟榔树及槟城大桥象征槟榔屿州。黄色条纹右侧的马六甲树代表马六甲州。红色条纹下方是沙巴州州徽。黄色条纹下方的犀鸟代表沙捞越州。下方中间的大红色木槿花是马来西亚国花。盾徽两侧相向站立着的是马来亚虎。下方卷带的黄色代表皇室，卷带上书写着曾经的国家格言“团结就是力量”（见图7－2）②。

国歌：《我的祖国》

国花： 木槿花

国语： 马来语为国语，英语是官方语言，华语使用广泛

货币： 马来西亚林吉特

国际电话区号： 0060

---

① 中华人民共和国驻马来西亚大使馆网站。

② 同上。

图7－2　马来西亚国徽

历史的脚步

公元初，马来半岛有羯荼、狼牙修等古国。1403 年建立的马六甲王朝是马来西亚历史上第一个有史可载的王国。马六甲苏丹王朝只维持了一个多世纪，但它被看作是马来人自主统治的一个黄金时代。中国明朝郑和船队七下西洋时五次驻扎在马六甲。

16 世纪后，马来半岛先后沦为葡萄牙、荷兰和英国的殖民地。第二次世界大战期间，马来半岛被日本占领。

1957 年 8 月 31 日，马来亚联合邦宣布独立，以君主立宪制成立一个新的国家。1963 年，马来亚联同新加坡、沙巴及沙捞越组成了马来西亚联邦。1965 年 8 月，新加坡退出马来西亚联邦独立。

马来西亚是东盟的创始国之一，还是环印度洋区域合作联盟、亚洲太平洋经济合作组织、英联邦、不结盟运动和伊斯兰会议组织的成员国①。

第一节　自然环境

一、区位、地形与气候

马来西亚是一个岛群国家，国土面积约为 33 万平方千米，位于赤道北部，在亚洲、大洋洲与太平洋、印度洋的交汇处，地处东南亚地区的中心位置。马来西亚海岸线总长约 4 192 千米。

马来西亚被南海分成西马来西亚（以下简称“西马”）和东马来西亚

① 中华人民共和国驻马来西亚大使馆网站。

（以下简称“东马”）两部分，看上去就像两片树叶漂浮在印度洋和太平洋之间。西马位于马来半岛南部，北与泰国接壤，南与新加坡隔柔佛海峡相望，东临南中国海，西濒马六甲海峡。东马位于加里曼丹岛北部，与印度尼西亚、菲律宾、文莱相邻。马来西亚的地形特点非常鲜明，北高南低，三面环水，岛屿众多，风光旖旎，大部分沿海地区都是平原，中部则是布满热带雨林的高原。

马来西亚靠近赤道，深受海洋影响，形成了热带雨林气候。马来西亚全年无四季之分，高温多雨，温差极小，月平均气温在 26 ~ 27℃，山地平均气温不低于 18℃，沿海白天最高气温也很少超过 36℃。马来西亚雨量充沛，平均年降雨量达 2 000 ~ 2 500 毫米，有“四季皆夏，一雨成秋”的说法。马来西亚一年有两次季风期，即 4 月、5 月的东北季风和 10 月的西南季风。这对古时候的商船行驶来说非常有利，曾被商人称颂不已。除了这两个季风外还有海陆风，白天从海上吹向陆地，夜晚从陆地吹向海洋，有利于出海航行。但在刮西南季风时，马六甲海峡南端东岸一带常在夜间和黎明发生风暴①。

马来西亚属东八区，与北京无时差，无夏令时。

二、自然资源

马来西亚自然资源丰富，盛产热带硬木，石油储量丰富，橡胶、胡椒和棕油的产量和出口量都居世界前列，曾经是世界产锡大国。

（一）水资源

马来西亚的水资源主要来自降雨以及南海水系。由于地处热带雨林气候区，马来西亚全年高温多雨，境内水系发达，大小河流犹如蛛网，纵横交错，构成了丰富的水资源供应网络。西马的河流顺地势高低呈南向走势，全境河流以吉保山脉为分水岭，形成两大水系，分别向东西两侧流入太平洋和印度洋。其中，“南海水系”即山脉以东较长的河流，水量大，注入南海；“马六甲海峡水系”即山脉以西的河流，流程较短，多注入马六甲海峡。

马来西亚河流水系的特点是河流众多，水资源丰富，河流水深量大，极具通航价值。境内有彭亨河、霹雳河、古兰丹河、基纳巴坦甘河、拉让河、巴兰河、卢帕河等，以及美拉提湖、肯逸湖和百乐湖三大湖泊。

马来西亚虽然河流众多，蕴藏着丰富的水力资源，但在水资源开发上还存在着一些问题和不足，较突出的一个问题是许多城市河流水质污染程度高。

---

① 马燕兵，张学刚，骆永昆. 列国志：马来西亚［M］. 北京：社会科学文献出版社，2011：8.

在雪兰莪州、霹雳州和柔佛州等经济较发达的州，污染源分布比较密集。水资源污染与污染物排放、森林砍伐、集水区恶化、管理制度不合理和法律不健全都有关系。为有效管理河流，马来西亚政府积极采取措施对公共排水系统进行升级，新建集中式污水处理厂，并成立环境事务部负责河流的水质监测工作。

（二）生物资源

马来西亚的动物种类繁多，代表动物有马来虎、巨猿、长鼻猴、犀牛、杨桃龟等。

马来西亚植物资源丰富，有大片珍贵的热带雨林，其植物种类繁多，仅花草树木就多达 1.5 万余种，代表植物有崖柏、黄杉、短叶穗花杉以及国花木槿花等。

兰花、蝴蝶、巨猿被誉为“马来西亚三宝”。

（三）矿产资源

马来西亚的矿产资源十分丰富，目前探明有矿产 30 多种。马来西亚曾是世界产锡大国，因过度开采，产量逐年减少。除锡外，石油、天然气资源也比较丰富。

马来西亚的石油和天然气主要分布在近海的三个储油盆地——马来盆地、沙捞越盆地和沙巴盆地，主要油田包括杜兰油田和塞利基油田。据《BP 世界能源统计年鉴》，截至 2019 年底，马来西亚已探明石油储量为 4 亿吨（约 28 亿桶），在亚洲位列中国、印度、越南之后，排名第 4 位，世界排名第 27 位。2019 年，马来西亚石油产量为 3 220 万吨，是东南亚仅次于印度尼西亚的第二大石油生产国。截至 2019 年，马来西亚已探明天然气储量为 9 万亿立方米，在亚太地区排名第 6 位。马来西亚还是东南亚第一大天然气生产国，可满足国内消费及出口需求①。

马来西亚探明的矿产还有煤、铝、铁矿石、钛、金、钨、锑、锰、汞，以及高岭土等。

第二节　人文环境

一、行政区划

自独立以来，马来西亚的行政区划处于不断调整中。目前马来西亚由 13

① 商务部《对外投资合作国别（地区）指南——马来西亚（2020 年版）》。

个州和3个联邦直辖区组成，包括西马的柔佛州、吉打州、吉兰丹州、马六甲州、森美兰州、彭亨州、槟榔屿州、霹雳州、玻璃市州、雪兰莪州、登嘉楼州11个州，东马的沙巴州、沙捞越州2个州，首都吉隆坡、布特拉再也（布城）、纳闽3个联邦直辖区（见表7-1）。各州拥有独立的立法权和行政权。

表7-1 马来西亚行政区划表

州名	马来文名称	首府	面积（平方千米）
吉打州	Kedah	亚罗士打 Alor Star	9 500
吉兰丹州	Kelantan	哥大巴鲁 Kota Bahru	15 099
马六甲州	Melaka	马六甲市 Kota Melaka	1 664
森美兰州	Negeri Sembilan	芙蓉 Seremban	6 686
彭亨州	Pahang	关丹 Kuantan	36 137
槟榔屿州	Pulau Pinang	乔治市 George Town	1 084
霹雳州	Perak	怡宝 Ipoh	21 035
玻璃市州	Perlis	加央 Kangar	821
雪兰莪州	Selangor	莎阿南 Shah Alam	8 104
登嘉楼州	Trengganu	瓜拉登嘉楼 Kuala Terengganu	13 035
沙巴州	Sabah	亚庇 Kota Kinabalu	73 631
沙捞越州	Sarawak	古晋 Kuching	124 450
柔佛州	Johore	新山 Johor Bahru	19 210
吉隆坡	Kuala Lumpur	—	243
纳闽	Labuan	—	91
布特拉再也（布城）	Putrajaya	—	49

资料来源：钟继军，唐元平．马来西亚经济社会地理［M］．广州：世界图书出版广东有限公司，2014：39.

二、人口分布

第二次世界大战结束时，马来西亚只有491万人，是一个资源丰富但人口稀少的国家。截至2021年第二季度，马来西亚全国总人口为3 270万人①，其中，人口总数最多的马来人约占69.3%，排在第二的华人约占22.8%，印度族裔约占6.8%，其他族裔只占1.1%。

---

① 中华人民共和国外交部网站。

截至2018年，马来西亚的人口密度为96人/平方千米，但人口分布极为不均匀：吉隆坡的城市化率达到100%，人口密度达到6 891人/平方千米，而人口密度最低的沙捞越州，人口密度仅为20人/平方千米。马来西亚农村人口占总人口的一半①。

三、民族与宗教信仰

马来西亚是以马来人、华人、印度人为主体的多民族国家，此外还有塞芒人、塞诺伊人、贾昆人和少量的欧亚混血人，共32个民族和部落②。

华人移民马来西亚最早的落脚点是槟榔屿和马六甲。明朝永乐年间，郑和七下西洋，曾经五次到达马来西亚。18世纪中叶，英国殖民者在马来西亚发现锡矿，陆续从中国招来大量劳工，后来马来西亚的两大支柱产业——锡矿业和橡胶种植业大都由华人劳工来承担，直至第二次世界大战结束，中国移民的迁入才停止。

马来西亚的印度人数量仅次于华人，居第三位。大约在公元初年就有印度僧人到马来半岛传播印度教，19世纪英国殖民者进入马来半岛之后从印度招来大量印度劳工从事种植园工作，这是印度人移居马来西亚的主要时期。

与其他东南亚国家一样，马来西亚是一个多宗教并存的国家，宗教在马来西亚社会中占有十分重要的地位。在马来西亚，宗教和民族通常是一体的，马来人通常都是穆斯林，马来西亚50%以上的人口信仰伊斯兰教，很多马来人取阿拉伯名字，按伊斯兰教的训言生活。

华人大都信仰佛教或者道教。马来西亚的佛教属于大乘佛教，吉隆坡和槟城是全国的两大佛教中心。槟城的佛教名寺极乐寺是马来西亚最大的佛教庙宇，寺内有一尊13层楼高的观音塑像，在东南亚是独一无二的。

印度人信仰印度教，印度教徒现在仍实行严格的种姓制度，只在同一种姓内部通婚。其他在马来西亚存在的还有基督教、天主教和古老的原始宗教。

四、生活习俗

马来西亚人的习俗与中国相异处甚多，所以必须加以留意，以免无意中犯了禁忌，造成失礼或引起误会。主要有：马来西亚人普遍喜好辣食，忌食猪肉；男士一般不主动与女士握手，除非女士主动握手；左手被马来西亚人认为是肮脏的，因此在接、递物品时应用右手；忌用食指指人或指路，不跷

① 马来西亚统计局网站。

② 商务部《对外投资合作国别（地区）指南——马来西亚（2020年版）》。

二郎腿，不得用手抚摸小孩的头；马来西亚人禁酒，也忌讳在物品上印有动物图案或人像。清真寺是穆斯林举行宗教仪式的地方，对外开放时，女士需穿长袍及戴头巾，否则将被拒之门外。马来西亚穆斯林每天祈祷五次，到麦加朝圣过的人倍受尊敬。回历九月是斋月，马来西亚人一般情况下均昼禁夜食，只有年老者、体弱多病者、孕妇或外出旅行者可例外。斋戒 1 个月后迎来开斋节。节日期间，最高元首、总理和马来政府部长等都举行开门迎宾活动。

马来西亚的全国性节日主要有元旦、穆罕默德诞辰、春节（华人）、劳动节、卫塞节、最高元首诞辰、开斋节（穆斯林）、国庆日（又称独立日）、马来西亚日、哈芝节（穆斯林）、回历新年、圣诞节。除少数日期固定外，其余的具体日期由政府在前一年统一公布。除全国性节日外，各州还有自己规定的节假日。

五、教育和医疗

马来西亚独立后，政府大力推行马来文化，所有国民学校的教育语言都要求使用马来语，很多华文中学和泰米尔中学也要求将教学语言改为马来语，母语只能作为其中的一门语言课。

马来西亚实行 11 年义务教育制，7 岁上学，小学 6 年、初中 3 年、高中 2 年、大学预科 2 年、大学 3～6 年。马来西亚以公立教育为主，截至 2017 年底，马来西亚共有公立小学 7 901 所，公立中学 2 586 所。在高等教育领域，公立教育与私立教育并存。截至 2018 年，马来西亚有 20 所公立大学，8 所外国大学分校，600 多所私立学院。马来西亚著名的公立大学有马来亚大学、马来西亚博特拉大学、马来西亚理工大学、马来西亚国民大学等①。

马来西亚人的人均寿命为 75 岁，全国经常性医疗卫生支出占 GDP 的 4%。2018 年，马来西亚有 33 所医科大学，每 400 个马来西亚人中就有 1 个是医生，职业医生普遍毕业或进修于英、美、澳等医疗发达国家。马来西亚还是亚洲唯一由卫生局而非旅游局推广医疗旅游的国家。

第三节　农业

马来西亚长期以来的农业结构是以出口经济作物为主，粮食作物主要通

① 商务部《对外投资合作国别（地区）指南——马来西亚（2020 年版）》。

过进口来满足国内需要。马来西亚独立以前受殖民地经济的影响，农业发展不平衡，农作物生产单一化。独立后政府实行农业多元化政策，旨在扭转完全依赖橡胶种植业的格局，逐步提高粮食自给率。21 世纪以后，在马来西亚政府的积极支持下，以水稻为主的粮食作物生产与供应保持稳定，以油棕为主的经济作物产量和出口量居世界前列，以渔业为首的副业发展取得一定的成效。但总体而言，农业增加值占 GDP 的比重呈下降趋势且产值增长不稳定（见表 7－2）。

表 7－2　马来西亚 2010—2018 年农业增加值在 GDP 中所占比重

年份	2010	2011	2012	2013	2014	2015	2016	2017	2018
GDP（亿美元）	2 550	2 979	3 144	3 232	3 380	3 013	3 012	3 189	3 586
占 GDP 比例（%）	10	11	9.79	9.11	8.87	8.29	8.46	8.61	7.54

资料来源：世界银行数据库。

一、种植业

种植业是马来西亚农业的基础，产值占国民生产总值的 5% 左右。马来西亚种植经济作物、粮食作物、水果花卉和蔬菜。

（一）经济作物

马来西亚的经济作物是国家重要的出口商品和工业原料，主要有橡胶、油棕、可可、椰子和胡椒。

1. 橡胶

橡胶树原产于南美洲，1879 年由英国殖民者引进到马来半岛，后来轮胎制造对橡胶的需求大增，马来西亚的橡胶种植园迅速发展。到 20 世纪 20 年代，橡胶已经成为马来半岛最主要的农作物。然而，1970 年以后合成橡胶的大量生产冲击了天然橡胶市场，国际市场上天然橡胶价格的下跌使得马来西亚的橡胶种植面积、产量和产值均退居油棕之后。

马来西亚的橡胶种植园大部分在马来半岛，尤其以柔佛州最多。全国有 12 个州生产天然橡胶，马来半岛 10 个州的产胶量占全国的 98% 以上。经过马来西亚政府几十年的努力，橡胶现代化种植得以实现，橡胶种植业走向高品质和技术密集型道路，政府大力发展橡胶配套产业，逐渐淘汰了烟胶片生产，取而代之的是世界最高质量的液态浓缩乳胶和固态马来西亚标准胶。马来西亚已经从天然橡胶生产国转化为天然橡胶消费国，橡胶制造业逐步取代了橡胶种植业成为橡胶产业链中的主导部门。

2. 油棕

油棕是乔木科植物，其果实可提炼出棕油，有“世界油王”之称。马来西亚是世界上最主要的棕油及相关制品的生产国和出口国，产量占全球总量的45%左右。马来西亚棕油及制品出口到中国、荷兰、美国、巴基斯坦、日本等140多个国家和地区，中国是马来西亚棕油的第一大进口国①。马来西亚棕油委员会数据显示，2019年，马来西亚棕油产量为1 985.5万吨。马来西亚棕油产量和出口量都仅次于印度尼西亚，为世界第二大生产国和出口国②。

油棕原产于非洲西部，1875年引进到马来半岛，1917年马来半岛有了第一个油棕种植园。到20世纪60年代，世界油脂消费量增大，棕油价格不断上涨，马来西亚农民纷纷改种油棕树，油棕代替橡胶成为马来半岛种植面积最大的经济作物。

油棕种植园主要分布在马来半岛南部的柔佛州，集中于铁路干线沿线的居銮、拉美士及拉央三个地区；其次位于半岛中部的毗咔、雪兰莪及彭亨三地；沙巴和沙捞越也有种植。由于马来西亚的棕油产业不断发展，本土的种植面积已经满足不了马来西亚油棕种植公司的需求，于是这些公司到印度尼西亚、越南、缅甸甚至非洲投资。马来西亚凭借其工业化优势，掌握较先进的油棕种植技术，棕油生产、提炼水平不断提高，使棕油产品拥有供应稳定、成本较低、质量较高、使用面广的优势，在国际市场上颇具竞争力。

3. 可可

可可原产于拉丁美洲，1778年被引进到马六甲。20世纪30年代马来半岛雪兰莪州开始试种可可树，50年代登嘉楼州出现第一个可可种植园。到了20世纪90年代，马来西亚可可的种植增长速度甚至超过油棕，产量也随之增加，面积和产量均达到历史最高水平。目前，可可产业成为马来西亚第三大农业出口产业，其中可可脂出口额最大，已经出口到50多个国家。

4. 椰子

椰子曾是马来西亚重要的农作物，仅次于橡胶、稻米，居第三位。由于种植椰子的收益比种植油棕、橡胶树差，椰子种植业逐渐衰落。在国际市场上，由于椰油始终竞争不过棕油，马来西亚政府将椰子种植产业调整为发展椰子加工产业，从国外进口椰子进行加工。

5. 胡椒

胡椒是马来西亚重要的热带香辛作物。马来西亚胡椒品种主要是大叶种，该品种适应性强，成熟期早，但容易受到病害感染。马来西亚胡椒主要分布在沙捞越州，每年的产量占全国产量的98%。21世纪以来，马来西亚政府重

---

① 黄慧德. 马来西亚农业概况［J］. 世界热带农业信息，2017（7）：46.

② 商务部《对外投资合作国别（地区）指南——马来西亚（2020年版）》。

视胡椒的开发和研究，努力提高胡椒出口价值以确保其胡椒产品在国际市场上的竞争力。

（二）粮食、水果和蔬菜

长期以来，马来西亚以水稻作为单一的粮食作物。虽然马来西亚的气候适合水稻种植，但是长期以来，水稻产量只能满足国内约60%的需要，差额部分需要从邻国特别是泰国进口。政府为了增加水稻产量，采取了多种措施鼓励农民种植水稻。马来西亚共有8个水稻主产区，西马来西亚约占总产量的87%，沙巴和沙捞越分别占5%和8%[①]。

虽然马来西亚的水稻产量较以前已经有所提高，但马来西亚还需从国外进口水稻才能满足国内需求。马来西亚大米主要进口国家为泰国（占60%）和越南（占33%）。进口大米中75%是白米，13%是香米。

马来西亚基本不种植小麦、玉米和大豆，因此每年都要从澳大利亚、阿根廷、加拿大、美国和中国进口大量小麦、玉米和大豆。

马来西亚的水果产业较为发达，21世纪以来水果自给水平一直保持100%以上。榴莲是马来西亚最重要的水果，种植面积和产量均占其国内水果种植面积和产量的首位，自给之外还可出口，主要出口到新加坡、文莱、泰国以及中国香港。其他出口水果还有番木瓜、西瓜、杨桃和菠萝等。

马来西亚蔬菜种植集中在一些气候凉爽的山地高原上，建有蔬菜生产基地，产品主要供应国内市场，种植的品种较少，主要是一些绿叶蔬菜，如空心菜、苋菜、菜心，产量尚不能满足国内需要，需大量进口。主要进口国家为澳大利亚、中国、泰国、新西兰、美国和印度等。其中，中国大蒜在马来西亚市场的占有率为96.16%。

二、林业

据世界银行统计，截至2016年，马来西亚拥有22.21万平方千米的森林，占国土面积的67.3%。

林业是马来西亚国民经济的重要组成部分，也是国家重要的出口来源。

马来西亚森林种类繁多，大约有8 000种植物。龙脑香林分布广，经济价值大，其树脂可用于医药和喷漆工业，木材文理细致，坚硬耐用，可用于木材加工。红树林主要分布在沿岸一带，泥炭沼泽林主要分布在沙捞越州，林内以棱柱木为主，生产的木材非常优良。

---

① 黄慧德．马来西亚农业概况［J］．世界热带农业信息，2017（7）．

马来西亚政府把森林划分为五类：永久保存林、保护区、转化林、人工林和经济林。其中，经济林主要种植橡胶、油棕、椰子、可可。

马来西亚重要的藤本植物有马南省藤、蓝灰省藤、杖省藤和装饰藤等。藤本植物在家具行业需求量很大，被用于编制篮子、手杖、藤球、画架、席子、帽子和其他手工艺品。

竹类植物分布广泛，用途多。竹笋是非常受欢迎的食品，竹子可以用来生产手杖、牙签、竹篮、工艺品和家具等，主要用来供应国内市场①。

三、畜牧业

马来西亚的养鸡业较为发达，占全国禽畜生产总量的一半以上，全国共有 3 000 多家养鸡场和屠宰场，主要分布在马来半岛。马来西亚的养鸡业虽然发达，但是饲料供应一直是养鸡产业发展的瓶颈，马来西亚需要从国外进口大量饲料原料，如每年从中国需要进口约 250 吨玉米，这种情况造成马来西亚养鸡业成本不稳定，利润空间波动大。

马来西亚的养猪业主要分布在森美兰州，目前还处在发展阶段，养猪场主要为华人经营的小规模农场。外来品种及杂种猪占总数的 85%，肉质不佳，从澳大利亚、比利时、加拿大等国家进口的良种猪比例较小。

马来西亚养牛业主要分布在吉打州和吉兰丹州，目前主要发展肉牛，黄牛存栏量近年来一直呈上升趋势，但牛肉自给率较低，需要从澳大利亚和泰国进口大量牛肉。在居民饮食消费结构中牛奶和奶制品占较大比重，但自给率不足，绝大多数奶制品需要从澳大利亚和新西兰进口。

养羊业在马来西亚畜牧业中占的比例很小，主要分布在吉打州、吉兰丹州、霹雳州和森美兰州。羊肉生产不足，严重依赖从澳大利亚和新西兰进口。

四、渔业

马来西亚的渔业分为四个区域：马来半岛西海区、马来半岛东海区、沙捞越州和沙巴州。

马来半岛西海区毗连的马六甲海峡是繁忙的国际通航水道，有定期货轮、大型运输船、游船、渔船、渡船、游艇穿梭往来，也有岛屿、暗礁、浅滩等。这里鱼类资源丰富，产量高，品质优，可长年作业，而且海岸线长，良好的产业基础和广阔的市场促使西海区的渔业自 20 世纪 60 年代以来便蓬勃发展

① 钟继军，唐元平．马来西亚经济社会地理［M］．广州：世界图书出版广东有限公司，2014.

起来。渔业的机械化和拖网渔船的出现加速了西海区渔业的发展，其产量居全国第一。主要捕捞虾、龙虾、沙丁鱼、枪乌贼。

东海区毗连越南和印度尼西亚，面积比西海区大80%左右。该海区的渔业发展南部和北部差别很大。北纬4°以南，渔船相对集中，主要是单船底拖网作业，拖捕底层鱼和虾类，生产水平近似于西海区。北纬4°以北，渔船相对分散，主要是围网和流刺网作业，捕捞小型中上层鱼类。

沙巴州渔业以海洋捕捞为主，虾类是主要捕捞对象。

沙捞越州在沙巴州西南，海岸线曲折，海域辽阔，近海资源虽不如沙巴州，但外海资源却很丰富。该州外海的捕鱼量比沙巴州高10倍，极具发展潜力。该州盛产金枪鱼、鲭鱼、金线鱼等。

第四节　工业

马来西亚独立前受英国殖民统治，经济畸形发展，以农业种植业为主，工业落后。独立后，马来西亚大力改造旧的经济结构，经过近30年的高速发展，形成了较为齐备的工业体系，马来西亚已成为一个新兴工业化国家。在20世纪90年代，马来西亚经济突飞猛进，成为“亚洲四小虎”之一。2020年工业产值占国内生产总值近40%（见表7－3）。

表7－3　马来西亚2020年三大产业产值（现价美元）

项目	GDP	工业	农业	服务业
产值（亿美元）	3 366.64	1 208.87	276.27	1 881.50
占GDP的比例（%）	100	35.90	8.21	55.89

资料来源：世界银行数据库。

一、工业发展布局

马来西亚的工业主要由两个面向出口的工业部门组成，一是以资源为基础的初级产品加工业，二是面向出口的制成品工业。

以资源为基础的出口导向工业包括传统的橡胶、锡矿、棕油和木材等初级产品加工业与出口部门。

以非资源为基础的出口工业包括某些为获得优惠待遇而搬迁到自由贸易区内经营的劳动密集型制造业。其中，经营电器与电子元件组装的企业增长最快。

从行业种类来看，钢铁在登嘉楼，水泥在吉打，摩托车发动机制造在槟槟榔屿、吉打和雪兰莪，造船在沙巴，石油化工在沙巴和沙捞越，汽车制造在雪兰莪。

马来西亚政府一直欢迎外商在制造业领域投资，从 20 世纪 70 年代开始，欧美和日本的部分制造加工业就开始转移到马来西亚。1998 年亚洲金融危机爆发之后，马来西亚经济受到严重创伤，马来西亚政府近年来致力于恢复并发展马来西亚工业，主要发展方向为高新技术产品、塑料、铸造、木材加工以及计算机技术。2006 年以来，马来西亚政府陆续启动了五大经济发展区的建设，根据各自的产业和自然条件，制定不同的发展策略及产业群聚政策，具体如下：

伊斯干达发展区（Iskandar Development Region，IDR），于 2006 年 11 月正式启动，涵盖马来半岛南部柔佛州的新山、哥打丁宜和笨珍等数个地区，与新加坡隔柔佛海峡相望，占地面积为 2 217 平方千米，人口约 135 万人。政府旨在将此区域建设国际产业与服务中心，重点产业包括电子、石化、食品加工、金融、旅游、物流、教育。

北部走廊经济特区（Northern Corridor Economic Region，NCER），于 2007 年 7 月正式启动。该特区涵盖马来西亚半岛北部的玻璃市、吉打、槟榔屿和霹雳四州，人口 429 万人。重点发展农业、制造业、旅游业和物流业。

东海岸走廊经济特区（East Coast Economic Region，ECER），于 2007 年 10 月正式启动。该特区涵盖了马来西亚半岛东海岸的吉兰丹、登嘉楼和彭亨三个州以及柔佛州的丰盛港地区，占地面积为 66 736 平方千米，人口约 390 万人。重点发展旅游、石化、制造业、农业和教育。

沙捞越再生能源走廊（The Sarawak Corridor of Renewable Energy，SCORE），于 2008 年 2 月正式启动，覆盖沙捞越州中部地区，包括民都鲁、加帛、诗巫、沐胶及泗里街，占地面积为 70 709 平方千米，占沙捞越州土地总面积的 57%，人口超过 60 万人。该走廊的发展核心是能源资源，尤其是水力发电、煤炭及天然气。

沙巴发展走廊（Sabah Development Corridor，SDC），于 2008 年 1 月正式启动。该区计划重点发展旅游业、农业、制造业①。

二、能源工业

马来西亚的主要能源是煤炭、石油和天然气。

① 商务部《对外投资合作国别（地区）指南——马来西亚（2020 年版）》。

马来西亚的煤炭储量约为 17 亿吨，其中约 14 亿吨位于沙捞越州。马来西亚的煤炭年需求量为 900 万吨。多年来马来西亚大力发展油气工业，对煤炭资源开发重视不够，在马来西亚的能源结构中，石油和天然气占 81.8%，煤炭仅占 18.2%。煤炭产量远远不能满足国内的需求，长期依赖进口。每年马来西亚要从印度尼西亚、澳大利亚、中国和南非等国进口大量煤炭，其中 70% 的煤炭是从印度尼西亚进口的。马来西亚国内煤炭消费的 70% 用于电力生产，其余部分用于水泥和钢铁生产。

石油和天然气在马来西亚矿业资源中占有重要地位。石油主要分布在马来西亚近海地区，原油为轻质油，含硫低。天然气主要分布在东马近海地区。根据马来西亚官方资料，2015 年，马来西亚日产原油 69.3 万桶，出口额达 261 亿林吉特；全年天然气开采量为 682 亿立方米，液化天然气出口 2 510 万吨，占天然气出口的 95%，主要出口到日本、韩国以及中国台湾[①]。截至 2014 年，马来西亚有油田 48 个，气田 15 个，以及 40 个勘探井和 73 个发展井[②]。生产的油气主要出口到日本、印度、泰国和中国。

马来西亚的石油和天然气行业管理及开采都掌握在马来西亚国家石油公司（PETRONAS）手中，2019 年该公司在《财富》杂志“世界 500 强”排名第 158 位，全年营业收入为 622.3 亿美元，实现利润 118.7 亿美元[③]。马来西亚国家石油公司成立于 1974 年，总部设在吉隆坡，是马来西亚政府全资拥有的国有企业。通过多年的发展建设，该公司已经成长为一家综合性的跨国石油天然气公司，拥有三家子公司（马来西亚石油贸易公司、马来西亚石油天然气有限公司和马来西亚国际船务有限公司），并在海外 30 多个国家设有 100 多家子公司。公司整体收入的 77.8% 来自它的国际业务和出口。

在马来西亚进行油气作业的美国埃克森美孚（ExxonMobil）公司是马来西亚最大的原油生产企业，产量约占马来西亚全国产量的一半。该公司在马来半岛近海经营着 7 个作业油田，拥有塞利基油田 78% 的股份，其 1/3 的原油产量都来自该油田。在马来西亚经营的国外油气生产商还有英国皇家壳牌集团（Shell）、墨菲（Murphy）公司、康菲（Conoco）公司、加拿大 Talisman 公司、挪威 Statoil 公司、瑞典 Lundin 公司。

马来西亚的电力工业是随着矿业的开采而发展起来的。马来西亚的发电主要依靠天然气（59%）和进口煤炭（36%）作为燃料。在东南亚国家中，

---

① 商务部《对外投资合作国别（地区）指南——马来西亚（2020 年版）》。

② 钟继军，唐元平. 马来西亚经济社会地理［M］. 广州：世界图书出版广东有限公司，2014.

③ 商务部《对外投资合作国别（地区）指南——马来西亚（2020 年版）》。

马来西亚的电力消费量排在第二位。马来西亚的电力工业主要由国家电力公司、沙捞越电力公司、沙巴电力公司以及独立发电公司经营。

三、原材料工业

马来西亚原材料工业包括采矿业、冶金业和石化工业。

（一）采矿业

马来西亚矿产资源丰富，投入开采的主要有锡、铁、煤、铜、金、铝土等，其中锡矿蕴藏量最大。矿产的开采和加工由马来西亚的私人公司运营。经过100多年的开采活动，马来西亚的优质锡矿资源已大幅减少，品位降低，锡矿年产量连年下降。目前马来西亚自身的锡产量已经不能满足本国加工业的需求，每年都从其他国家进口大量锡矿进行加工再出口。马来西亚冶炼公司（MSC）是马来西亚唯一的精炼锡生产商。国内对精炼锡的消费仅占一小部分，大部分出口到新加坡、韩国、日本以及中国台湾。

铁是马来西亚仅次于锡的另一重要金属矿产。铁矿总储量超过1亿吨，但由于缺少优质的铁矿资源，马来西亚只能生产少量的低品位铁矿石，每年要从巴林、巴西、加拿大和智利等国进口大量高品位铁矿石用于炼钢。

马来西亚的铝土矿生产集中在柔佛州，近年来由于资源耗竭，铝土矿产量大幅下降。马来西亚国内没有铝的精炼和冶炼厂，因此生产的全部铝土矿均出口到邻近的东南亚国家。

（二）冶金工业

马来西亚的冶金工业包括钢铁冶炼和有色金属冶炼两大部分。

作为“亚洲四小虎”之一，马来西亚是东南亚地区重要的钢铁生产、消费及出口国。2018年，马来西亚钢铁产值占GDP的4.3%，从业人员达15.7万人①。马来西亚钢铁行业主要为小型轧钢厂，几乎每个州都有。这些小型轧钢厂技术水平与自动化程度低，有些甚至是手工操作。由于马来西亚目前没有高炉，主要采用直接还原炼铁法，炼钢依靠电炉。炼钢厂生产依靠进口废钢，出口产品以直接还原铁、方胚及长材和部分板材为主。随着东南亚市场和中东市场需求旺盛，马来西亚钢厂还将进一步发展。

有色金属制品工业包括铝、锡、铜、锌和铅产品。

（三）石化工业

马来西亚拥有丰富的油气资源，天然气储量居世界第15位，石油储量居

---

① 新思界行业研究中心《2021—2025马来西亚钢铁市场深度调研分析报告》。

世界第27位[①]。目前马来西亚已经从一个石油化学产品的进口国转变为主要石化产品的出口国，可生产多种石化产品。

截至2019年，马来西亚有七大炼油厂[②]。马来西亚现有三大石化工业区：东海岸的克儿蒂赫（Kertih）、彭亨的格宾（Gebeng）以及南方的巴沙古当－丹绒浪塞（Pasir Gudang－Tanjung Langsat）。泰旦（Titan）化学公司是排在马来西亚国家石油公司之后的马来西亚第二大石化企业，也是最大的烯烃和聚烯烃综合生产企业，产品已经占有马来西亚和印度尼西亚40%的市场份额。另外，马来西亚已经成为亚洲塑料生产大户，日本东丽工业公司在马来西亚建成东南亚最大的ABS树脂装置，其产品以Toyolac为商标出口外销世界市场[③]。

四、制造业

在马来西亚政府的大力扶持下，制造业成为马来西亚发展最快和最主要的经济部门。2019年，马来西亚制造业产值为3 163.6亿林吉特，同比增长3.8%，占GDP的22.3%[④]。制造业是马来西亚国民经济发展的主要动力之一，主要产业部门包括电子、石油、机械、钢铁、化工及汽车制造等部门。

（一）电子电器制造业

马来西亚电子电器制造业的特点是以装配为主，从国外进口原件、组件和半成品，装配为成品后再出口国外。几乎所有的电子电器企业都是外国公司在马来西亚设立的子公司，外资中又以美国和日本最多。在美国排名前十的电子公司中，有八家在马来西亚设立了子公司。马来西亚是全球主要的电子产品出口国之一，电子产品占出口总值的60%左右，主要出口到美国、新加坡、日本、德国、英国以及中国香港。位于马来西亚西北角的槟城，被称为“马来西亚硅岛”，西门子、戴尔等世界各大著名跨国公司和马来西亚本土的各大IT企业伫立其中。

（二）汽车工业

马来西亚汽车工业从无到有经历了三个阶段：一是20世纪60年代前的汽车整车进口阶段；二是20世纪60年代至80年代的散件组装阶段；三是20世纪80年代后民族汽车工业起步发展阶段。马来西亚民族汽车工业起步的标

---

① 《BP世界能源统计年鉴》。

② 马来西亚石油公司官网。

③ 钟继军，唐元平．马来西亚经济社会地理［M］．广州：世界图书出版广东有限公司，2014.

④ 商务部《对外投资合作国别（地区）指南——马来西亚（2020年版）》。

志是1983年设立普腾（PROTON）汽车公司。经过20多年的发展，马来西亚汽车工业日趋成熟。马来西亚国产车从造型设计、规模化生产到零配件的生产配套均已实现国产化。国产车的产能和销量在马来西亚汽车工业中占绝对比重，马来西亚的国产汽车企业普腾（PROTON）等占据了大部分的国内市场份额，其余市场被日本本田、丰田、日产，韩国起亚、现代，德国奔驰、宝马等所占据。

（三）橡胶工业

马来西亚在20世纪90年代以前是天然橡胶生产大国，如今是主要的橡胶消费国。目前马来西亚橡胶主要出口品种为标准胶和乳胶，标准胶占88%，乳胶占12%，主要出口到中国、德国、美国和韩国。

（四）木材加工业

马来西亚森林资源极为丰富，其热带林木超过2 500种，具有经济价值的有200多种，已经利用的约有70种，龙脑香是重要的林业出口产品。马来西亚是热带硬木的主要生产和出口国，曾提供世界热带硬木消费量的25%。

马来西亚木材加工业发展较为缓慢。近年来国际市场对木制品需求旺盛，日本是马来西亚木材加工产品最重要的出口市场。但马来西亚木材加工业存在企业规模小、技术水平低、产品质量不高的问题，有待进一步发展。

（五）纺织成衣业

纺织成衣业属于传统制造业，是马来西亚仅次于电子业的出口工业，占马来西亚出口总额的10%。美国、日本、中国、土耳其和印度尼西亚是马来西亚纺织成衣产品前五位的出口目的地。马来西亚传统的蜡染工艺业被业界认为是纺织业发展的潜力所在，这项独特的纺织艺术闻名于东南亚。在马来西亚投资建厂的服装类大品牌很多，包括耐克、阿迪达斯、布鲁克斯兄弟、卡拉威高尔夫、卡尔文·克莱恩和维多利亚的秘密等。

（六）制鞋业

马来西亚的制鞋业是以其丰富的天然橡胶资源为基础发展起来的。帆布橡胶鞋类一直是主要产品，皮鞋的产量只占较小的比例。

五、农产品加工业

马来西亚的主要农产品有棕油、橡胶、可可、大米等。农业生产单位主要是中小型农场，少数为大型商业化农场。

（一）棕油加工业

棕油是世界油脂市场的一个重要组成部分，被广泛用于烹饪和食品制造业，被当作生产食用油、松脆脂油和人造奶油的原料来使用，在世界油脂总产量中的比例超过30%。油棕果原产于非洲西海岸，但到20世纪80年代东南亚的油棕种植面积和棕油产量都已经超过非洲，截至2017年，马来西亚油棕的种植面积约占全国耕地面积的43%。总产量的90%用来出口，出口主要市场是中国、欧盟和印度①。

（二）粮食加工业

截至2014年，全国有400多个商业性大米加工厂。马来西亚不生产小麦，国内小麦消费主要依靠进口。截至2014年，马来西亚共有14个小麦面粉加工厂。马来西亚国内生产少量玉米，其需求主要依靠进口。需要玉米的国内商业饲料加工业拥有约80个加工厂。马来西亚需要的大豆全部依靠进口，多年来大豆进口免征关税。甲洞集团是马来西亚著名的大豆加工企业。

（三）食品加工业

食品加工是马来西亚的传统产业，主要产品种类有饼干、奶粉、罐头等。马来西亚也是国际食品业热衷投资的市场，著名跨国食品企业如雀巢、金宝汤等均在马来西亚投资设厂。马来西亚生产的很多食品都已经出口到新加坡、印度尼西亚、荷兰、日本、美国。它的很多休闲食品如白咖啡、曲奇饼干、果干等已经被中国人了解和接受。

第五节　第三产业

一、第三产业发展布局

服务业占马来西亚国内生产总值的55%，在经济结构中传统服务业的比重逐步下降，现代服务业的比重日益提高。旅游业、金融保险业、交通运输业和批发零售业最具发展活力。

马来西亚的第三产业以吉隆坡为中心向周边地区扩展，主要集中在新山、丹戎帕拉帕斯等重要城市和地区以及一些州府所在地。

从产业结构来看，一方面，马来西亚第三产业的发展以旅游业为中心，逐步带动酒店和餐饮业的发展。在国家提升交通运输业整体水平的战略背景下，旅游业促进了旅游目的地相关地区交通运输业的发展，反过来交通运输业又进一步促进了旅游业的发展。马来西亚与周边国家的公路网逐步建成，

---

① 马来西亚：粮食自给的棕油大国［EB/OL］.［2020-09-27］. http://www.grainnet.cn/news/detail-20140923-35436.html.

承担了马来西亚在东南亚地区乃至亚洲公路网的运输重任，这直接激发了马来西亚不断完善交通运输网的积极性。另一方面，金融业、房地产业、信息产业成为马来西亚第三产业深入发展的领域，这些产业为马来西亚的经济发展注入了新的活力，也将成为马来西亚以旅游业为核心的第三产业发展的重要支撑。

二、旅游业

旅游业是马来西亚的支柱产业，是国家收入的第三大来源，仅次于制造业和棕油业，也是马来西亚第二大外汇收入来源。

自20世纪90年代以来，马来西亚的旅游业蓬勃发展，受到了全世界的瞩目。马来西亚以“海洋”“沙滩”为基础开发出一系列特色旅游，包括乡村旅游、文化遗产旅游、会议与国际展览等，同时还通过举办“购物嘉年华”活动，将马来西亚建成著名的旅游购物圣地。在传统旅游活动的基础上，马来西亚的旅游还向生态、游学、医疗、移民和扶贫专项旅游方面拓展。这不仅为旅游市场提供了多样化的旅游产品，也进一步提高了马来西亚旅游业发展的水平。

知名国际金融机构美林公司的研究报告称，2018年赴马来西亚的游客中，中国游客近320万人，给马来西亚贡献了6%的旅游收入，相当于其国内生产总值的0.4%。

马来西亚实行政府主导型的旅游发展模式，旅游发展的目标和主要措施体现在国家经济纲领中，并围绕这一政策目标制定国家旅游发展有关政策和专向旅游政策。

据世界旅游组织发布的《2019年国际旅游报告》的统计数据，马来西亚2018年入境旅游人数达到2 583.2万人，旅游外汇收入达到183.23亿美元。游客主要来自新加坡（1 244.2万人次）、印度尼西亚（279.7万人次）、中国（228.2万人次）、文莱（166.1万人次）、泰国（183.7万人次）和韩国（48.5万人次）。

给马来西亚带来可观旅游收入的著名旅游景点有马来西亚王宫、独立广场、苏丹阿都沙默大楼及手工艺品资讯中心、圣玛利亚天主教堂、吉隆坡塔、国油双峰塔、马六甲、荷兰城、三宝庙、沙巴和兰卡威等。

三、交通运输业

马来西亚交通设施比较发达，形成了以首都吉隆坡为核心，由铁路、公路、海运及航空组成的完备的交通网络。铁路运输在全国交通中占据第二位。马来西亚的港口设施较为发达，世界经济论坛《2018年全球竞争力报告》将马来西亚列为“世界最佳海上运输基础设施的国家”之一。

（一）公路运输

马来西亚的公路系统四通八达，主干线可直达各主要城市，南至新加坡，北至泰国边界。高速公路一般拥有双向8条车道，高速公路两侧有专供摩托车行使的道路、避雨亭和紧急公用电话亭。公路质量好，路标指示牌明显，不少指示文字都同时用马来文和英文书写。但是沙巴和沙捞越的公路系统还不发达，品质也较差。

（二）铁路运输

据世界银行统计，2018年，马来西亚的铁路总长约为2 783千米。2017年，马来西亚铁路共运载乘客359.6万人次，货物562.3万吨。主要铁路从北部的泰国边境向南延伸，直达新加坡。另一铁路由森美兰州的金马士（Gemas）延伸至东海岸的哥打巴鲁。在沙巴州，铁路连接亚庇与单南（Tenom），穿越神秘的热带雨林，是热爱铁路旅行者所不容错过的。

著名的“亚洲东方快车”（Easter & Oriental Express）是全球最佳火车旅程之一，旅程从新加坡出发，途经吉隆坡、槟榔屿、吉打州，最后到达曼谷。

吉隆坡轻轨现有从市中心通往东南方向的“STAR”安邦线，以及从东北向西南延伸并途经双峰塔和吉隆坡塔等著名地标的“PUTRA”轻轨铁路（现称格兰纳再也线）。

马来西亚政府还兴建了巴生谷捷运系统，线路总长超过150千米，总共有三条高运量的地铁路线。吉隆坡机场快线全长约57千米，连接吉隆坡国际机场和吉隆坡中央车站。

（三）航空运输

据外交部数据（更新时间2021年2月），马来西亚共有机场25个，其中7个国际机场：吉隆坡、槟城、兰卡威、哥打巴鲁、新山、哥打基纳巴卢和古晋。民航主要由马来西亚航空公司和亚洲航空公司经营。马航有飞机89架，辟有航线113条。亚航有飞机188架，辟有航线83条。

（四）水路运输

马来西亚濒临马六甲海峡，具有得天独厚的海运优势。马六甲海峡是世界航运枢纽之一，是贯通大西洋和印度洋的咽喉，具有十分重要的经济和军事价值。

马来西亚13个州都有临海港口，截至2020年共有19个港口。近年来马来西亚大力发展远洋运输和港口建设，现在全国95%的海上贸易要经过其8个国际港口完成。8个国际港口是巴生港、马尼拉港、槟城港、柔佛港、丹绒柏勒巴斯港、关丹港、甘马挽港以及民都鲁港。

马来西亚的内河运输不发达，主要集中在东马地区的沙巴和沙捞越两州。热带木材可顺流而下运往沿海各港口。

四、电信业

截至2019年底，马来西亚住宅固定电话用户数为642万。固定电话运营商是马来西亚电信公司（TM）。马来西亚移动电话网络覆盖全国大部分地区，截至2019年底，移动电话用户数达到4 337万户。主要移动电话运营商是Celcom、Maxis以及DiGi。

截至2019年底，马来西亚共有固定宽带互联网用户269万户，移动宽带互联网用户3 916万户，互联网普及率为127.7%。根据马来西亚统计局数据，截至2017年，马来西亚共有1 028个邮政局，包括227个小型邮政所和694个邮政局，全部实现了电脑化运营。2017年马来西亚国内邮寄包裹数量为7.38亿件，国际包裹数量为2 964.6万件。此外，马来西亚还设有24小时自动服务终端（POS24），方便居民使用①。

第六节　外贸与外资

一、对外贸易概况

早在16世纪末期，马来西亚就已经成为东南亚的贸易中心。独立后，马来西亚实行全方位开放政策，对外贸易发展迅速。对外贸易在马来西亚的国民经济中占有重要地位，自1995年以来，外贸依存度达到150%以上。从1998年起，马来西亚连续16年保持贸易顺差。21世纪以来马来西亚外贸增长速度加快，2001—2008年对外贸易年平均增速在25%以上。2008年9月开始的美国次贷危机引发的金融危机蔓延全球，受此影响，2009年马来西亚的外贸总额降幅达到16.6%。2010—2018年，马来西亚外贸恢复强劲，在全球经济不景气的背景下，马来西亚的外贸仍然取得不错的业绩（见表7－4）。

---

① 商务部《对外投资合作国别（地区）指南——马来西亚（2020年版）》。

表 7－4　马来西亚 2010—2018 年进出口额占 GDP 的百分比

年份	2010	2011	2012	2013	2014	2015	2016	2017	2018
GDP（亿美元）	2 550	2 979	3 144	3 233	3 381	3 014	3 013	3 190	3 585
出口（%）	86	85	79	75	73	69	67	70	68
进口（%）	71	69	68	67	64	61	60	63	61

资料来源：世界银行数据库。

马来西亚的出口产品主要是电子电气产品、棕油及其制品、石油制品、液化天然气、石油、木材及其制品。前十大出口市场依次为新加坡、中国内地、日本、欧盟、美国、泰国、印度尼西亚、中国香港、澳大利亚和韩国。

马来西亚的进口产品主要是电子电气产品、机械设备及其零配件、化学化工制品。前十大进口来源地依次为中国内地、新加坡、欧盟、日本、美国、泰国、中国台湾、韩国、印度尼西亚和越南[①]。

二、贸易法规与自贸协定

马来西亚主管对外贸易的政府部门是国际贸易和工业部。马来西亚的对外贸易法律法规主要有《海关法》《海关进口管制条例》《海关出口管制条例》《海关估价规定》《植物检疫法》《保护植物新品种法》《反补贴和反倾销法》《反补贴和反倾销实施条例》《外汇管理法令》等。马来西亚关税中99.3%是从价税，0.7%是从量税、混合税和选择关税[②]。

截至 2018 年 3 月，马来西亚已与日本、巴基斯坦、新西兰、印度、智利、澳大利亚、土耳其签署了双边自贸协定，并作为东盟成员与中国内地、韩国、日本、印度、澳大利亚、新西兰、中国香港签署了自贸协定。2018 年 3 月 8 日，马来西亚与澳大利亚、文莱、加拿大、智利、日本、墨西哥、新西兰、秘鲁、新加坡及越南共同签署了《全面与进步跨太平洋伙伴关系协定》(Comprehensive and Progressive Agreement for Trans－Pacific Partnership，CPTPP)，其前身为《跨太平洋战略伙伴关系协定》(Trans－Pacific Partnership Agreement，TPP)[③]。

三、吸收外资与对外投资

马来西亚一直欢迎外商在制造领域进行投资。20 世纪 70 年代后，欧美和日

① 中华人民共和国驻马来西亚大使馆经济商务处网站。
② 商务部《对外投资合作国别（地区）指南——马来西亚（2020 年版）》。
③ 商务部《对外投资合作国别（地区）指南——马来西亚（2020 年版）》。

本的部分制造加工业逐渐转移到马来西亚。外商在马来西亚制造业领域的投资主要集中在运输设备、化学原料及制品、石化产品、电子电器、基本金属制品等行业。

马来西亚的前十大外资来源地分别是日本、沙特阿拉伯、新加坡、中国、韩国、法国、挪威、印度、荷兰及德国。目前在马来西亚投资的著名跨国企业有戴尔、英特尔、索尼、松下、三星等，随着中国“一带一路”倡议的推进，中国公司在马来西亚投资的比例也越来越高，中车集团和广西北部湾国际港务集团均加入投资行列，2010—2019 年马西亚外国直接投资净投入情况如表 7 – 5 所示。

表 7 – 5　马来西亚 2010—2019 年外国直接投资净流入统计表　　单位：亿美元

年份	2010	2011	2012	2013	2014	2015	2016	2017	2018	2019
金额	109	151	89	113	106	99	135	94	83	91

资料来源：世界银行数据库。

马来西亚政府也积极鼓励本国企业对外投资。2013 年马来西亚企业海外投资额达到 1 328 亿林吉特，其中，服务业投资超过 50%，采矿业 29%，农业 8%，制造业 6%，建筑业 1%。根据世界银行发布的《2020 年全球竞争力报告》，马来西亚的全球营商环境排名第 12 位。

马来西亚政府鼓励外资投向出口导向型的企业。马来西亚主管制造业领域投资的部门是贸工部下属的马来西亚投资发展局，其主要职责是：制定和审批工业发展规划；促进制造业和相关服务业领域的国内外投资；审批制造业执照、企业税务优惠；协助企业落实和执行投资项目。

其他行业投资由马来西亚总理府经济计划属（EPU）及国内贸易与消费者事务部（MDTCC）等有关部门负责，EPU 负责审批外资与本土企业持股比例变化的投资申请，而政府部门则负责其他业务有关事宜的审批。

马来西亚限制外商投资的行业有金融、保险、电信、直销及分销、法律服务，一般外资的持股比例不能超过 50% 或 30%。

新开放的投资领域包括 8 个服务行业 27 个分支行业，允许外商独资，不设股权限制。这 8 个行业包括：计算机、保健与社会、旅游、运输、体育休闲、商业服务、租赁、运输救援。

马来西亚颁布的与外国投资有关的政策法规主要有：1967 年《所得税法》、1967 年《关税法》、1972 年《销售税法》、1976 年《国内税法》、1986 年《促进投资法》1990 年《自由区法》等。这些法律法规涵盖了各个领域投资活动的批准程序和各种鼓励与促进措施。

四、与中国的贸易关系

2000 年以来，中马两国的双边贸易额年均增长率达 30% 以上，2008 年以后中国是马来西亚最大的贸易伙伴。

马来西亚对中国出口最多的是机电产品、矿物燃料、动植物油、机械设备和橡胶制品。马来西亚从中国进口最多的是机电产品、机械设备、钢材及钢铁制品、光学仪器产品和塑料制品。2017—2019 年中国与马来西亚双边贸易情况如表 7 –6 所示。

表 7 –6 2017—2019 年中国与马来西亚双边贸易统计 单位：亿美元

贸易额	2017 年	同比增长（%）	2018 年	同比增长（%）	2019 年	同比增长（%）
进出口总额	960. 27	10. 5	1 086. 25	13. 12	1 239. 62	14. 12
中国出口额	417. 25	10. 8	454. 03	8. 81	521. 34	14. 83
中国进口额	543. 02	10. 2	632. 22	16. 43	718. 28	13. 61

资料来源：中国海关网站。

马来西亚对华投资始于 1984 年。据中国商务部统计，2017 年马来西亚对华直接投资项目 329 个，同比增长 36%，实际投资金额为 1. 08 亿美元，同比下降 51%；截至 2017 年底，马来西亚累计在华投资项目 6 362 个，实际投资金额为 75. 75 亿美元。

据中国商务部统计，2019 年中国对马来西亚直接投资流量为 11. 1 亿美元，截至 2019 年底，中国对马来西亚直接投资存量为 79. 2 亿美元。根据马来西亚投资发展局（MIDA）公布的数据，2019 年批准的中国企业在马制造业投资总额是 153 亿林吉特（约合 37. 4 亿美元），中国连续四年成为马来西亚制造业最大外资来源地①。

2018 年 8 月 20 日，中国人民银行与马来西亚国家银行在北京续签了中马双边本币互换协议，规模保持为 1 800 亿元人民币/1 100 亿马来西亚林吉特，旨在便利双边贸易和投资。协议有效期为三年，经双方同意可以展期。

中国会继续将“一带一路”倡议与马来西亚国家发展战略相对接，进一步拓展各领域的合作，推动两国经济社会共同发展。

---

① 商务部《对外投资合作国别（地区）指南——马来西亚（2020 年版）》。

马来西亚凭借优越的商业基础设施、通往地区和全球市场的门户优势、丰富的天然雨林资源以及当地多语言人才储备等优势，正在成为全球重要的投资目的地。中国投资者到马来西亚投资应考虑以下几点：

首先，要制定马来西亚区域市场准入的长期战略和行动计划。

其次，要研究在目标领域内的马来西亚相关法律法规和税务实践政策等。

最后，要与当地专业服务机构和相关合作伙伴建立对话，并与具有协同配合效应的当地合作伙伴合作。

小贴士

1. 汇率：1 马来西亚林吉特 =1.63 元人民币（2020 年）。

当地90%的ATM机和60%的商户已经受理银联卡，东盟十国已全部实现银联卡受理和发卡。马来西亚部分商场还可以使用支付宝。

2. 在马来西亚给小费不是惯例，因为账单上已经有10%的服务费了。

3. 投资要提前做好企业注册及申办各类执照的充分准备。在马来西亚投资，起步阶段最大的困难是公司注册和申办各类执照，这些申请程序复杂繁琐，需提交的文件繁多，审批时间较长。

4. 马来西亚鼓励外商投资，允许外籍人士购买任何资产，土地可获永久拥有权。马来西亚生活成本低，是十大适宜华人居住国家之一。

5. 马来西亚政府规定了最低薪金制度，2016 年 7 月 1 日起，最低薪金标准为：西马来西亚每月 1 000 林吉特，东马来西亚每月 920 林吉特。

6. 马来西亚外汇管制条例规定，在马来西亚注册的外国企业可以在当地商业银行开设外汇账户，用于国际商业往来支付。外汇进出马来西亚需要核准。外汇汇出马来西亚不需缴纳特别税。在马来西亚工作的外国人，其合法的税后收入可全部转往国外。

7. 在马来西亚的中资银行主要有中国银行、中国工商银行和中国建设银行。

课后练习

一、填空题

1. 马来西亚首都为（　　）。

2. 马来西亚由（　　）个州和 3 个联邦直辖市组成。马来西亚被(　　)分成东马来西亚和西马来西亚两部分，看上去就像两片树叶飘浮在太平洋和印度洋之间。

3. 马来西亚自然资源丰富，橡胶、棕油和胡椒的产量和出口量居世界前列。马来西亚的橡胶种植园大部分在马来半岛，尤其以（　　）最多。

4. 马来西亚以（　　）为单一粮食作物，粮食供应不足一直是马来西亚面临的问题。马来西亚基本不种植小麦、玉米和大豆，每年都要从澳大利亚、阿根廷、加拿大、（　　）和（　　）进口。

5. 沙巴和（　　）是近年来著名的马来西亚海岛旅游地。

6. 马来西亚的公路客货运输量在国内交通运输体系中均保持第（　　）位。

7. 马来西亚濒临（　　）海峡，该海峡是贯通大西洋和印度洋的咽喉，具有十分重要的经济和军事价值。

二、判断题

1. 马来西亚拥有丰富的油气资源，石油和天然气储量位居东南亚第一位。（　　）

2. 马来西亚是世界最大的棕油生产国，其棕油产量约占世界总产量的45%。（　　）

3. 马来西亚第三产业的发展以旅游业为中心，逐步带动酒店和餐饮业的发展。（　　）

4. 马来西亚对中国出口最多的是机电产品、矿物燃料、动植物油、机械设备和橡胶制品。（　　）

三、思考题

1. 在马来西亚经商有哪些需要注意的事项和禁忌？

2. 近年来中国与马来西亚的贸易呈现出怎样的特点？

3. 中国投资者到马来西亚投资应考虑些什么？

第八章　新加坡

翁玮

新加坡位于马来半岛的最南端，享有“城市花园”的美名。新加坡虽然国土面积狭小，资源匮乏，人口密度大，但却取得了令人瞩目的经济发展成就，属于新兴工业化国家，是全球最为富裕的国家之一，也是亚洲重要的金融、服务和航运中心之一，还是继纽约、伦敦、香港之后的第四大国际金融中心。

国旗：国旗由两个相等的水平部分组成，红色在白色之上。一个白色的新月占据了左上角的红色部分。月亮旁边有五颗白色的星星排成一圈。红色代表兄弟情谊和人的平等。白色象征着普遍和永恒的纯洁和美德。新月代表一个上升的年轻国家，五颗星代表新加坡民主、和平、进步、正义和平等的理想（见图 8－1）①。

图 8－1　新加坡国旗

国徽：中间红色的盾上镶有白色的新月和五角星，其寓意与国旗相同。红盾左侧是 1 头狮子，代表新加坡；红盾右侧是 1 只老虎，象征新加坡与马来西亚历史上的联系。底部的蓝色饰带上用马来文写着“前进吧，新加坡”（见图 8－2）②。

图 8－2　新加坡国徽

① 商务部《对外投资合作国别（地区）指南——新加坡（2020 年版）》。

② 新加坡文物局网站。

国歌：《前进吧，新加坡!》

国语：马来语。英语、华语、泰米尔语为官方语言，英语为行政用语

国花：胡姬花（兰花）

货币：新加坡元

国际电话区号：0065

历史的脚步

新加坡古称淡马锡。8世纪属室利佛逝王朝。18—19世纪是马来柔佛王国的一部分。1819年，英国人史丹福·莱佛士抵达新加坡，与柔佛苏丹订约，开始在新加坡设立贸易站。1824年，新加坡沦为英国殖民地，成为英国在远东的转口贸易商埠和在东南亚的主要军事基地。1942年被日本占领。1945年日本投降后，英国恢复殖民统治，次年划为直属殖民地。1959年实现自治，成为自治邦，英保留国防、外交、修改宪法、宣布紧急状态等权力。

1963年9月新加坡与马来亚、沙巴、沙捞越共同组成马来西亚联邦。1965年8月9日新加坡脱离马来西亚，成立新加坡共和国；同年9月成为联合国成员国，10月加入英联邦。

新加坡1967年与印度尼西亚、马来西亚、菲律宾和泰国组成东南亚国家联盟（ASEAN），为发起国之一①。

第一节 自然环境

一、区位、地形与气候

新加坡位于马来半岛的最南端，马六甲海峡的入口处，北隔柔佛海峡与马来西亚毗邻，南隔新加坡海峡与印度尼西亚相望。新加坡在马六甲海峡的入口，扼住太平洋与印度洋的航运通道，是连接欧、亚、非三洲的海上交通枢纽，素有“远东十字路口”和“东方直布罗陀”之称。

新加坡国土面积为728.6平方千米②，由主岛和63个小岛组成。新加坡主岛是马来半岛的延伸，占全国面积的88.5%。主岛外的其他岛屿有东北部的德光岛、乌敏岛，西部的圣淘沙岛、梅里茂岛、西拉耶岛、武公岛、安东岛等。

---

① 商务部《对外投资合作国别（地区）指南——新加坡（2020年版）》。

② 中华人民共和国外交部网站截至2021年的统计数据。

新加坡岛上主要河流新加坡河总长为仅为3.2千米，但它是新加坡的母亲河，早期作为新加坡的经济动脉，连接着新加坡海峡、马六甲海峡和南海航道，从这里开始的转口贸易促进了新加坡的繁荣。现在新加坡政府将它改造成了一个蓄水池，为城市提供饮用水。

新加坡南边距离赤道很近，但却并不炎热。年平均气温在24～30℃，最高温度可达35℃。虽然新加坡的气候属于热带雨林气候，但因新加坡四面临海，气候具有海洋属性，温度宜人，海陆风显著。白天柔和的海风不时从海上吹向陆地，驱散了城市的暑热。夜间，风则从陆地吹向海洋，整座城市的气候得到了调节。

新加坡是东八区时，没有夏令时。

二、自然资源

新加坡植物资源丰富，植物种类繁多。矿产资源极其贫乏，只有少量的花岗岩。渔业资源不丰富，淡水资源相当匮乏，但新加坡善于对有限资源做最有效的利用。

（一）植物资源

新加坡温暖潮湿，其雨量充沛的热带雨林气候适合多种植物生长，植物种类达到2 000种以上。其中，橡胶和椰子是价值较高的经济作物，但目前种植量不大。新加坡有23%的国土属于森林或自然保护区，中部的武吉知马山是全国热带雨林最茂密的地方，该地区还是世界上仅有的两处市内存在的热带雨林之一，另一处为巴西里约热内卢的蒂茄卡。

新加坡土地贫瘠，可耕地少，只占国土面积的5%，所以政府因地制宜，发展现代化程度高的农业，在有限的农地上种植高产的水果和蔬菜。

有150年历史的新加坡植物园位于主岛克伦尼路，占地面积74公顷，集原始森林和专业花圃两者的特点于一身。胡姬花（兰花）是新加坡的国花，园内大量的稀有兰花让人流连忘返。

（二）水资源

新加坡降雨充沛，但由于国土面积小，岛上河流湖泊少，淡水资源十分匮乏。淡水危机随时威胁着新加坡的生存。目前新加坡供水量的50%～60%由邻国马来西亚的柔佛水库经过40千米的管线引入。新加坡政府大兴水利工程，修建多个水库和蓄水池，把河流沟渠的雨水导入蓄水池存储，然后经过专门的管道输入水厂进行处理，全国80%～90%的雨水会被收集。新加坡的水务管理由公用事业局（PUP）负责，统筹规划管理水源、供水、排水、水环境等工作。根据规划，新加坡的淡水供应中50%来自收集的雨水，25%来自污废水深度处理的新生水，另外25%则来自海水提取的淡化水。截至2018年，新加坡建有17个蓄水池为市民储存淡水。其中，中央集水区自然保护区位于新加坡的地理中心，占地约3 000公顷。该保护区拥有麦里芝蓄水池、实里达蓄水池上段、贝雅士蓄水池上段和下段等水库。

新加坡虽然四面环海，但沿海的渔业资源并不丰富，因此渔业并不发达。捕捞业的比重远大于养殖业。

新加坡的海洋生物园（Marine Life Park，MLP）是全球最大的水族世界，同时也是新加坡圣淘沙名胜世界的第二大重量级景点，拥有800多个海洋生物品种，约超过10万只海洋生物。

第二节　人文环境

一、行政区划

新加坡地少人多，资源匮乏，建国后发展迅速，很大程度上得益于其合理的行政和经济区划。

新加坡国土面积狭小，在行政区划上无一般的省市之分，而是以符合城市发展的方式将全国划分为五个社区，定名为东北区、东南区、西北区、西南区和中区社区，由相应的社区发展理事会管理。

二、人口分布

（一）人口结构

从20世纪80年代开始，新加坡生育率持续下降，人口增长缓慢，死亡率大幅下降，人口老龄化严重，劳动力短缺。

2021年，新加坡总人口约为568.6万人。2019年，公民平均年龄为40岁，65岁及以上人口占11.7%[①]。伴随着人口生育率持续低下，新加坡人口老龄化现象日益突出，人口老龄化问题将成为阻碍新加坡经济和社会可持续发展的一大障碍。受国内劳动力供应不足及结构性供求失衡的影响，新加坡对外籍劳工的需求很大。新移民输入成为维持人口的最主要渠道，但如何兼

① 世界银行数据库。

顾本国人与外来人的生存发展，也成为摆在政府面前的一个现实问题，不少新加坡人抱怨政府未能处理好新移民急增所带来的住房、交通及环境拥挤问题。

（二）民族及宗教信仰

新加坡建国之初就是一个多民族国家，自英国殖民者莱佛士登岛开发以来，陆续迁入华人、印度人、马来人、阿拉伯人、苏格兰人、荷兰人、阿富汗人、菲律宾人、犹太人及欧亚混血人后裔，由此新加坡被视为“世界人种博物馆”。

新加坡公民主要分为四大民族：华族、马来族、印度族和其他民族（见表8－1）。

表8－1　新加坡民族结构表

族群	华族	马来族	印度族	其他民族
占人口比例（%）	74.4	13.4	9.0	3.2

资料来源：商务部《对外投资合作国别（地区）指南——新加坡（2020年版）》。

华族，指拥有中国血统或者祖先源自中国的人，是新加坡最大的族群，约占总人口的74.4%。华族在新加坡经济社会中地位较高，其经商表现突出，文化水平较高，生活比较富裕，目前从事的职业和经济活动涉及各行各业，例如制造业、建筑业、交通运输与通信业、金融保险业。

马来族，指所有具有马来西亚或印度尼西亚血统的人，是新加坡第二大民族，占总人口的13.4%。在新加坡通常使用马来语进行交流。在英国殖民统治时期，马来人多从事农业，例如水果种植和捕鱼。新加坡独立后，他们大都参加当地经济、文化、教育等现代化建设。

印度族，是指来自印度次大陆的人，包括印度人、巴基斯坦人、孟加拉人及斯里兰卡人，是新加坡的第三大民族，占总人口的9%。

新加坡独立后，李光耀就致力于国内各民族的团结。他说：“新加坡既不是一个马来人的国家，也不是一个华人的国家，更不是印度人的国家，而是一个综合民族国家，也是一个民族独立的国家。”新加坡政府努力淡化民族意识，促进各民族对国家的认同感，建立为各民族所认同的价值观体系。

新加坡也是多宗教国家，称得上是“世界宗教大观园”。佛教、基督教、伊斯兰教、道教、印度教是新加坡的五大主要宗教。2020年，佛教信徒占总人口的33.1%，基督教信徒占总人口的18.9%，伊斯兰教信徒占总人口的

15.6%，道教信徒占总人口的8.8%，印度教信徒占总人口的5%①。新加坡不设国教，实行宗教信仰自由政策，平等对待每一种宗教，实行严格的政教分离，坚决反对宗教组织干涉政治，并通过立法维护各宗教和谐。

（三）教育及医疗

新加坡教育程度较高，截至2019年，新加坡15岁以上的国民中具有读写能力的占99%。每个儿童都需接受10年以上的常规教育（小学6年，中学4年）。新加坡的教育制度强调识字、识数、双语、体育、道德教育、创新和独立思考能力并重。双语政策要求学生除了学习英文，还要兼通母语。政府推行“资讯科技教育”，促使学生掌握电脑知识。学校绝大多数为公立，其中包括170所小学、154所中学、14所初级学院，以及新加坡国立大学、南洋理工大学、新加坡管理大学和新加坡科技设计大学四所大学。2019财年教育预算占GDP的2.6%。大学学费方面，一般专业为7 650～15 300新加坡元/年，法学专业为11 000～24 000新加坡元/年，医科专业为23 000～46 000新加坡元/年。大学生的生活费约为500～700新加坡元/月②。

新加坡的官方语言为马来语，但是英语的使用非常广泛，英语的使用率达到80%，马来语为10%，华语为10%。

新加坡的医疗保障制度是世界上最为完善的医疗保障制度之一，主要包括保健储蓄、健保双全和保健基金三大计划。这一医疗保障制度较适合新加坡国情，注重政府与市场在医疗保障资源配置中的不同作用，形成多元化和合理的医疗筹资机制，体现了公平与效率的原则。

截至2019年，新加坡共有19家综合医院、9所社区医院、1所精神病院、77所疗养院、20家综合诊所等医疗机构，3.1万张病床，8.7万名医护人员③。据世界卫生组织统计，2017年新加坡的人均寿命为83岁。

第三节 农业

作为一个城市国家，新加坡国土面积狭小，发展农业的条件有限，农业比较薄弱，占国民经济的比重不到1%，农业人口相当少，多数农产品都依赖进口。由于国土面积小，新加坡政府采取务实的态度，节约耕地，不

① 新加坡政府官网。
② 商务部《对外投资合作国别（地区）指南——新加坡（2020年版）》。
③ 商务部《对外投资合作国别（地区）指南——新加坡（2020年版）》。

求部门齐全，而是追求高经济效益，大力发展农业科技园，形成特色的都市农业，并根据热带海洋气候重点发展了海水观赏鱼养殖，成为渔业的主导产业。

一、种植与养殖业

新加坡的农业用地主要分布在新加坡岛的北部，由于气候和土壤条件所限，并不种植水稻或小麦等粮食作物，粮食消费全部依靠进口。此外，80%的蔬菜从马来西亚、中国、印度尼西亚和澳大利亚进口。截至2019年，新加坡全国耕地总面积仅占国土面积的0.79%，农业人口也仅为就业总人口的0.07%。

新加坡的农业具有科技化、现代化、都市化三个特点。自20世纪80年代起，政府大力发展农业科技园，截至2014年全岛建有6个农业科技园，园区内建设了生态走廊、蔬菜园、花卉园、热带作物园、海洋养殖场等。其农业科技园已成为集农产品生产、销售及观赏为一体的综合性农业公园，园区展示国内外先进农业科技成果，每年迎接大量的旅游者前来参观。其中有代表性的是成春农场、胡进农场、成怀宝花场和滨海湾花园四个农业科技园。

成春农场引进蛋鸡生产体系。高科技鸡舍环境控制系统在降低鸡场异味、减轻鸡粪污染的同时，有效降低了鸡的死亡率，并且实现了鸡蛋的收集、分级、包装自动化，显著提高了产量，其生产的无菌鸡蛋中胆固醇的含量比一般鸡蛋低20%，当天就可以直接由农场运到超市。2016年农场日产蛋50万枚，约占新加坡每日鸡蛋消费量的10%。

胡进农场引进台湾的水耕法农业新技术，发展了高效的水耕农场。水耕法就是植株靠吸收营养液在温室里生长和生产，由计算机自动控制，产量高且稳定，产品无污染，质量好。无土水耕果菜的生长时间约为15~20天，可以立体栽培，水耕槽分层栽植，既节约场地又可使得产量倍增，而且无农药污染，品质高、营养好。目前水耕法可种植稻米、榴莲、木瓜、小黄瓜、西红柿、樱桃，产量较一般种植方法高4倍。

成怀宝花场专门生产国花——胡姬花。花场把细胞移植法用于胡姬花的培育中，不断推出花型各异、保鲜期长、品质好、产量高的胡姬花。目前新加坡已经成为世界第二大剪枝胡姬花出口国，每年仅胡姬花出口就达3 000多万新加坡元。

著名的滨海湾花园，种植植物约8.7万株，包括400个品种。花园中修建了“云雾林”（0.8公顷）和“花穹”（1.2公顷）两个玻璃生态区，还原了热带山地、亚热带山地气候。它是可持续发展工程学的代表项目，采用一系列先进技术，提供极具能源效益的农林业制冷解决方案。该科学技术公园将科技与农业相融合，既形成了环境良好的生态农业，又是游客休闲观光、寓教于乐的好去处[①]。

二、渔业

（一）传统渔业

新加坡虽然四面环海，但国土面积狭小，并不具备丰富的沿海渔业资源优势，加之新加坡经济高度发达，发展传统渔业也无经济价值上的比较优势。新加坡的渔产不能自给，需要大量进口。目前新加坡本地渔民的子女多不愿当渔夫，本地渔民越来越少，渔船主只好“向外”发展，改聘外国劳工当渔夫。目前，新加坡的深海渔船中超过95%由外国劳工操作，这些外国劳工多来自印度尼西亚、缅甸、泰国等[②]。

从环境资源来看，新加坡四面环海，沿海海水营养丰富，水温四季变化及昼夜温差小，这种气候条件非常适合发展海水养殖业。但新加坡岛南部集中了金融贸易中心，地价较高，所以政府将养殖场设在西北面和东北面，沿海养殖的水面约为600公顷。

从历史来看，新加坡是东南亚国家中最早开始围海养虾的国家，主要饲养品种有印度对虾、独角新对虾、刀额新对虾、罗氏沼虾以及锯蟹、青蟹等。截至2014年新加坡已建设了40多个深水鱼养殖场，年产鲜鱼4万吨。此外，樟宜鱼养殖研究处采用浅水养殖法，每年能生产3 000吨鲜鱼。新加坡借鉴欧洲国家的深海养殖法也取得了成功，养殖了大量的鲜鱼，主要养殖品种有石斑鱼、遮目鱼、尖牙鲈等。

（二）观赏鱼产业

新加坡属于热带海洋气候区，在热带观赏鱼的养殖方面有得天独厚的条件，因此新加坡重点发展了海水观赏鱼养殖，目前新加坡已经成为世界最大的观赏鱼出口国，被誉为“世界观赏鱼之都”。观赏鱼养殖业在新加坡的养殖渔业中居主导地位。

新加坡的观赏鱼产业始于20世纪60年代，当时橡胶业衰落，很多失业农民和城市失业工人需要另谋出路。观赏鱼行业所需资本少，生产成熟周期较短，使得它成为许多失业农民和城市失业工人再就业的理想选择。进入21

---

① 衷海燕，钟一鸣．新加坡经济社会地理［M］．广州：世界图书出版广东有限公司，2014.

② 衷海燕，钟一鸣．新加坡经济社会地理［M］．广州：世界图书出版广东有限公司，2014.

世纪，随着科技的发展，观赏鱼养殖业也从劳动密集型行业转型为技术密集型行业，一举成为新加坡农业中的支柱产业和出口优势产业。

截至2014年，新加坡拥有130家观赏鱼养殖场，这些养殖场大多设置在高科技农业区内，享受财政政策支持和多样化农业补贴。观赏鱼养殖场拥有500多个品种的观赏鱼。截至2014年，新加坡拥有5家《国际濒临绝种野生动植物贸易公约》（CITES）认证的渔场，养殖各种红色、金色、青色的珍奇龙鱼。其出售、出口的极品龙鱼价格十分昂贵。自1989年起，新加坡每年都举办国际观赏鱼大赛，为扩大知名度和营销观赏鱼提供了良好的平台。

（三）渔业贸易

新加坡食用鱼主要依赖进口，年人均消费鱼肉约45千克，2013年海鲜水产品进口总额达到13.18亿美元①。主要水产品供应国为印度尼西亚、马来西亚和泰国。截至2014年，新加坡西部的裕廊有超过70家水产品批发市场，每日鱼虾的贸易量约为200～300吨，是西太平洋捕捞金枪鱼和剑鱼的远洋渔船的主要转运中心②。

新加坡的观赏鱼厂商不仅从事观赏鱼养殖，还进行水族产品的制造，为国内外批发商、零售商和消费者提供一条龙服务。其生产经营已经辐射到马来西亚、泰国、中国等周边国家，出口至60多个国家，其中美国市场约占其出口额的25%，日本市场约占20%，英国市场约占11%，德国市场约占9%，法国约占8%③。

第四节　工业

工业在新加坡经济发展中具有重要地位，其工业发展由独立初期的劳动密集型工业逐步成长为附加值高的资本和技术密集型工业，而后发展至今天的知识密集型工业。

新加坡现在形成了以制造业为主、建筑和公共设施建设为辅的工业格局，并成为世界电子产品最重要的制造中心之一。新加坡工业增加值占GDP的比重较大，详见表8－2。

---

① 《2014年新加坡统计年鉴》。

② 衷海燕，钟一鸣．新加坡经济社会地理［M］．广州：世界图书出版广东有限公司，2014：64.

③ 毕世鸿．新加坡概论［M］．广州：世界图书出版广东有限公司，2012：266－267.

表 8-2　新加坡 2010—2018 年工业增加值占 GDP 的比重统计表　　单位：十亿美元

年份	2010	2011	2012	2013	2014	2015	2016	2017	2018
GDP	239.81	279.35	295.09	307.58	314.85	308.00	318.07	343.34	375.98
工业增加值	63.88	70.57	73.84	72.11	76.10	74.81	74.35	80.83	95.86
增加值占比(%)	26.64	25.26	25.02	23.44	24.17	24.29	23.38	23.54	25.50

资料来源：世界银行数据库。

一、工业发展布局

新加坡工业以炼油、石化、电子、化工行业等为主导产业，并形成了相应的产业集群。

新加坡政府将东北部划为新兴工业区和无污染工业区，重点发展电子、电器及技术密集型产业；沿海的西南部和裕廊岛、毛广岛等为港口和重工业区；中部地区为轻工业和一般工业区。

新加坡政府还创建了裕廊工业园，双溪、加株、罗央等地也建立了轻工业基地。各个工业区的工业种类繁多，包括橡胶加工、造船、炼油、钢铁、水泥、化工、机械设备等。

二、能源工业

新加坡虽然自然资源匮乏，本土没有石油和天然气出产，却充分利用战略性的地理位置而成为东南亚最重要的石油炼制中心和最重要的石油贸易中枢。其炼油业、石化业取得了世界瞩目的成就，而能源高效利用、清洁能源等高新能源技术的发展也保护了环境。

（一）石化业

截至 2014 年，新加坡共有 5 家炼油厂，分别附属于壳牌石油公司、莫比尔石油公司、英国石油公司、埃克森石油公司和新加坡石油公司（由新加坡发展银行和英国石油公司、美国德士古石油公司合资经营）。新加坡日加工原油的能力相当于东南亚地区炼油总量的 40%。

强大的炼油能力和集散交易能力使得新加坡在亚洲石油产品市场上有着相当分量的话语权。新加坡是亚洲石油产品的定价中心，其油品市场的价格在亚洲的能源交易中是十分重要的参考基准。新加坡也是亚洲成品油的集散中心，业务涵盖南亚、东南亚国家，并辐射至欧洲、美国、澳大利亚和非洲。

与炼油业相比，新加坡的石化业起步较晚，其发展经历了 1961—1969 年的起步摸索阶段、1970—1989 年的初始发展阶段和 1990 年至今的快速发展阶段。现在新加坡已经形成了世界级规模的石油和化工生产基地，并成为东南亚地区主要的石化产品供应中心。

裕廊工业区是新加坡综合性能源与石化产业中心，地处新加坡西南部。裕廊岛（Jurong Island）是新加坡政府用填海方式建成的人工岛屿，位于新加坡西南海滨，距市区约10千米，总面积为32平方千米。目前新加坡的炼油、乙烯生产集中分布在裕廊岛和武公岛。

裕廊岛吸引了国际化工巨头纷纷在此投资建厂，包括荷兰皇家壳牌公司、埃克森美孚、雪佛龙、杜邦、巴斯夫、住友化学、三井化学等，形成上下游一体的化工产业发展模式。

（二）新能源

近年来，新加坡致力于将本国打造成世界清洁能源的枢纽之一，在环境工程、清洁能源等新兴产业投入大量资金予以大力发展。

在能源利用方面，新加坡政府强调能源用户端的高效利用，建筑设计中充分考虑减少能源消耗，结合花园城市建设，通过立体绿化减少建筑能耗，实现低碳排放。新加坡80%的电能都由清洁能源天然气提供。目前，太阳能和风能在新加坡能源利用中所占比例较小，多体现在示范区和示范建筑上，如新加坡“南湾”的标志性建筑——太阳能超级树（Solar Supertrees in Singapore）。该建筑并非传统意义上的摩天大厦，它其实是一个发电装置、垂直花园及人工树的合成建筑。太阳能树高30～50米，树上有太阳能电池板、悬空花园、雨水收集系统，既可收集太阳能，也可以收集雨水，又能充当巨型装饰格架，其自身所产生的电能可满足太阳能树晚上照明的用电需求①。

三、制造业

（一）电子制造业

电子制造业是新加坡制造业的龙头产业，新加坡是世界电子产品最重要的制造中心之一。由于电子制造业是高附加值产业，技术含量高、耗材少、污染小、易运输，布局上无须接近原材料产地和消费地区，所以该产业成为新加坡工业发展的最佳选择。同时，周边国家如马来西亚、印度尼西亚等国家的工业水平相对落后，电子制造业的发展水平低，这就为新加坡的电子制造工业提供了广阔的消费市场。

新加坡经济发展局致力于将新加坡打造成为世界一流的电子和精密工程中心，并侧重于高附加值领域。在制造业中，电子业对GDP增长的贡献最大，达到7%，电子业员工的平均年薪也比制造业员工的平均年薪高出20%。

---

① 毕世鸿．新加坡概论［M］．广州：世界图书出版广东有限公司，2012：250.

新加坡现已成为全球半导体产业的重镇，从 IC 卡设计、芯片制造，再到封装和测试，已经形成一个成熟的半导体产业生态。半导体相关企业数量已经超过 300 家，分别来自北美洲、欧洲，以及日本等多个国家和地区。

自 2010 年起，新加坡的 IT 产业获得了长足发展，IT 产业的产值、市场规模和成长率等在东南亚地区居前位。IT 产业涵盖硬件产业、软件产业、电脑网络产业、资讯服务和资讯配销五大类。过去新加坡主要从事零部件集合及硬盘驱动器生产，现在则生产硬盘驱动器的核心部件。

（二）船舶修造业

新加坡是世界航运的重要枢纽，俄罗斯远东地区、中国、日本、韩国以及东南亚国家至中东地区、非洲北部和欧洲国家海运航线上的商船都要绕经新加坡。得天独厚的地理位置为其发展海运服务、修船和造船业创造了条件，现在新加坡已经成为苏伊士运河以东、日本以西最大的船舶修造中心。

新加坡拥有一个 40 万吨级的巨型干船坞和两个 30 万吨级的干船坞，能修理世界上最大的超级油轮，并可同时修理总吨数达 200 多万吨的船只[①]。这为航运、外贸以及炼油业的进一步发展创造了条件。新加坡能成为世界海运中心之一和最繁忙的港口，与其长期稳定的政局、重要的地理位置、完善的港口设施、高素质的人力资源、良好的市场经济体制等有着密切的关系。

2017 年，新加坡的海事工程产值为 156.26 亿新加坡元，占制造业总产值的 5.12%，就业人数为 6.03 万人，其最主要的海事工程企业是胜科海事（Sembcorp Marine）和吉宝集团（Keppel Group），主要产品为石油钻井平台等。

（三）生物医药业

生物医药业是新加坡近年重点培育的战略性新兴产业，2017 年产值为 159.81 亿新元，占制造业总产值的 5.23%，就业人数为 0.74 万人。世界十大制药公司等国际著名医药企业主要落户在新加坡的启奥生物医药研究园区和大士生物医药园区。

（四）通信业

新加坡的主要电信企业为新电信（Singtel）、星和电讯（Starhub）和第一通讯（M1）。截至 2019 年底，新加坡固定电话用户为 190.58 万户，移动电话用户为 907.67 万户，宽带用户为 1 230.93 万户，其中无线宽带用户为 1 081.12万户。2019 年，新加坡连续第二年在世界数码竞争力排行榜中名列第二，也是前五名中唯一的亚洲经济体[②]。

---

① 袁海燕，钟一鸣．新加坡经济社会地理［M］．广州：世界图书出版广东有限公司，2014.

② 商务部《对外投资合作国别（地区）指南——新加坡（2020 年版）》。

知识链接

裕廊工业区

裕廊工业区是东南亚最大的工业区，包括裕廊工业园、裕廊港、裕廊化工岛、大士工业园和裕廊镇城区配套，是新加坡最大的综合工业区，倡导“港口－城市－产业”一体化的开发模式。工业园始建于1961年，截至2014年，岛内已建了45个工业园区，共占地8 025万平方米，包含8 000多家跨国公司和本地的高技术制造业公司，对新加坡GDP的直接贡献率达到25%。

裕廊镇里有完善的现代化公路，有铁路通深水码头和海港，方便输入原料和输出成品。裕廊港位于裕廊工业区南岸，是亚洲最大的散装货运港，是典型的产业港。园区沿裕廊河两岸规划了住宅区和各种生活设施，与园区内的港口、产业同步发展，新建了学校、科学馆、商场、体育馆、银行、娱乐设施等，为区内港区和产业提供综合服务业支撑，使裕廊工业园成为生产和生活的综合体。各主导产业也由最初的初加工向高附加值产品领域延伸，形成了完整的产业链。

裕廊工业区的发展与新加坡经济发展是同步的，其发展可分为三个阶段：第一阶段是劳动密集型产业主导阶段（1961—1979年），主要是为了解决新加坡的就业问题，改变其工业落后的面貌；第二阶段是技术与资本主导阶段（1980—1989年），主要是为了吸引高附加值的资本与技术密集型产业，为他们设计和提供具有差异化的设施和厂房，包括将南部的岛屿开发成石油化工产品的生产和配售中心，将裕廊开发成第一个航空工业中心及建设新加坡科技园区以容纳科技开发型企业；第三阶段是知识经济主导阶段（1990年至今），这一时期出现了商业园、技术园、后勤园等新概念的园区。裕廊集团将成本效益分析和知识经济融合到工业园区的设计和发展中，采用在全球范围内集中招商的模式，在世界各地设立分支机构。在整个开发过程中，裕廊工业园区的资金筹集、土地利用、招商引资等均采用政府统一规划、专业化分工建设、管理和服务协调配合的发展模式。这种政府主导的开发模式能保证项目的快速启动，尽快实现规模经济，快速以较低成本获取私人土地，有效吸引跨国公司的投资，还可以避免在园区内发生恶性竞争。

第五节 第三产业

20世纪80年代后，新加坡的第三产业得到了很大发展，形成了以金融、贸易和运输、通信为支柱的产业结构，高度发达的第三产业使得新加坡在世界经济中占有重要地位。

一、交通运输业

新加坡的交通运输业十分发达，它不仅是世界海运中心之一，也是连接亚洲、欧洲和大洋洲的重要航运中心。新加坡政府高度重视交通基础设施的建设，新加坡基础设施完善，海运方面拥有全球最繁忙的集装箱码头，空运方面拥有全球服务最优质的机场，城市交通网络便捷发达。

新加坡的海运发展迅速，拥有众多著名的海运企业，如海皇集团、万邦航运、太平船务、胜科海事和吉宝集团等。新加坡航空业也很发达，每年为100多家国际航空公司提供服务。

（一）公路运输

新加坡国土面积狭小，为了最大限度地利用有限的土地资源，新加坡用了50年时间建立起高度发达的陆路交通运输体系，这一体系由公共交通与私人交通组成，而支持两者最重要的基础性设施之一就是公路网络。

新加坡优先发展公共交通，拓展轨道交通系统，有效连接巴士换乘站与地铁车站，提供更多的巴士直通线路和车次，让乘客快速到达主要交通枢纽。

新加坡政府认为，仅仅不断增加道路供给并非长远之计，还需要对道路进行合理有效的管理，因此采用管制车辆保有量和限制车辆使用双管齐下的方法：一方面，通过车辆配额系统控制车辆增长，规定每年发布的车辆执照总数；另一方面，征收附加注册费、消费税和道路税。

目前新加坡已经形成了由地铁、轻轨、公共汽车及出租汽车等系统构成的公共运输网络，岛内公共交通线路四通八达，方便快捷。截至2018年底，新加坡公路总里程为3 500千米，其中高速路164千米；轨道交通线路总长228.4千米，其中地铁（MRT）199.3千米，设122个站点，轻轨（LRT）28.8千米，设42个站点①。预计到2030年，新加坡早晚高峰时段公共交通出行比例可达到75%，

① 商务部《对外投资合作国别地区指南——新加坡（2020年版）》。

公共交通能够在一小时内完成20千米之内的行程（几乎是从新加坡任何地方到达市中心的距离）[1]。

（二）海洋运输

新加坡地处太平洋与印度洋的航运要道——马六甲海峡的出入口，地理位置优越，是一个天然的深水避风港。作为世界上最繁忙的港口之一，新加坡在海运吨位方面始终居世界前列。2019年，以新加坡为中心的海运网络由200多条航线组成，连接123个国家的600多个港口；有5个集装箱码头，集装箱船泊位54个。2019年新加坡港货运量为6.26亿吨，集装箱吞吐量为3 720万标准箱，占全球集装箱吞吐量的5%。截至2019年底，新加坡注册船舶为4 437艘，总吨位为9 732万吨。新加坡具有高效、完善的转运机制，能使货物快速、经济地转口到其他地方。新加坡也是世界最大的集装箱中转枢纽港之一，提供集装转移、卸载等服务。作为国际集装箱中转中心，新加坡极大提高了全球集装箱运输系统的整体效能，成为国际航运网络中不可或缺的重要一环。

进入21世纪以来，新加坡一方面更新港口设施，大力发展集装箱中转业务，另一方面推出自由港政策，实行自由通航、自由贸易，允许境外货物、资金自由进出，对大部分货物免征关税，由此带来货物吞吐量的快速增长。

（三）航空运输

新加坡作为亚洲地区重要的航空运输枢纽，是联系欧洲、亚洲、大洋洲的航空中心。截至2019年，全球有100多家航空公司在此提供通往全球400多个城市、每周超过7 200个班次的航空服务，平均每84秒即有一架飞机起降。截至2020年，新加坡共有5个机场，民航机场包括樟宜机场和实里达机场；军事用途机场包括巴耶利巴机场、森巴旺机场、登加机场。

新加坡航空公司一直被誉为最舒适、最安全、最具创新精神的航空公司之一。截至2020年，该公司客运航线覆盖35个国家的65个目的地。新加坡航空公司在20世纪70年代率先提供耳机给经济舱的客人，1991年率先在机上安装环球卫星电话，1996年率先在座椅后安装液晶屏小电视，2004年首次在空中客车A340－500上启用贝立兹全球旅行家互联网互动语言学习课程，如今即便在1万多米的高空，在新加坡航空公司的飞机上依然可以利用宽带上网冲浪和回复邮件。

---

① 商务部《对外投资合作国别地区指南——新加坡（2020年版）》。

二、旅游业

新加坡旅游资源相对匮乏，境内缺乏名山大川、自然森林等天然景观，发展旅游业的优势并不明显。但新加坡政府大力完善基础设施，建造人工景观，将整个东南亚地区的旅游胜地作为自己发展旅游业的“腹地”，成功克服了旅游资源贫乏的限制，成为亚洲最受欢迎的旅游目的地之一。

新加坡积极建造人工景观，在东海岸建造了游泳池、烧烤区、独家木屋、垂钓码头、高尔夫球场等休闲设施，吸引游客前来度假。此外，新加坡还有规划地发展会展旅游，每年举办的大型会展活动近 4 000 个，1983 年被国际协会联盟授予“亚洲最佳会议城市”称号，2000 年、2008 年被分别评为“世界第五大会展之都”和“全球最佳会议城市”。

新加坡旅游以观光休闲、会展、教育、医疗四大领域为主要发展方向，重点打造以休闲观光度假为主的圣淘沙度假区和以会展商务为主的金沙滨海城度假区两大综合性旅游度假区，形成集商务旅游、会展旅游、休闲旅游和医疗旅游于一体的旅游发展模式，继续保持“花园城市”的美誉，进一步提高新加坡旅游业的整体形象和国际知名度。

经过几十年的发展，新加坡已经发展成为东南亚著名的旅游胜地，每年吸引成千上万的外国游客前来观光旅游。著名的景点有圣淘沙名胜世界、滨海湾金沙、鱼尾狮公园、新加坡植物园、裕廊飞禽公园、克拉码头等。

据世界旅游组织发布的《2019 年国际旅游报告》的统计数据，2018 年新加坡入境旅游人数达到 1 467. 3 万人次，2017 年旅游外汇收入为 573. 75 亿美元。

三、金融保险业

据国际清算银行发布的 2018 年统计报告，新加坡在全球外汇交易中心排行榜中排在伦敦、纽约之后，名列第三位。截至 2020 年，新加坡共有商业银行 210 家（其中本地银行 4 家，外资银行 206 家），保险公司 79 家①。

新加坡证券交易所（SGX）是亚太地区第二家通过公开募股和私募配售方式上市的交易所，也是亚洲首家实现电子化及无场地交易的证券交易所。截至 2020 年 4 月，新加坡证券交易所共有上市企业 715 家，市值为 8 021. 79 亿新加坡元②。

① 商务部《对外投资合作国别（地区）指南——新加坡（2020 年版）》。
② 商务部《对外投资合作国别（地区）指南——新加坡（2020 年版）》。

第六节　外贸与外资

一、对外贸易

新加坡早在建国之初就推行贸易立国的策略，利用其东南亚商贸集散中心的优势地位，大力发展对外贸易和转口贸易。这一产业成为当时新加坡赖以生存的经济基础，也为后来发展高度的外向型经济奠定了基础。

进入20世纪70年代，新加坡的对外贸易快速发展，贸易总额的年增长率高达20.2%。20世纪80年代，由于受世界经济危机的影响，新加坡的对外贸易额有所下降，但1981年在世界贸易增长率只有1%的情况下，新加坡却仍维持了10%左右的增速。原因是这一时期新加坡政府大力发展高技术、高附加值工业，进行产业升级，提高产品的出口竞争力，稳定了新加坡的贸易市场地位。20世纪90年代，新加坡加快了战略核心产业——信息技术产业的发展，贸易商品结构不断升级，贸易增速较快。这一时期，新加坡主要出口技术和资本密集型的电子、化工及石油产品，并且已经成为全球重要的集成电路、芯片等电子产品的生产基地和主要出口国。

如表8－3所示，从2010年至2020年新加坡持续保持贸易顺差（以现价美元计）。2010—2019年，出口总量增加了39%，年均增长率约为3.7%，而进口总量增加了34%，年均增长率约为3.3%。受新冠肺炎疫情影响，2020年的进出口额均呈下降趋势。

表8－3　新加坡2010—2020年进出口额统计表　　　　单位：十亿美元

年份	2010	2011	2012	2013	2014	2015	2016	2017	2018	2019	2020
出口额	474.82	568.01	580.50	600.01	604.39	549.42	526.56	580.09	642.27	658.54	599.20
进口额	411.72	491.03	509.02	528.92	530.59	465.35	441.86	495.46	545.55	552.71	490.68

资料来源：世界银行数据库。

（一）外贸商品结构

随着新加坡经济的快速发展，产业结构不断优化，其对外贸易的商品结构也在发生变化。出口商品中初级产品的比重不断下降，工业制成品的比重不断上升，商品进出口的数量不断扩大，贸易比较优势更为突出。

1. 进口贸易结构

20世纪60年代，新加坡主要进口食品和转口初级产品，约占进口商品总额的2/3。70年代，主要进口先进的生产设备和机械、日用电子材料、运输设备。80年代，原油在进口商品中居第一位，其次是通信设备。90年代，进口商品中机械和交通设备最多，占总进口额的一半，化工产品、制造业类产品占进口额的30%，初级产品的进口比例不断下降，原油进口额只占进口总额的约20%。新加坡进口机械设备不断增加，到2019年机械及运输设备的进口额占进口总额的61.2%。新加坡的粮食和蔬菜基本依赖进口。

2. 出口贸易结构

20世纪60年代，新加坡的出口商品主要是橡胶、纺织纤维、食品、塑料、木材等原材料。70年代，电子和修造船业的出口贸易量大幅上升，其中船舶修造居第三位，仅次于石油产品和橡胶。80年代，新加坡的高新技术产业发展迅速，主要出口电脑设备、计算机软件、自动化器材组件、工业电子产品等。目前，新加坡主要出口机械设备、油品，其中专业科技和数控仪器出口额增速最快。

（二）贸易法规政策

新加坡国际企业发展局（International Enterprise Singapore，IE Singapore），隶属于新加坡贸易工业部，是新加坡对外贸易主管部门。新加坡调控贸易活动的主要法律有《商品对外贸易法》《进出口管理办法》《竞争法》《海关法》《商务争端法》《自由贸易区法》《商品服务税法》《商船运输法》《禁止化学武器法》《战略物资管制法》等①。

在新加坡开展进出口和转运业务必须具备以下条件：首先，必须在新加坡企业管理局注册成立一家公司。注册公司后，需向新加坡关税局免费申请注册中央注册号码，中央注册号码将允许申请者通过贸易交换网系统提交进出口和转运准证申请。贸易交换网（Trade X－change）系统是新加坡全国范围内的贸易电子信息交换系统，能让私营部门在此平台上交换电子贸易数据和信息。一般情况下，在新加坡开展进出口或转运业务必须在贸易交换网系统获得相关业务准证。

货物进口到新加坡，进口商要通过贸易交换网系统向新加坡关税局提交准证申请。如符合规定，新加坡关税局将签发新加坡进口证书和交货确认书给进口商，以保证货物真正进口到新加坡，没有被转移或出口到被禁止的目的地。一般情况下，所有进出口货物都要缴纳消费税。

---

① 商务部《对外投资合作国别（地区）指南——新加坡（2020年版）》。

货物在出口之前必须通过贸易交换网系统提交准证申请。出口受管制的货物还必须在出口前取得相关主管机构的批准或许可。

所有从一个自由贸易区运至另一个自由贸易区的货物，或在同一个自由贸易区内转运受主管部门管制的货物，也必须事先通过贸易交换网系统取得有效的转运证才能将货物装载到运输工具上。

新加坡对进口商品的检验检疫标准和程序十分严格。负责进口食品、动植物检验检疫的部门是农粮兽医局（Agri - Food and Veterinary Authority，AVA）。负责进口药品、化妆品等商品检验的部门是卫生科学局（Health Science Authority，HSA）。

新加坡《海关法》规定，进口商品分为应税货物和非应税货物。应税货物包括石油、酒类、烟类和机动车辆等四大类商品，非应税货物为上述四大类商品之外的所有商品。所有商品进口到新加坡都要多征收7%的消费税，应税货物除征收消费税外，还需要征收国内货物税和关税①。

新加坡有八个自由贸易区，其主要功能是促进海外货物通过新加坡转运，即货物通过海运或空运出口前临时停放在自由贸易区时无需报关手续。进口及出售或出口的货物在此无需缴交关税、货物税或消费税，进口消费税仅对本地消费的货物征收。这八个自由贸易区是：①丹戎巴葛码头和吉宝码头；②三巴旺货运码头；③布拉尼码头；④吉宝物流园；⑤吉宝物流园链接桥；⑥巴西班让码头；⑦裕廊港；⑧新加坡机场物流园②。

（三）主要贸易对象国

新加坡从1993年作为东盟成员国签署第一个自由贸易协定以来，至2019年签订的自由贸易协定已经涵盖了21个地区，涉及32个贸易伙伴，包括秘鲁、中国、美国、日本、韩国、澳大利亚、东盟、印度、新西兰、海湾阿拉伯国家合作委员会等国家和组织。自由贸易协定帮助新加坡政府推动本国企业走向海外。

新加坡货物贸易伙伴主要集中在邻近的东南亚地区以及中国、日本、韩国和美国。主要出口市场为中国内地、中国香港、中国台湾、马来西亚、印度尼西亚、美国、日本和韩国等。主要进口来源地为中国内地、中国台湾、马来西亚、美国、日本、韩国、印度尼西亚和德国。中国内地是新加坡第一大货物贸易伙伴、第一大出口市场和第一大进口来源地。

---

① 商务部《对外投资合作国别（地区）指南——新加坡（2020年版）》。

② 商务部《对外投资合作国别（地区）指南——新加坡（2020年版）》。

二、对外投资与吸引外资

（一）投资环境

新加坡属于外向型经济，是全球著名的转口贸易港和金融中心，吸引投资是其基本国策。在世界银行发布的《全球经商环境报告》中，新加坡连续八年名列榜首。世界经济论坛发布的《2020 年全球竞争力报告》显示，新加坡在全球最具竞争力的 137 个国家和地区中排在第 2 位。在国际清算银行发布的 2019 年统计报告中，新加坡在全球外汇交易中心中名列第 3 位，排在伦敦、纽约之后。新加坡投资环境的吸引力主要集中在以下几个方面：

第一，地理位置优越：新加坡位于海上交通咽喉要道，拥有天然深水避风海港，是全球著名的转口贸易中心。

第二，基础设施完善：新加坡拥有全球最繁忙的集装箱码头、服务最优质的机场，亚洲最广泛的宽频互联网体系和通信网络等。

第三，政治社会稳定：新加坡社会治安良好，是世界上犯罪率最低的国家之一，社会政治环境稳定。

第四，商业网络广泛：新加坡产业结构优化程度高，所覆盖的产业类型丰富，投资的范围广。

第五，融资渠道多样：新加坡是著名的国际金融中心，是全球资本的重要集散地之一。

第六，法律体系健全：新加坡法律体系健全，有比较完备的申诉体系，为投资者提供了法制保障。

第七，政府廉洁高效：新加坡政府以高效廉洁著称，为外来投资者提供快捷高效的服务和相对公平的投资环境。

第八，优惠政策支持：新加坡推出多种促进经济发展的优惠政策，且外资企业基本上可以和本土企业同等享受。

尽管新加坡市场开放程度高，对于外资具有强大的吸引力，但还是存在着一些值得关注的问题：

第一，资源匮乏：新加坡自然资源短缺，部分水、气资源依靠进口，受国际能源价格波动影响较大。

第二，劳动力成本趋高：新加坡劳动力供应不足，外籍劳务需求量大，劳动力成本逐年增加。

第三，《土地征用法》限制土地使用：凡为公共目的所需的土地，政府都可强制性征用。

第四，检疫标准、环保准入标准高，违反惩罚重：新加坡对进口商品检疫标准和程序十分严格，对境内企业的环保标准设定也很高，触犯相关规定的惩罚力度极大。

（二）引进外资

新加坡负责投资的主管部门是经济发展局（EDB），其专门负责吸引外资、制定和实施各种吸引外资的优惠政策并提供高效的行政服务，目标是将新加坡打造成具有吸引力的全球商业与投资枢纽。

如表 8 – 4 所示，新加坡引进外资持续增长，从 2010 年到 2018 年增长了 49%，外资主要来源于欧盟（占 24.9%）、美国（占 20.6%）、英属维尔京群岛（占 8.7%）、开曼群岛（占 7.8%）和日本（占 6.9%），行业流向主要为金融保险业（占 49.6%）、批发零售业（占 21.9%）、制造业（占 12.5%）、商业服务业（占 7.8%）、房地产业（占 2.8%）和运输仓储业（占 2.1%）[①]。

表 8 – 4 新加坡 2010—2018 年对外投资和引进外资统计表 单位：十亿美元

年份	2010	2011	2012	2013	2014	2015	2016	2017	2018
引进外资	55.07	49.15	55.31	64.39	68.70	69.77	73.55	94.81	82.04
对外投资	35.41	31.90	20.48	45.28	52.48	45.22	39.78	43.70	36.33

资料来源：世界银行数据库。

外资进入新加坡的方式无限制。除金融、保险、证券等特殊领域需向主管部门报备外，绝大多数产业领域对外资的股权比例等无限制性措施。新加坡的投资环境非常好，自 2006 年以来，在世界银行每一年度的《全球营商环境报告》中，新加坡经商环境一直高居全球榜首，被世界银行称为“世界上最容易做生意的地方”。据世界银行发布的《2020 年全球营商环境报告》，全球 190 个经济体中，东盟国家有 6 个排名在 100 位之内，其中新加坡排名第 2 位。

（三）对外投资

20 世纪 60 年代，新加坡将极为有限的对外直接投资集中在马来西亚等邻近国家。70 年代，新加坡开始将劳动密集型产业向海外转移，逐渐扩大到整个亚太地区。80 年代，新加坡资本开始大量涌入欧美国家，主要对外投资国家是美国、日本、澳大利亚等发达国家。通过对发达国家特别是欧美国家企业的收购，新加坡企业获取了部分尖端技术和市场信息。到 90 年代，中国、印度、越南等亚太国家逐步开放市场，并为吸引外资而提供优惠政策，新加坡再度将投资方向转移到亚洲邻近的国家和地区。进入 21 世纪，发达国家经济增长缓慢，而发展中国家尤其是亚太地区的发展中国家经济增长迅速，因此新加坡坚持将投资重点放在亚洲，还将中南美洲的投资大幅转移至亚洲，

① 商务部《对外投资合作国别（地区）指南——新加坡（2020 年版）》。

对亚洲国家的投资重点是东盟和中国。

新加坡的对外直接投资有相当一部分投在纺织、皮革、木制品、瓷砖和陶瓷等劳动密集型产业上。随着新加坡国内产业结构的升级，还把一部分资本密集型产业也转移到国外，这些产业包括造船、工程、汽车、钢铁等。进入21世纪以来，颇具竞争力的服务业成为新加坡海外投资的主要领域。金融保险是新加坡最大的海外投资行业，占其海外直接投资的一半，其次是制造业，占直接投资的24%左右。

从表8－5可以看到，近些年来，新加坡的对外投资额总体变化不大，2018年的对外投资额和2010年基本持平。

新加坡的对外投资目的地主要为欧盟（占18.2%）、东盟（占17.9%）、中国内地（占15.8%）、中国香港（占6.9%）、澳大利亚（占5.8%）、开曼群岛（占5.4%）和英属维尔京群岛（占5%），对外直接投资的行业主要为金融保险业（占48.3%）、制造业（占16.7%）、批发零售业（占8.2%）、房地产业（占7.5%）、通信业（占4.4%）和商业服务业（占3.3%）①。

三、与中国的贸易关系

中国是新加坡重要的贸易伙伴。中国与新加坡于2008年10月签署了《中国－新加坡自由贸易协定》，新加坡是首个同中国签署全面自贸协定的东盟国家。根据协定，新加坡已于2009年1月1日起取消全部自中国进口商品的关税；中国也于2010年1月1日前对97.1%的自新加坡进口的产品实行零关税。两国还在服务贸易、投资、人员往来、海关程序、卫生及动植物检疫等方面进一步加强合作。

中国对新加坡出口的主要产品有机电产品、矿产品、贱金属；自新加坡进口的主要产品有机电产品、化工品、矿产品、塑料橡胶。2012—2019年中国与新加坡贸易情况如表8－5所示。

表8－5　2012—2019年中国与新加坡货物贸易统计　　单位：亿美元

年份	2012	2013	2014	2015	2016	2017	2018	2019
进出口总额	692.76	759.14	797.41	795.64	704.24	792.43	828.80	899.41
中国出口额	407.52	458.64	489.15	520.08	444.76	450.20	491.65	547.26
中国进口额	285.24	300.50	308.26	275.56	259.48	342.23	337.15	352.15

资料来源：中国海关网站。

① 商务部《对外投资合作国别（地区）指南——新加坡（2020年版）》。

据中国商务部统计，2019 年中国对新加坡直接投资流量为 48.26 亿美元，直接投资存量为 526.37 亿美元。主要投资行业为金融保险业和贸易业，投资方式以并购为主。同期，中国累计吸收新加坡投资 1 028.3 亿美元，连续 12 年成为新加坡对外直接投资第一大目的国①。其中，新加坡对中国投资占其对全球投资份额较大的行业包括房地产业、制造业、批发零售业、贸易和建筑业。新加坡对华投资主要项目包括中新三个政府间合作项目［苏州工业园区、天津生态城、中新（重庆）战略性互联互通示范项目］，以及广州知识城、吉林食品区、新川科技创新园、南京生态科技岛等。2012—2019 年中国吸收新加坡直接投资情况如表 8－6 所示。

表 8－6　2012—2019 年中国吸收新加坡直接投资统计　　单位：亿美元

年份	2012	2013	2014	2015	2016	2017	2018	2019
金额	63.05	72.29	58.27	69.04	60.47	47.6	52.1	75.9

资料来源：中华人民共和国商务部网站。

新加坡具有良好的投资环境，早在 1990 年中新建交之前，中新两国企业间就已经开展了密切的经贸交往与合作。近年来，在两国领导人的高度重视和引领下，中新关系与时俱进，全面发展，在“一带一路”建设中必将合作共赢，取得更辉煌的成绩。

小贴士

1. 汇率：1 新加坡元＝5.09 元人民币（2020 年）。在新加坡，使用信用卡和支付宝都很方便。

2. 机场：新加坡樟宜国际机场（Singapore Changi Airport）距离市区 17.2 千米，共有 5 个航站楼。

3. 地铁：新加坡打车非常贵，公交经常不报站名，乘坐地铁是最便捷的方式。旅客可以从网站 www.smrt.com.sg 获取地铁线路图，也可以在任何一个地铁站的控制中心获取搭乘地铁指南。地铁上不能吃东西，也不能喝饮料，违者罚款 500 新加坡元。

4. 新加坡政府大厦一带都有中国银行，有 3 000 多家商店可以使用银联卡。新加坡樟宜国际机场等全球十大机场还开通了支付宝业务。

---

① 商务部《对外投资合作国别（地区）指南——新加坡（2020 年版）》。

5. 新加坡个人所得税的最低税率是2.5%（年收入在5 000新加坡元以下者），最高为30%（年收入超过40万新加坡元者），采取累进税率。

6. 新加坡对外籍人免征所得税的条件很宽，大量外籍人士在各种形式下享受免税待遇。新加坡规定在每年的4月15日之前申报上一年度的个人所得税。企业所得税申报截止日期为每年的11月30日。

7. Enterprise one是由新加坡批准，生产力与创新局（Standards, Productivity and Innovation Board）运营的政府网站，该网站提供创业所需要了解的全部信息，网址为http://www.business.gov.sg。

8. 新加坡会计与企业管制局网站（http://www.acra.gov.sg）提供对不同行业、不同企业常见问题的解答。

课后练习

一、填空题

1. 新加坡位于马来半岛的最南端，享有“（　　）”的美名。

2. 新加坡位于（　　）海峡的入口处，北隔柔佛海峡与马来西亚毗邻，南隔新加坡海峡与印度尼西亚相望。新加坡在马六甲海峡的入口，扼住（　　）与印度洋的航运通道，是连接欧、亚、非三洲的海上交通枢纽。

3. 新加坡的（　　）是全球最大的水族世界，同时也是新加坡圣淘沙名胜世界的第二大重量级景点，拥有800多个海洋生物品种，约超过10万只深海海洋生物。

4.（　　）工业区位于新加坡西南部，是东南亚最大的工业区，包括裕廊工业园、裕廊港、裕廊化工岛、大士工业园和裕廊镇城区配套，是新加坡最大的综合工业区。

5. 新加坡建国之初就是一个多民族国家，其中（　　）族占人口的比例最高，其次是（　　）族。

6. 新加坡以（　　）为主要产业，粮食需求全部依靠进口。

7.（　　）为新加坡第一大货物贸易伙伴、第一大出口市场和第一大进口来源国。

8. 自2006年以来，在世界银行每一年度的《全球营商环境报告》中，新加坡经商环境一直高居全球前三。据世界银行《2020年全球营商环境报告》，全球190个经济体中，东盟国家有6个排名在100位之内，其中新加坡排名第（　　）位，被世界银行称为“世界上最容易做生意的地方”。

二、判断题

1. 新加坡在全球最具竞争力的 144 个国家和地区中排名第二。(　　)

2. 新加坡自然资源丰富，人口密度大，是新兴工业化国家，也是全球最为富裕的国家之一。(　　)

3. 兰花是新加坡的国花，新加坡的国语是英语，国际电话区号是 0066。(　　)

4. 在李光耀总理的领导下，新加坡已步入新兴工业化国家行列，创造了一个新加坡奇迹。(　　)

三、思考题

1. 新加坡的地理位置对其经济发展有何影响？

2. 新加坡自然资源匮乏，它是怎样创造经济奇迹，成为全球最富裕的国家的？

第九章　印度尼西亚

翁玮

> 印度尼西亚是世界上最大的群岛国家，由约 17 508 个岛屿组成，疆域横跨亚洲及大洋洲，素有“千岛之国”的美称，是一个多火山地震的国家。首都为雅加达，人口超过 2.6 亿人。

首都：雅加达，又名椰城。2019 年宣布迁都至东加里曼丹省，计划于 2024 年前开启迁都程序。

国旗：国旗旗面由上红下白两个长方形构成，长与宽之比为 3∶2，别称“荣耀红白”。红色象征勇敢，白色象征纯洁（见图 9－1）①。

图 9－1　印度尼西亚国旗

国徽：印度尼西亚国徽图案是一只矫健的神鹰胸前佩戴着一块盾牌，双爪紧抓写有“殊途同归”（古爪哇语）字样的横幅。神鹰的颈部、翅膀和尾部羽毛分别为 45 根、17 根和 8 根，表示印度尼西亚独立于 1945 年 8 月 17 日。盾代表建国五基，由五个部分图案组成：五星象征信仰神道；链条代表人道主义；榕树象征民族主义；牛头象征民主；谷穗象征社会公正（见图 9－2）②。

图 9－2　印度尼西亚国徽

① 中华人民共和国驻印度尼西亚共和国大使馆网站。

② 同上。

国歌：《伟大的印度尼西亚》

国语：印度尼西亚语

货币：印尼盾

国际电话区号：0062

历史的脚步

印度人、中国人和阿拉伯人的古代文献中，泛称印度尼西亚群岛为“爪哇”。

13世纪末至14世纪初，在爪哇岛建立了印度尼西亚历史上最强大的麻喏巴歇封建帝国。

15世纪，葡萄牙、西班牙和英国先后侵入。1596年荷兰侵入，1602年成立具有政府职权的“东印度公司”，1799年底改设殖民政府。

1942年日本占领印度尼西亚。1945年日本投降后，印度尼西亚爆发八月革命，8月17日宣布独立，成立印度尼西亚共和国。1945年至1950年，印度尼西亚先后武装抵抗英国、荷兰的入侵，其间曾被迫改为印度尼西亚联邦共和国并加入荷印联邦。1950年8月重新恢复为印度尼西亚共和国，1954年8月脱离荷印联邦，定都雅加达。1950年印度尼西亚成为联合国第60个成员国。

1967年，印度尼西亚与马来西亚、菲律宾、新加坡和泰国成立了“东南亚国家联盟”（ASEAN，简称“东盟”），目前东盟已拥有10个成员国，印度尼西亚是最具影响力的成员之一①。

第一节　自然环境

一、区位、地形与气候

印度尼西亚是个群岛国家，面积为1 913 578.68平方千米，由17 508个大小岛屿组成，其中6 000个岛屿有人居住，是世界上最大的群岛国家，海陆联合面积排名世界第7位②。印度尼西亚北与马来西亚接壤，南与东帝汶毗邻，东接巴布亚新几内亚。

印度尼西亚的主要岛屿有加里曼丹岛、苏门答腊岛、苏拉威西岛、爪

① 商务部《对外投资合作国别（地区）指南——印度尼西亚（2020年版）》。

② 商务部《对外投资合作国别（地区）指南——印度尼西亚（2020年版）》。

哇岛和伊里安岛，毗邻的马六甲海峡是沟通太平洋和印度洋的重要通道。加里曼丹岛的山地从中部向西面伸展，沿海平原广阔，南部多沼泽。苏门答腊岛的山脉自西北向东南斜贯，山脉东北侧为丘陵和较宽的沿海冲积平原，平原东部多沼泽。苏拉威西岛大多为山地，仅沿海有狭窄平原。爪哇岛的北部是平原，南部是熔岩高原和山地，山间多宽广的盆地。伊里安岛的西部高山横亘，有世界最高的岛屿山峰——查亚峰，海拔为 5 030 米，南部平原较宽广。

印度尼西亚多火山，全国 400 多座火山中有 120 多座是活火山，占世界活火山总数的 1/6，其中爪哇岛火山最多，地震最为频繁。印度尼西亚各岛屿面积均较狭小，境内河流众多、水量丰沛，但都比较短，只有苏门答腊岛的河川较长，其中梭罗河全长 560 千米，该岛的多巴湖为印度尼西亚第一大湖。

印度尼西亚地跨赤道两侧，大部分地区属于热带雨林气候，接近亚洲、澳洲两大陆的地区是热带季风气候，号称“终年都是夏，一雨便成秋”，年平均气温为 25～27℃。

首都雅加达位于东七时区，比北京时间晚 1 小时。

二、自然资源

印度尼西亚自然资源丰富，一向有“热带宝岛”之称。矿产资源、石油资源、天然气和锡的储量在世界上都居于前列。

（一）矿产资源

印度尼西亚富含石油、天然气以及煤、锡、镍、金、银等矿产资源，矿业在印度尼西亚的经济中占有重要地位，产值占 GDP 的 10% 左右。截至 2020 年，印度尼西亚石油储量约为 97 亿桶（13.1 亿吨），天然气储量为 4.8 万～5.1 万亿立方米（主要产于苏门答腊的阿伦和东加里曼丹的巴达克以及近海地区），煤炭已探明储量 193 亿吨，潜在储量可达 900 亿吨以上①。截至 2014 年，锡储量大约有 80 万吨，镍矿储量约为 560 万吨，居世界前列。金刚石估计储量约为 150 万克，居亚洲前列，主要分布于加里曼丹②。

（二）森林资源

印度尼西亚的森林类型以热带雨林为主，森林面积为 1.37 亿公顷，森林覆盖率超过 60%。热带雨林面积在世界上仅次于亚马逊地区。

印度尼西亚盛产各种名贵木材，有加里曼丹和苏门答腊的铁木、努沙登

① 商务部《对外投资合作国别（地区）指南——印度尼西亚（2020 年版）》。

② 何政．印度尼西亚经济社会地理［M］．广州：世界图书出版广东有限公司，2014：5.

加拉的檀木、苏拉威西的乌木、爪哇的柚木等。加里曼丹是主要的木材生产基地，其中50%集中在东加里曼丹。印度尼西亚还是世界上最大的藤原料和藤制品生产国与出口国。

（三）水产资源

印度尼西亚有广阔的海域、众多的河流与湖泊，因此水产资源极为丰富。苏门答腊东岸的巴干西亚比亚是世界著名的大渔场。鱼类有沙丁鱼、金枪鱼、鳕鱼、石斑鱼、墨鱼、带鱼等，虾有各种海虾、龙虾和淡水虾。此外，还盛产各种蟹、贝、螺、鳖、海参、珍珠、食用海藻等。

（四）生物资源

印度尼西亚是世界上生物资源最丰富的国家之一，在世界生物多样性的地图中占据着重要位置，以“百万物种国”著称。

印度尼西亚拥有3.8万多个植物种类，其中55%是特有植物，药用植物最为丰富。世界10%的开花植物生长在印度尼西亚。

印度尼西亚宜人的气候为许多珍奇鸟兽和各种花卉提供了良好的生长环境。印度尼西亚拥有许多世界濒临灭绝的动植物，如著名的苏门答腊虎、象、犀牛、科摩多巨蜥、黑猴、天堂鸟、巴布亚虎斑兰和尸臭花等。印度尼西亚的国兽是科莫多巨蜥，国花是毛茉莉。印度尼西亚还拥有世界1/4的鱼类物种，珊瑚种类比夏威夷丰富7倍，鱼类品种比澳大利亚大堡礁丰富3倍[①]。

第二节　人文环境

一、行政区划

印度尼西亚的行政区划以省为单位。根据中国外交部数据，印度尼西亚由3个特区（雅加达首都特区、日惹特区、亚齐特区）和31个省共计34个一级行政区组成。二级行政区（县/市级）共514个。

（一）主要岛屿与行政区划

印度尼西亚由7个岛群组成，分别是：苏门答腊岛、爪哇岛、加里曼丹岛、苏拉威西岛、马鲁古群岛、新几内亚岛西北部和小巽他（见表9－1）。

① 何政．印度尼西亚经济社会地理［M］．广州：世界图书出版广东有限公司，2014.

表 9-1 印度尼西亚行政区划表

岛	一级行政区（省）	首府
苏门答腊岛	10 个省区：亚齐特区、北苏门答腊省、西苏门答腊省、廖内省、廖内群岛省、占碑省、邦家-勿里洞省、南苏门答腊省、明古鲁省、楠榜省	班达亚齐、棉兰、巴东、北干巴鲁、丹戎槟榔、占碑、邦加槟港、巨港、明古鲁、班达楠榜
爪哇岛（全国政治、经济、文化中心）	6 个省区：万丹省、雅加达首都特区、西爪哇省、中爪哇省、日惹特区、东爪哇省	塞朗、雅加达、万隆、三宝垄、日惹、泗水
加里曼丹岛	5 个省区：西加里曼丹省、中加里曼丹省、南加里曼丹省、东加里曼丹省、北加里曼丹省	坤甸、帕朗卡拉亚、马辰、三马林达、丹戎塞洛
苏拉威西岛	6 个省：北苏拉威西省、哥伦打洛省、中苏拉威西省、西苏拉威西省、南苏拉威西省、东南苏拉威西省	万鸦老、哥伦打洛、帕卢、在南苏、望加锡、肯达里
马鲁古群岛	2 个省：北马鲁古省、马鲁古省	德尔纳特、安汶
新几内亚岛西北部	2 个省：西巴布亚省、巴布亚省	苏朗、查亚普拉
小巽他	3 个省：巴厘省、西努沙登加拉省、东努沙登加拉省	登巴萨、马塔兰、古邦

资料来源：中华人民共和国驻印度尼西亚共和国大使馆经济商务处网站。

（二）主要城市

印度尼西亚的著名城市有雅加达、泗水、棉兰、万隆、日惹和茂物。

1. 雅加达

首都雅加达位于爪哇岛西北部海岸，是印度尼西亚第一大城市和全国的政治、文化、经济中心，也是东南亚最大的城市，世界著名的海港。雅加达既是印度尼西亚海陆交通的枢纽，也是连接太平洋和印度洋的重要交通枢纽，还是各国通往大洋洲的重要中转站。很多船只因这里费用较低而停靠在这里加水维修。雅加达机场也是世界上规模和客流量最大的国际机场之一。

雅加达的金融业较为发达，占该市生产总值的 30% 左右，印度尼西亚最大的金融机构和工商业总部都设在雅加达。雅加达还是印度尼西亚最大的工业中心，同时拥有丰富的旅游资源，是印度尼西亚的三大旅游城市之一。伊斯蒂赫拉尔清真寺、雅加达独立广场、印度尼西亚缩影公园、中央博物馆、安佐尔梦幻公园、拉古南动物园是雅加达非常著名的景点。

由于雅加达人口太多，交通拥堵，污染严重，而且地势低平，地下水开采过量，地面沉降加剧，2019 年印度尼西亚总统佐科·维多多宣布迁都至东加里曼丹省，计划于 2024 年前开启迁都程序。

2. 泗水

泗水是婆罗门火山的门户、东爪哇省省会、印度尼西亚第二大城市。城市北部是著名港口丹戎佩拉克，是仅次于雅加达的印度尼西亚第二大港。泗水交通设施完善，电车轨道铺遍全城。泗水也是印度尼西亚工业化程度最高的工商业城市，印度尼西亚很大一部分进出口商品都从该港口进出。1868 年建造的大清真寺，1954 年建造的艾尔郎加大学、理工学院、海军学院和一座荷兰古堡是泗水著名的建筑。泗水也因在独立斗争时期英勇抗英而被誉为“英雄城”。

3. 棉兰

棉兰是北苏门答腊省首府。棉兰濒临马六甲海峡，是印度尼西亚对外贸易的西大门和国内外游客的主要出入境口岸。建于 1888 年的苏丹王宫就坐落在棉兰，棉兰市容整洁，绿树成荫，气候宜人。

4. 万隆

万隆是西爪哇省首府、巽他族文化中心。万隆地处高谷，周围群山环抱，风景秀丽，气候宜人，四季如春，被誉为“印度尼西亚最美丽的城市”，素有“爪哇的巴黎”之称。万隆有 50 余家高校及研究机构，并拥有全国唯一的飞机制造厂。1955 年 4 月第一次亚非会议在万隆召开，共 29 个亚非国家和地区的政府代表团参加，著名的和平共处五项原则就是在这次会议上提出并通过的。会议所倡导的亚非人民团结反帝、反殖、争取和维护民族独立，加强人民之间友谊的精神被称为“万隆精神”，万隆也因此驰名于世。

5. 日惹

日惹位于爪哇岛中南部。日惹是印度尼西亚工业较为发达的地区之一，直属中央政府管辖，为全国三个省级特区之一。日惹作为爪哇文化艺术的发源地，文学、舞蹈、浮雕都极富艺术价值。日惹拥有世界上著名的古代建筑——婆罗浮屠，与中国的长城、印度的泰姬陵、柬埔寨的吴哥窟并称为“古代东方的四大奇迹”。日惹的普兰巴南、默拉皮火山、日惹博物馆和日惹王宫都是不可错过的旅游胜地。

6. 茂物

茂物是印度尼西亚西爪哇的名城。茂物年平均气温为 25℃，是热带地区不可多得的一个避暑胜地。茂物一年中打雷的天数超过300天，有着“雷都”之称。1994年11月在茂物举行的亚太经济合作组织（APEC）会议通过了《茂物宣言》，确立了APEC在亚太地区实现贸易和投资自由化的目标，提出发达成员到2010年，发展中成员到2020年实现这一目标的时间表。该会议为APEC指明了前进方向，在APEC发展史上有着特殊的意义。

二、人口分布

印度尼西亚人口约为2.71亿人①，仅次于中国、印度和美国，是世界第四人口大国。印度尼西亚人口密度为147.8人/平方千米②，高于世界人口平均密度，属于人口高密度型国家之一。全国60.7%的人口居住在仅占全国面积7%的爪哇岛上，致使该岛人口密度高达753人/平方千米，成为世界上人口最稠密的地区之一。

印度尼西亚从1960年到2019年人口总数翻了三倍。2010年印度尼西亚统计局对其未来25年的人口增长进行了预测，预计到2030年人口将达到2.96亿人，2035年达到3.05亿人③。印度尼西亚人口基数大、增长快、分布不均，导致地区经济发展不平衡以及土地、就业等问题尖锐。人口的快速增长还在一定程度上抵消了国民收入的增长。

印度尼西亚到目前为止仍然是一个低收入国家，人口年龄总体年轻。根据世界银行的统计数据，2019年印度尼西亚人口构成中，0～14岁人口占比约为26.55%，15～64岁人口占比为67.59%，65岁以上人口占比为5.86%。这说明印度尼西亚的新生人口和青少年多，潜在的人口红利较大。

印度尼西亚有大约100多个不同的民族，其中爪哇族占45%，巽他族占14%，马都拉族占7.5%，马来族占7.5%。

尽管印度尼西亚拥有充足的劳动力，但缺乏掌握技能的熟练劳工，大部分劳动力的素质有待提高。印度尼西亚就业人口中，小学文化程度的人数占就业总数的47.9%，大学以上文化程度的人数占就业总数的6.9%，大部分印度尼西亚工人最多只具备初中文化程度，缺乏技能和知识，多从事低收入、劳动密集型职业。据2019年世界银行统计，印度尼西亚约16%的年轻人失业，是世界平均水平的6倍，而且约53%的年轻人通过中介公司谋职，无固定或正式职业，劳动保障不健全，易成为社会的不稳定因素。

---

① 中华人民共和国外交部网站截至2020年12月的数据。

② 世界银行数据库。

③ 何政．印度尼西亚经济社会地理［M］．广州：世界图书出版广东有限公司，2014：17－20.

三、宗教信仰

印度尼西亚宪法规定宗教信仰自由，官方承认五大宗教，包括伊斯兰教、基督教、天主教、印度教和佛教。伊斯兰教徒占 88%，基督教徒占 5.3%，天主教徒占 2.5%，印度教徒占 2.5%，佛教徒占比不到 1.7%。印度尼西亚宗教具有以下特点：第一，大多数居民信奉伊斯兰教，但伊斯兰教并非国教。第二，伊斯兰教在印度尼西亚政治生活中起着重要的作用。印度尼西亚独立后，各派政治力量都努力争取广大穆斯林群众的支持。第三，五大宗教受原始宗教和当地习俗的影响，呈现具有印度尼西亚文化特色的宗教面貌。第四，不同宗教、教派之间仍存在一定隔阂。

四、文化风俗

在民族节日盛会上，赛牛、斗牛、划独木舟等传统体育运动是印度尼西亚人民非常喜爱的节目。

在印度尼西亚不能摸小孩子的头，这被认为会给孩子带来灾难。和别人交谈或去拜访别人都要摘下太阳镜，尽量避免谈论政治、宗教等话题。拜访印度尼西亚商人时要带上礼物，如果收下了他人的礼物就意味着承担了某种责任。进入清真寺一定要脱鞋，不能穿无袖衣服、背心。在巴厘岛，进入寺庙必须在腰间束腰带。印度尼西亚人还忌讳在夜间吹口哨，认为会招来游荡的幽灵。印度尼西亚人大多信奉伊斯兰教，忌吃猪肉食品，忌饮烈性酒，不吃带骨带汁的菜，也不吃鱼肚和海参。

第三节　农业

据世界银行统计，2018 年在印度尼西亚的三大产业结构中，第一产业占 13%，第二产业占 40%，第三产业占 47%。印度尼西亚的农业布局可按各大岛划分：爪哇岛集中了全国 60% 的稻田，成为印度尼西亚的粮仓；苏门答腊岛为热带经济作物的主要产区；南加里曼丹丘陵起伏，以橡胶等经济作物为主；西伊里安的草地资源丰富，有利于发展大中型牧场。

一、种植业

印度尼西亚的农业主要由粮食作物、经济作物和水果组成。

粮食作物在种植业中占据主体地位。粮食作物以稻米、玉米、甘蔗为主，杂粮有木薯、豆类。印度尼西亚是东南亚最大的豆类生产国。稻米的种植面积占印度尼西亚耕地总面积的 1/3，占粮食作物种植面积的 78%。水稻的主产区是爪哇岛，其他岛屿以旱稻为主。由于气候原因，小麦不适宜在印度尼西亚种植，面粉尚依赖进口。玉米生产近年来发展很快，2017 年产量达到 2 795.2 万吨，种植面积达到 3 万平方千米。木薯是印度尼西亚的传统作物，产量居世界前列。大豆产量增长很快，2017 年产量达到 91.56 万吨①。

热带经济作物在印度尼西亚的种植业中占据重要地位，约占农业产值的 10%，产品多用于出口。很多种经济作物的产量都在世界上名列前茅，如天然橡胶、椰子、棕油、咖啡和可可。印度尼西亚产量居于世界前列的农产品还有胡椒、木棉、奎宁和藤。椰干、蔗糖、烟叶、茶叶、丁香也久负盛名并可出口。

印度尼西亚还是水果王国，生产香蕉、芒果、菠萝、木瓜、榴莲、山竹等各种热带水果。

据世界银行统计，2018 年印度尼西亚的农产品出口额占全国出口总额的 20%。

二、林业

印度尼西亚森林覆盖率超过 60%，全国有 3 000 万人依靠林业维持生计；胶合板、纸浆、纸张出口在印度尼西亚的出口产品中占很大份额，其中藤条出口占世界 80% ~90% 的份额。印度尼西亚出产的热带红木闻名于世，但砍伐量大于生长量，政府已于 1985 年起禁止原木出口，在保护资源方面起了一定作用。近年来印度尼西亚政府重视发展木材加工业，进口原材料进行加工生产，并大量出口胶合板，已占据世界市场的 2/3。印度尼西亚林产品出口情况如表 9 -2 所示。

表 9 -2 印度尼西亚 2010—2017 年林产品出口统计表 单位：百万美元

年份	2010	2011	2012	2013	2014	2015	2016	2017
出口额	7 193	7 690	7 446	7 815	8 046	7 800	7 071	8 416

资料来源：联合国粮农组织数据库。

印度尼西亚的农业发展存在着以下问题：耕地面积减少；农村贫困问题加深；农业发展严重不平衡；农业机械化仍处于低水平；农业基础设施严重不足；农业至今仍以小农经济为主体。总之，印度尼西亚农业仍处于从传统发展阶段向现代化发展阶段转变的过程中。

① 联合国粮农组织数据库。

三、畜牧业

印度尼西亚土地广阔，适宜放牧的区域较大，畜牧业产值占农业产值的比重约为10%。鸡、鸭的产量均居世界前列。

四、渔业

印度尼西亚是“千岛之国”，作为世界上最大的群岛国家，渔业资源丰富。截至2019年，海洋鱼类多达7 000种，政府估计潜在捕捞量超过800万吨/年，已开发的海洋渔业产量占总渔业产量的77.7%①。印度尼西亚的金枪鱼产量居世界前列。虾的捕捞和养殖也同步发展，享有盛名。印度尼西亚近年来大力引进外资，增加冷冻包装设备，大量出口水产品，已在世界渔业市场占有一席之地。

第四节　工业

据世界银行统计，2018年印度尼西亚的工业产值占国内生产总值的40%，主要工业部门有油气业、矿产业和制造业。工业发展方向是强化外向型制造业。

一、油气业

印度尼西亚是东南亚的主要产油国，是全球最大的液化天然气生产国之一，曾是亚洲唯一的石油输出国组织成员国。苏门答腊是印度尼西亚最大的石油生产省，拥有DUFF和MINAS两个国内最大的油田。印度尼西亚石油产量在1976年达到顶峰，并且持续了近20年时间，但近年来印度尼西亚的油田老化，产量逐渐下降，自2003年以来已经成为石油净进口国，2008年初印度尼西亚宣布退出石油输出国组织。英国石油公司（BP）预计，未来如无新发现，在生产和储量不变的情况下，印度尼西亚的石油将于2024年被消耗完。

印度尼西亚的天然气储量大约有5万亿立方米，主要天然气田分布在苏门答腊岛北部的（ARUN）、加里曼丹岛东部的（BADAK）、爪哇海、伊利安岛以及纳土纳。印度尼西亚出口天然气最多的国家是日本，其次为韩国、中

① 商务部《对外投资合作国别（地区）指南——印度尼西亚（2020年版）》。

国、美国和泰国[①]。

据印度尼西亚能矿部估计，印度尼西亚大约有 16.31 万亿立方米的页岩气资源。印度尼西亚国家石油和天然气公司成为第一家开发其国内页岩气的公司。来自澳大利亚、加拿大和美国的石油公司纷纷表示有兴趣在印度尼西亚开发页岩气。

二、矿产业

印度尼西亚矿产资源丰富，主要的矿产有锡、铝、镍、铁、铜、金、银、煤等。锡产量排在中国之后，居世界第二位，黄金产量名列世界前十[②]。根据美国地质调查局统计，2020 年印度尼西亚铜储量排名世界第七位。

印度尼西亚煤炭资源丰富，估计煤炭资源总储量达 398.9 亿吨，是世界第五大煤炭储藏国[③]。印度尼西亚也是世界煤炭生产和出口大国之一，其生产的煤炭中 2/3 出口到中国、印度、日本和韩国等，1/3 供国内电厂发电使用。

印度尼西亚煤炭生产和出口的优势主要表现在以下五个方面：第一，资源分布集中，海运方便。其煤炭主要分布在苏门答腊和加里曼丹两岛，其中苏门答腊占 67%，加里曼丹占 31%，均临海，加之煤炭企业多自备港口，海运方便，基本不存在运输瓶颈，且比陆路运输成本低。第二，煤质好，属于优质的环保煤。第三，距离目标市场近，印度尼西亚主要的煤炭出口市场是中国、印度、韩国，海运距离近，海运成本低。第四，生产的集中度高。Adaro 和 Kahim Prima 是印度尼西亚最大的两家煤炭企业。第五，印度尼西亚的煤矿 90% 为露天矿，采掘成本低。

印度尼西亚虽然矿产资源丰富，但冶炼水平较为落后，主要从日本、韩国、俄罗斯、印度、中国等进口钢材以弥补需求不足。

三、制造业

印度尼西亚工业发展方向是强化外向型制造业。其工业增长率不仅大大高于农业增长率，而且还高于国内生产总值的增长速度，因此工业在国民经济中的地位不断提高，占 40% 左右[④]。

在工业部门中，制造业的发展较为突出。印度尼西亚的制造业有 30 多个

---

① 何政．印度尼西亚经济社会地理［M］．广州：世界图书出版广东有限公司，2014.

② 美国地质调查局网站。

③《BP 世界能源统计年鉴》。

④ 世界银行数据库。

不同种类的部门，其中纺织、汽车、木材加工是出口创汇的重要部门。

（一）纺织

印度尼西亚的纺织服装业、制鞋业已成为该国制造业的两大重要产业。印度尼西亚的纺织服装企业主要分布在万隆、西爪哇及雅加达附近，厂家多来自中国台湾和中国香港。

（二）汽车

印度尼西亚的汽车产业也在近几年迅速发展。2020 年，印度尼西亚的汽车保有量达到2 000万辆。但目前印度尼西亚汽车行业缺乏自有专利，没有研发投入，缺少自主品牌，以小轿车生产组装业为主。整车进口大于出口，贸易呈逆差态势。

（三）木材加工

印度尼西亚的木材加工业依托丰富的森林资源和廉价的劳动力发展迅速，原木、锯材、人造板和家具等木制品的产量逐年大幅度提升。印度尼西亚是国际重要的原木、锯材、纸浆、纸张、家具和其他木制品的输出国。印度尼西亚政府从 1985 年开始就完全禁止原木出口，从 2012 年起禁止以原材料或半成品材料形式出口藤。印度尼西亚的铁木、檀木、乌木、柚木和藤制品及家具在全球市场都享有盛誉，是世界最大的家具输出国之一。木制家具的生产集中在中爪哇地区，藤制家具的主产区则在姬蕾本。

（四）食品加工

印度尼西亚的食品加工严重依赖进口原料，大宗进口原料主要有小麦、糖、奶制品、大豆等。由于印度尼西亚穆斯林占多数，政府严格控制酒精饮料的生产和销售，进口含酒精的饮料需要缴纳高额奢侈品消费税和进口关税，啤酒业只有三家工厂。印度尼西亚的主要外资食品企业有联合利华、雀巢、纽迪西亚、达能、可口可乐、亨氏 ABC、卡夫。猫屎咖啡是印度尼西亚的名产。

（五）化工

近年来，化工行业是印度尼西亚增长最快的行业之一，目前的制造业和生产过程中用到的近 60% 的化学品是从国外进口的。化工成为非常有投资前途的行业，很多国际化工公司已锁定印度尼西亚作为重要投资目的地。

四、电力工业

印度尼西亚的水电、火电、风电和地热等各类电力资源都比较丰富，但电力生产发展水平较低。作为全球最大的能源生产国之一，印度尼西亚全国用电普及率仅为65%，属于电力比较缺乏的国家。

印度尼西亚的电力工业起步于荷兰殖民者统治时期，经过曲折漫长的发展过程，形成现在以国营电力公司为主导并允许私有电力公司经营的局面。目前，印度尼西亚所用电力的大部分仍由国营电力公司 PLN 生产供应，PLN 分为爪哇－巴厘岛系统及岛外两个部分并分别管理，爪哇－巴厘岛系统比较完善，发电量及用电量占整个 PLN 用电量的90%左右。由于 PLN 没有能力向整个印度尼西亚输电，不足部分由独立电商 IPP 生产。

电力工业基础落后是阻碍印度尼西亚电力工业发展的关键因素之一，目前所用的发配电设施相当大一部分都是20世纪60年代建成的，设备陈旧老化，装机容量不足。

生产方式不合理、发电能源单一且大部分使用成本较高的燃油和煤炭是阻碍印度尼西亚电力工业发展的另一重要因素。大量依靠火力发电使印度尼西亚的发电成本居高不下。

影响印度尼西亚电力发展的其他因素还包括：国营电力公司垄断严重，私有企业份额很小，电力市场缺乏竞争；电力政策频繁更改，投资者不敢轻易投入。

印度尼西亚地热资源非常丰富，约占全球总储量的40%，储藏量约为2 900万千瓦，地热发电开发潜力巨大。

第五节　第三产业

印度尼西亚第三产业占国内生产总值的47%，但基础设施落后和劳动力受教育程度低的问题成为阻碍第三产业发展的重要因素。

一、交通运输业

（一）公路运输

公路是印度尼西亚最主要的交通运输方式，担负着国内近90%的客运和50%的货运。陆路运输比较发达的地区是爪哇、苏门答腊、苏拉威西、巴厘岛等。全国公路网在1989—1993年已经形成。印度尼西亚公路全长为34万千米（2014年），但公路质量不高，高速公路建设停滞不前。截至2014年底，高速公路总里程不到1 000千米。2015年，政府将把高速公路建设列为重点工程之一，计划以爪哇岛和苏门答腊岛为主，在全国新修2 650千米普通级公路，1 000 千米高速收费公路，拓宽 3 072 千米已有公路。截至 2019 年，新建公路实际完成 3 793 千米，其中收费高速公路 1 000 千米①。

（二）铁路运输

印度尼西亚铁路所有权为国家所有，由国有公司经营，大规模运输任务多由铁路承担。根据《2011—2025 年加快和扩张经济发展的总体规则》，印度尼西亚将在爪哇地区发展南部铁路以及贯通南北的铁路线，并逐渐建设双向铁轨，在加里曼丹和苏拉威西地区将进行铁路运输的调研及准备工作，在雅加达、泗水、锡江和万鸦佬地区考虑建设城市轨道交通。中国铁路总公司与印度尼西亚签署了雅万高铁合资共建协议，高铁连接雅加达至万隆，总长 150 千米，设计时速为 250 ~ 300 千米，通车后从雅加达到万隆的时间将缩短至 40 分钟。截至 2021 年 4 月，雅万高铁整体工程已完成 70%②。

（三）航空运输

印度尼西亚的国内航空运输业发展比较快，截至 2019 年，全国有 179 个航空港，其中达到国际标准的有 23 个；开有国际航班、国内航班、朝觐航班、先锋航班等。航空公司主要有 Garuda 航空公司、Merpati 航空公司、Lion 航空公司、Sriwijaya 航空公司。政府的空运业发展方案包括当前主要机场的维护、改进和扩建，以及新机场的建设和旧机场的替代，具体项目包括棉兰、龙目机场建设项目。为满足日益增长的航空运输需求，印度尼西亚交通运输部计划在 2030 年之前再新建 14 个机场③。

（四）水路运输

印度尼西亚水路运输较发达，水运系统包括岛际运输、传统运输、远洋运输和特别船运。截至 2019 年，印度尼西亚全国有水运航道 21 579 千米，其中苏门答腊5 471千米，爪哇/马都拉 820 千米，加里曼丹 10 460 千米。印度尼西亚有各类港口约 670 个，其中主要港口 25 个④。雅加达丹绒不碌港是全国最大的国际港，年吞吐量约为 250 万个标准箱。泗水的丹戎佩拉港为第二大港，年吞吐量为 204 万个标准箱。印度尼西亚政府的发展规划主要集中在境内水运航线和港口的建设方面，包括加里曼丹地区的河运交通建设项目。在海运方面，印度尼西亚政府希望尽快提升其港口的货物处理能力，使其与国家的整体经济发展相匹配，解决由于装卸能力不足导致的货物滞留问题。

---

① 张俊勇，陈艳春．印度尼西亚佐科政府基础设施建设［J］．国际研究参考，2020（6）．

② 中华人民共和国驻印度尼西亚共和国大使馆网站。

③ 商务部《对外投资合作国别（地区）指南——印度尼西亚（2020 年版）》。

④ 同上。

未来数年内将开发25个国际码头项目。为解决资金问题，印度尼西亚政府正在逐步放宽对港口的控制，并计划允许私人机构通过“建设—经营—转让”（BOT）的方式建设和管理港口①。

二、旅游业

素有“千岛之国”之称的印度尼西亚处于赤道线上，岛屿遍布，沙滩迷人，瀑布、梯田、火山、湖泊、原始森林等旅游景点遍布各地，每一处都令人陶醉。印度尼西亚的旅游业虽起步较晚，但目前已经成为印度尼西亚非油气行业中的第二大创汇行业。印度尼西亚七大世界遗产如表9-3所示。

表9-3 印度尼西亚七大世界遗产

名称	所在地	类型
桑吉兰早期人类化石遗迹	亚齐特区	文化遗产
苏门答腊热带雨林	北苏门达腊省	自然遗产
乌戎库隆国家公园	西爪哇省	自然遗产
婆罗浮屠寺庙群	中爪哇省	文化遗产
巴兰班南	日惹特区	文化遗产
科莫多国家公园	东努沙登加拉省	自然遗产
洛伦茨国家公园	巴布亚省	自然遗产

从20世纪70年代起，印度尼西亚政府大力发展旅游业，兴建星级酒店等旅游基础设施，通过了一系列发展旅游业的法规，扩大到印度尼西亚旅游免办签证的国家数量。

根据世界银行数据库统计数据，印度尼西亚的国际旅游收入从2010年的76.2亿美元增长到2019年的184亿美元，增幅达到141%（见表9-4）。2018年赴印度尼西亚旅游的国外游客为1 404万人次，马来西亚、中国、新加坡、澳大利亚和东帝汶为印度尼西亚前五大游客来源地。受新冠肺炎疫情影响，2020年游客量仅为369万人次。

表9-4 印度尼西亚2010—2019年国际旅游收入统计表 单位：十亿美元

年份	2010	2011	2012	2013	2014	2015	2016	2017	2018	2019
国际旅游收入	7.62	9.03	9.46	10.30	11.56	12.05	12.57	14.69	17.91	18.40

资料来源：世界银行数据库。

① 商务部《对外投资合作国别（地区）指南——印度尼西亚（2020年版）》。

三、金融业与电信业

（一）金融业

印度尼西亚的金融业包括银行、证券公司、保险、债券、基金、金融公司等部门。随着国民经济的发展、人均收入的提高、中产阶级人数的快速增长，印度尼西亚的金融业发展潜力巨大，前景广阔。2011 年印度尼西亚证券交易所业绩排名世界第三①。截至 2019 年，印度尼西亚共有 115 家公共银行，其中国有银行 4 家，地区发展银行 27 家，私营全国银行 63 家，外资、合资银行 21 家②。整体而言，印度尼西亚金融业发展迅速，但金融发展水平仍相对较低。

（二）电信业

印度尼西亚电信发展潜力巨大，电信业增长势头迅猛，跨国运营商和资本介入较多。Telkomsel 为印度尼西亚国内最大的电信公司，Indosat 则为最大外资电信公司。印度尼西亚大部分地区都通互联网，但带宽较小，网速较慢。印度尼西亚人口基数大，手机市场的规模和发展趋势良好。据统计，2020 年印度尼西亚智能手机用户达到 1.6 亿户，智能手机普及率达到 62%③。

第六节　外贸与外资

一、对外贸易概况

对外贸易在印度尼西亚国民经济中占有重要的地位。近年来印度尼西亚政府采取一系列措施，鼓励和推动非油气产品出口，通过简化出口手续和降低关税等政策，使该国的对外贸易取得了较大的发展。

根据世界银行的统计数据（见表 9－5），2019 年印度尼西亚对外贸易总额为 4 043.3 亿美元。其中，出口总额为 2 001 亿美元，进口总额为 2 042.3 亿美元。从 2010 年至 2019 年，印度尼西亚的出口年均增长率仅为 2% 左右，而进口在此期间的年均增长率达到了 4%。

---

① 商务部《对外投资合作国别（地区）指南——印度尼西亚（2020 年版）》。

② 中华人民共和国外交部网站。

③ Statista 全球统计数据库。

表 9-5 印度尼西亚 2010—2019 年进出口贸易额统计表　　单位：十亿美元

年份	2010	2011	2012	2013	2014	2015	2016	2017	2018	2019
出口额	166.64	212.99	211.01	205.03	198.82	171.35	167.79	194.21	208.73	200.10
进口额	145.42	188.98	212.89	211.27	201.85	165.99	159.56	182.78	218.64	204.23

资料来源：世界银行数据库。

印度尼西亚的进出口商品结构比较稳定。位列出口前十位的商品分别是：矿产品、动植物油脂（90%为棕油）、机电产品、塑料和橡胶、纺织品及原料、贱金属及制品、化工产品、纤维素浆和纸张、食品饮料和烟草、运输设备。位列进口前十位的商品分别是：机电产品、矿产品、贱金属及制品、化工产品、运输设备、塑料橡胶、纺织品及原料、植物产品、食品饮料和烟草、纤维素浆和纸张。

印度尼西亚的主要出口对象国是中国、日本、新加坡、美国、泰国等，主要进口对象国是日本、中国、美国、新加坡和马来西亚等。在东盟自由贸易区内，印度尼西亚与新加坡、马来西亚、泰国、菲律宾以及越南等国的贸易往来比较密切。

印度尼西亚和世界上大多数发展中国家一样与发达国家之间的贸易互补性较强。日本对印度尼西亚的石油、天然气等原材料商品需求量较大，多年来一直是印度尼西亚石油和天然气等资源性商品的第一大进口国。在发展中国家中，中国、印度和马来西亚也是印度尼西亚的重要贸易伙伴。

二、外商投资情况

印度尼西亚吸引外商投资的条件主要是：政治社会总体稳定；经济增长前景广阔，市场潜力大；自然资源丰富；地理位置重要，控制着关键的国际海洋交通线；人口众多，有丰富、廉价的劳动力；市场化程度较高，金融市场充分开放。但印度尼西亚也存在基础设施有待完善、政策法律连续性和执行力有待提高、社会信用体系有待健全的不足。

流入印度尼西亚的外商直接投资相对集中在雅加达和西爪哇地区。中国对印度尼西亚的直接投资主要分布在西爪哇省、雅加达特区、万丹省、楠榜以及中加里曼丹省。

外资对印度尼西亚投资的领域主要为交通运输、通信、化工、药品、食品、电子等行业。

印度尼西亚外商直接投资的来源地主要为新加坡、英国、美国和日本。东盟是印度尼西亚外资的第一来源地，占其利用外资总额的50%。

外资对印度尼西亚的投资方式主要有并购、BOT、投资设厂等。

如表9－6所示，印度尼西亚的外商投资金额一直在稳步增长，而本国的对外投资增长至2015年后于2016年变为负值，资金大量回流国内。原因在于2016年印度尼西亚政府发布了第十项经济政策方案，更新了负面投资清单，向外资开放包括颗粒胶、冷藏、医药原料、电子商务平台、电影、收费公路运营、旅游（如运动中心、餐馆、酒吧、咖啡厅）等行业[①]。其中，电子商务平台的投资政策非常优惠，与当地中小企业合作、外资投资规模在1 000亿印尼盾以上的可100%控股，1 000亿印尼盾以下的最多可控股49%。这一政策吸引了大量资金流入印度尼西亚。

表9－6　印度尼西亚2010—2018年吸引外资和对外投资统计表　单位：十亿美元

年份	2010	2011	2012	2013	2014	2015	2016	2017	2018
引进外资	15.29	20.56	21.20	23.28	25.12	19.78	45.42	20.51	18.91
对外投资	4.18	9.04	7.48	11.11	10.39	9.07	－11.59	2.0	6.35

资料来源：世界银行数据库。

三、与中国的贸易关系

中国在印度尼西亚对外贸易中的地位越来越重要。据印度尼西亚统计局统计，中国连续8年成为印度尼西亚第一大贸易伙伴。中国海关统计数据显示，两国进出口总额从2014年到2019年增长了25.35%，其中中国对印度尼西亚出口增长了16.85%，中国从印度尼西亚进口增长了38.91%（见表9－7）。

中国和印度尼西亚的贸易互补性很强：一方面，印度尼西亚拥有丰富的矿产和森林资源，在矿物燃料及矿物油、动植物油脂、木及木制品等资源密集型初级产品出口上有优势；另一方面，中国的机电产品和纺织品行业技术成熟，主要对印度尼西亚出口机电产品等技术含量较高、资本相对密集的工业制成品。

表9－7　2014—2019年中国与印度尼西亚双边贸易额统计　单位：百万美元

年份	2014	2015	2016	2017	2018	2019
进出口总额	63.58	54.23	53.50	63.31	77.37	79.70
中国出口额	39.06	34.34	32.11	34.76	43.21	45.64
中国进口额	24.52	19.89	21.39	28.55	34.16	34.06

资料来源：中国海关网站。

① 印度尼西亚投资协调委员会（BKPM）网站。

截至 2018 年，中国企业在印度尼西亚已建立聚龙、青山、中印尼经贸合作区三个国家级境外经贸合作区，以及十余个已经完成或在建的合作园区。此外，爪哇 7 号燃煤电站、泗水 - 马都拉大桥、青山园区、佳蒂格德大坝、塔园桥也是双边合作的标志性项目。未来，伴随着雅万高铁等一系列重要合作项目稳步推进，印度尼西亚基础设施建设步伐不断加快，有望为中国与印度尼西亚双边贸易创造更大的发展空间。

据中国商务部统计，2019 年中国对印度尼西亚直接投资流量为 22.2 亿美元。截至 2019 年末，中国对印度尼西亚直接投资存量为 151.3 亿美元[①]。到印度尼西亚寻求投资合作的中国企业不断增多，涉及领域日益广泛，大型投资项目不断涌现。中国对印度尼西亚投资主要领域包括矿业、农业、电力、地产、家电、电子和数字经济等。

2009 年建成的泗水 - 马都拉大桥、2010 年竣工的阿萨汗水电站都是中国公司完成的。在印度尼西亚已实施的第一期“千万电站项目”中，中国企业承揽了近 80% 的工程。2019 年中国企业在印度尼西亚新签承包工程合同 1 295 份，新签合同额为 140.81 亿美元，完成营业额 87.05 亿美元，累计派出各类劳务人员 18 356 人[②]。大型工程承包项目包括中国建筑工程总公司承建的印尼美加达卫星城项目，中铁国际集团有限公司承建的雅万高铁，华为技术有限公司承建的印度尼西亚电信 WCDMA 网络项目等。

目前印度尼西亚与中国在经贸合作区、基建工程等方面开展了较为全面的合作。2017 年雅加达至万隆高速铁路项目（雅万高铁）正式开工，作为中国高铁全产业链“走出去”的第一单，雅万高铁对实现中国与“一带一路”沿线国家在交通基础设施领域的互联互通目标意义重大。印度尼西亚方面曾表示，雅万高铁最后选择中国方案，与中方提供了优越的融资方案有关：中方在资金方面不要求印度尼西亚政府担保，也无需印度尼西亚动用政府资金。2017 年 5 月，中国国家开发银行与印度尼西亚方面就雅万高铁建设签署了 45 亿美元的贷款协议[③]。

2017 年起，中国企业在印度尼西亚的投资布局由传统的电力、采矿及金属业开始转向新兴产业。其中，以腾讯以 12 亿美元收购印度尼西亚出行平台 Go - Jek Indonesia，阿里巴巴以 11 亿美元收购印度尼西亚电商平台 PT. Tokopedia 这

---

① 商务部《对外投资合作国别（地区）指南——印度尼西亚（2020 年版）》。

② 商务部《对外投资合作国别（地区）指南——印度尼西亚（2020 年版）》。

③ 中华人民共和国商务部、新华社、安永中国海外投资业务部网站。

两起交易最引人注目①。

印度尼西亚作为东南亚地区经济体量最大的国家，与中国未来合作潜力巨大。

小贴士

1. 汇率：1 印尼盾 =0.000 5 元人民币（2020 年）。

2. 在印度尼西亚的大多数商店都可以刷银联卡，也可以在 ATM 机上取现，现在很多商家也接受支付宝付款。

3. 印度尼西亚的酒店电话收费非常高，没有紧急情况不要拨打。很多商店都出售 SIM 卡，拨打本地电话每分钟需 800 ~1 000 印尼盾。酒店一般都有免费 WIFI，出国前也可以租个移动的随身 WIFI。

4. 中国北京、上海、广州有直飞雅加达和泗水的航线。从雅加达转机到巴厘岛需要 1 小时 30 分钟。

5. 印度尼西亚车辆靠左行驶。巴厘岛出租车的起价是 2 000 印尼盾，每千米费用为 450 印尼盾。如果要自驾，每天的租车费大约是 7 万印尼盾，摩托车和自行车也可以租用。

6. 在印度尼西亚投资设立公司注册手续繁多，审批时间较长。虽然印度尼西亚政府修订了《投资法》《公司法》，完善了相关的配套措施，推行“一站式”审批服务，以促进和吸引外国投资，但执行效果不理想。企业注册可以聘请专业律师、公证员、投资顾问等专门人员代为办理，但要注意甄选和审核，防止法律文件及手续出现纰漏。

7. 工资成本：印度尼西亚的工资成本整体来说比较低，但劳工法对于劳工保护规定比较苛刻，对资方不利。如果职工离职，企业要支付离职费或者补偿金，即使工人罢工，只要程序合法，也要支付薪水。中国企业到印度尼西亚投资要了解当地劳工法关于工资和保护劳工权益的具体规定，精心核算工资成本。

8. 印度尼西亚对本国劳工保护极为严格，对外国劳工的使用要求非常苛刻，工作签证签发要求很高，除高级管理岗位和高级技术人员之外，本国劳工可以胜任的工作，均不允许使用外国劳工。

9. 印度尼西亚贸易部网址：www. kemendag. go. id。

---

① 并购市场资讯有限公司、安永中国海外投资业务部网站。

印度尼西亚工业部网址：www. kemenperin. go. id。

印度尼西亚农业部网址：www. kementan. go. id。

印度尼西亚能矿部网址：www. esdm. go. id。

印度尼西亚投资协调署网址：www. bkpm. go. id。

课后练习

一、填空题

1. 印度尼西亚是世界上最大的群岛国家，由约 17 508 个岛屿组成，疆域横跨亚洲及大洋洲，素有（ ）的美称。

2. 印度尼西亚的首都为（ ），是印度尼西亚第一大城市和全国的政治、文化、经济的中心，也是东南亚最大的城市，世界著名的海港。

3. 印度尼西亚的经济作物在世界上享有盛名，如（ ）、（ ）、（ ）、（ ）和（ ）。

4. 日惹拥有著名的古代建筑——（ ），它与中国的长城、印度的泰姬陵、柬埔寨的吴哥窟并称为“古代东方的四大奇迹”。

5. 印度尼西亚的（ ）集中了全国 60% 的稻田，成为国家的粮仓，（ ）为热带经济作物的主要产区。

6. 印度尼西亚是东南亚的主要产油国，是全球最大的液化天然气生产国之一，曾是亚洲唯一的（ ）成员国。

7. 印度尼西亚的矿产品储量丰富，其中锡产量排在中国之后，居世界第二位，黄金产量名列世界前十。

8. 中国高铁全产业链“走出去”的第一单是中国中铁国际集团有限公司承建的（ ）项目。

二、判断题

1. 印度尼西亚是东南亚的主要产油国，是全球最大的液化天然气生产国之一，曾是亚洲唯一的欧佩克成员国。但近年来印度尼西亚的油田老化，产量逐渐下降，如无新的发现，预计印度尼西亚的石油将于 2024 年被消耗完。现印度尼西亚已经退出石油输出国组织。（ ）

2. 中国一直是印度尼西亚石油和天然气等资源性商品的第一大进口国。（ ）

3. 著名的猫屎咖啡产自印度尼西亚。（ ）

4. 公路是印度尼西亚最主要的交通运输方式，担负着国内近 90% 的客运和 50% 的货运。（ ）

5. 印度尼西亚国内生产总值中占比最大的是第三产业。(　　)

三、思考题

1. 印度尼西亚吸引外商投资的有利条件和不利条件分别有哪些?
2. 印度尼西亚与中国的经贸关系如何?

第十章 菲律宾

翁玮

菲律宾共和国简称“菲律宾”，位于亚洲东南部，东临太平洋，西濒南中国海，是东南亚一个多民族的群岛国家。菲律宾的众多岛屿犹如一颗颗明珠漂浮在蔚蓝色的太平洋上，因此菲律宾素有“千岛之国”和“东方明珠”之称。

首都：大马尼拉市

国旗：菲律宾国旗上半部为蓝色，下半部为红色。蓝色象征和平、真理、正义，红色象征爱国心和勇敢。左边是一个白色等边三角形，象征平等。三角形每个角都有一颗星星，代表菲律宾三个重要的岛屿：吕宋、维萨亚和棉兰老。而三角形的中央有一个太阳，表示阳光普照全国，八道较长的光束代表1986年最先举起武器反抗西班牙统治的八个省，其余的光线代表其他各省（见图10－1）[①]。

图10－1 菲律宾国旗

国徽：菲律宾的国徽呈盾形，盾形的下面有一条飘带，上面写着“菲律宾共和国”。盾形上半部分的白色代表菲律宾共和国时期，三颗金黄色的五角星代表吕宋、维萨亚和棉兰老。中部的太阳有八道金黄色阳光辐射，表示阳光普照全国。左下方蓝色部分代表美国殖民统治时期，向左看的美国秃头鹰左爪握着橄榄枝表示和平；右爪握着三支矛表示随时准备战斗以保卫和平。右下方红色代表西班牙殖民统治时期，金狮采用了当时西班牙王国国旗上的竞狮图形（见图10－2）[②]。

国歌：《菲律宾民族进行曲》

国花：茉莉花

国语：他加禄语，但英语是通用语言

货币：菲律宾比索

国际电话区号：0063

---

① 中华人民共和国驻菲律宾共和国大使馆网站。

② 同上。

图 10－2　菲律宾国徽

历史的脚步

14 世纪前后，菲律宾出现了由土著部落和马来族移民构成的一些割据王国，其中最著名的是 14 世纪 70 年代兴起的苏禄王国。

1521 年，麦哲伦探险队于地理大发现首次环球航海时抵达菲律宾群岛。此后，西班牙逐步侵占菲律宾，并统治长达 300 多年。

1898 年 6 月 12 日，菲律宾起义军宣告脱离西班牙统治，成立菲律宾第一共和国。同年，美国依据对西班牙战争后签订的《巴黎条约》对菲律宾实行殖民统治①。

1942—1945 年，菲律宾被日本占领，成立菲律宾第二共和国。

1946 年 7 月 4 日，美国被迫同意菲律宾独立，组建菲律宾第三共和国。

菲律宾 20 世纪 60 年代后期采取开放政策，积极吸引外资，经济发展取得显著成效。1982 年被世界银行列为“中等收入国家”。1986—1992 年，科拉蓉·阿基诺担任总统期间，组建菲律宾第四共和国。

1992 年 6 月至今，经历 5 任总统执政的菲律宾处于第五共和国时期②。

第一节　自然环境

一、区位、地形与气候

菲律宾是一个群岛国家，位于亚洲东南部，北隔巴士海峡与中国台湾相

---

① 中华人民共和国外交部网站。

② 商务部《对外投资合作国别（地区）指南——菲律宾（2020 年版）》。

望，东临太平洋，西濒南中国海，南和西南隔苏拉威西海和巴拉巴克海峡与印度尼西亚、马来西亚相望，是连接澳洲大陆、东亚、南亚之间的交通要道，地理位置十分重要。

菲律宾群岛由7 000多个岛屿组成，吕宋岛为第一大岛，棉兰老岛为第二大岛，其他比较重要的岛屿有维萨亚群岛、巴拉望群岛和苏禄群岛等。菲律宾国土总面积约为29.97万平方千米，天然良港和海峡遍布全境，各岛之间多为浅滩，多珊瑚礁。菲律宾以山地丘陵为主，沿海有狭小的平原，山地占国土面积的3/4以上，火山众多，平原与河谷稀少，河流湍急，不利于航行。

菲律宾群岛地形以山地为主，除少数岛屿有较宽广的内陆平原外，大多数岛屿仅沿海有零星分布的狭窄平原。菲律宾群岛上共有200多座火山，吕宋岛东南的马荣火山是最大的活火山。棉兰老岛东南部的阿波火山海拔为2 954米，为境内最高峰。菲律宾群岛两侧为深海，萨马岛和棉兰老岛以东的菲律宾海沟最深处超过1万米，是世界海洋最深的地区之一。

菲律宾属季风型热带雨林气候区，高温多雨，湿度大，台风多。全年平均气温为27℃，年降水量为2 000~3 000毫米，年平均湿度为78%。群岛西部有旱季（11月—次年4月）和雨季（5月—10月）之分，东部海岸终年有雨，并以冬雨最多。南部地区也终年多雨，无明显旱、雨季之分。东部的太平洋面是台风发源地，每年6月—11月多台风。菲律宾气温年变化、日变化比较缓和，全年热量充足、降水丰沛，水稻一年三熟，各种热带经济作物均可栽培。

菲律宾自然灾害较多，常遭台风、地震、暴雨和泥石流的袭击，但这样的气候也造就了其自然资源与生物的多样性①。

菲律宾地处东八时区，当地时间与北京时间一致，没有时差，无夏令时。

二、自然资源

（一）矿产资源

菲律宾矿物种类繁多，储量巨大，在世界矿产资源中占有重要的地位。根据菲律宾国家地质矿业局数据，截至2019年已经探明的矿藏中有29种非金属矿和13种金属矿。

石灰石是菲律宾最大的非金属矿物，分布于全国各地，储量为290亿吨，占非金属矿储量的57%。大理石储量为5亿吨，占非金属矿储量的16.7%。

---

① 申韬，缪慧星．菲律宾经济社会地理［M］．广州：世界图书出版广东有限公司，2014.

煤的潜在储量可能为15.9亿吨，巴拉望岛西北部石油储量大约为3.5亿桶，天然气储量也十分丰富。菲律宾地热资源丰富，预计有20.9亿桶原油标准的地热能源。

（二）生物资源

1. 植物资源

菲律宾地处热带，雨量充足，土壤肥沃，森林面积为1 579万公顷，覆盖率达53%，有乌木、紫檀等名贵木材。

棉兰老地区提供了全国木材总量的3/4。菲律宾树种有2 500多种，主要属于质地良好的硬木，其中著名的纳拉树是紫檀的一种，被菲律宾定为“国树”。

菲律宾四季常青，鲜花盛开，花卉种类多达近万种，各种热带兰花最为著名，共900多种，蝴蝶兰、鹤顶兰、蜘蛛兰、万带兰深受人们喜爱。洁白清香的茉莉花是菲律宾的国花，每当花开时节，漫山遍野异香扑鼻，人们常把茉莉花结成花环挂在贵宾的脖子上，表示纯洁的友谊。

菲律宾的水果主要有芒果、番木瓜、榴莲、香蕉、椰子。香蕉在国际市场上非常畅销，在亚洲国家中出口最多。菲律宾还种植橡胶、蕉麻树等经济作物。

2. 动物资源

菲律宾的兽类动物较少，哺乳类动物大约有200多种，但大多为翼手目、食虫目。保和岛上的眼镜猴是世界上最小的猴子，体重仅100多克，眼睛大而圆，就像戴着一副眼镜，有动物“活化石”之称。

菲律宾的鸟类约有850多种，其中“心脏出血鸽”产于吕宋岛和波利略群岛，身长30厘米，雪白的胸脯上长着一簇血红的羽毛，给人以胸部伤口流血的观感，被视为是世界上最奇特的鸟类之一。著名的“食猴鹰”是一种巨大的猛禽，被称为菲律宾的“鸟中之王”，它站立时近1米高，能够把猴子般大的动物抓撕成碎片。

3. 鱼类资源

菲律宾海岸线长18 533千米，多天然良港，截至2020年已开发的海水、淡水渔场面积达2 080平方千米。菲律宾的水产十分丰富，种类多达2 400多种，比较重要的海产品有金枪鱼、沙丁鱼、虾鱼、石斑鱼、乌贼等。

巴拉望岛和苏禄岛沿海是著名的珍珠和海龟产地，曾发现过重达6 350克、半径为13厘米的世界最大珍珠。大型海洋动物约有20多种，包括海豚、鲨鱼、稀有的抹香鲸和身长15米以上、世界最大的鲸鲨。但由于过度捕捞、非法炸鱼和滥采珊瑚礁，菲律宾的渔业资源受到较大影响，海洋生态遭到破坏。目前，菲律宾政府开始设立海洋保护区，海洋资源正逐步得到恢复。

第二节 人文环境

一、行政区划

菲律宾地理上可划分为吕宋、维萨亚和棉兰老三大岛组，现设有18个大区，81个省和117个市（见表10-1）①。首都是大马尼拉，由17个市（区）组成，位于吕宋岛。菲律宾第二大城市为宿务，位于维萨亚群岛中部。

表10-1 菲律宾行政区划表 单位：个

岛组	大区	省	市	镇	村
吕宋	8	37	57	690	20 057
维萨亚	4	19	33	399	11 875
棉兰老	6	25	27	417	10 061
合计	18	81	117	1 506	41 993

资料来源：菲律宾统计局网站（NSCB）转引内务和地方政府部国家村社运行办公室（NBOO/DILG）。

吕宋岛组包括吕宋本岛、西南的民都洛岛和巴拉望岛，下设8个行政区：国家首都区、伊洛克斯区、卡加延河谷区、中吕宋区、加拉巴送区、民马罗巴区、比科尔区和科迪勒拉自治区。维萨亚岛组包括中部维萨亚群岛中班乃、内格罗斯、宿务、保和、莱特和萨玛等岛，下设4个行政区：东维萨亚区、中维萨亚区、西维萨亚区和内格罗斯区。棉兰老岛组包括棉兰老岛和苏禄群岛等，下设6个行政区：北棉兰老区、中棉兰老区、南棉兰老区、西棉兰老区、卡拉加和棉兰老穆斯林自治区②。

菲律宾的政治制度为总统共和制，国家最高权力由总统和国会按不同的职能分别执掌和行使。菲律宾的政府机构由三部分组成：总统及其领导的行政机构、国会（包括参议院和众议院）、最高法院。总统由全国选民直接选举产生，拥有政府的行政权，每届任期六年，之后不得连续参加选举连续担任；国会是菲律宾的最高立法机构，由参议院和众议院组成，参议院的24名参议员由全国直接选举产生，每一届任期六年，但每三年要改选一半的人数，可以连任两届。众议院由全国选区选举产生300名众议员，每届任期三年，可以连任三届。司法权属最高法院和各级法院，最高法院由1名首席法官和14

---

① 中华人民共和国外交部网站。

② 申韬，缪慧星．菲律宾经济社会地理［M］．广州：世界图书出版广东有限公司，2014.

名陪审法官组成，均由总统任命，下设上诉法院、地方法院和市镇法院。

菲律宾是多党制国家，有大小 100 多个政党，其中 7 个比较大的政党是：民主人民力量党（截至 2021 年的执政党）、自由党、民族主义人民联盟、摩洛伊斯兰解放阵线（简称“摩伊解”）、摩洛民族解放阵线（简称“摩解”）、菲律宾共产党、基督教穆斯林民主力量党①。

菲律宾政治最典型的特征是家族政治。菲律宾的政治世袭家族大概有 200 多个，其中比较活跃的约有 100 个。据统计，国会议员中有 2/3 来自这些名门望族。

二、人口分布

截至 2021 年，菲律宾国内人口为 1.1 亿人。菲律宾是东南亚人口较多和世界上出生率较高的国家。菲律宾劳动力资源丰富，据世界银行 2018 年的统计，0 ~ 14 岁的人口占 31%，14 ~ 65 岁的人口占 64%，65 岁以上的人口占 5%。

在吕宋岛的中央平原，约有全国 25% 的人口，维萨亚群岛的局部平原约有全国 35% 的人口。这两个地区的耕地面积约占全国总耕地面积的 40% 以上。而棉兰老、巴拉望岛等地区由于位置偏远，至今大部分地区都尚处于未开发的原始状态。地区发展差异导致菲律宾人口分布很不平衡，马尼拉的人口密度高达 48 000 人/平方千米，吕宋岛北部的一些省每平方千米仅有几十人。2018 年，城市人口占菲总人口的 46.9%。

1978—2018 年，菲律宾城市人口每年以 4% 的速度增长，农村人口的比重已经从 1960 年的 70% 下降到 2018 年的 53%。菲律宾人中 85% 信奉天主教，在教会“支持生命”的立场下，新生人口不断增加，但人口的快速增长加重了社会负担，教育、就业问题突出，增加了社会的不稳定因素。

三、民族

菲律宾是一个多民族国家，有 90 多个民族。马来人包括比萨扬人、他加禄人、伊洛克人、比科尔人，占全国人口的 85%。其他少数民族包括华人、印尼人、西班牙人、印度人、美国人和为数不多的原住居民。

比萨扬人是菲律宾马来人的第一大族，属于蒙古人种马来类型。该族群文化水平较高，信仰天主教，最早受印度文化的影响，后来受西班牙和美国文化的影响；过去盛行纹身，擅长航海，主要从事农业和畜牧业，擅长传统手工业，其竹编、草编、藤编和刺绣水平很高，商业发达。

---

① 中华人民共和国外交部网站。

他加禄人是菲律宾马来人的第二大族。绝大多数人信仰天主教，受印度、西班牙和美国文化影响很大，是菲律宾各民族中经济、文化发展水平最高的民族，在国内政治、经济和文化上一直处于优势地位。政府把他加禄语定为国语，许多他加禄人在政府担任领导职务等。

伊洛克人是菲律宾马来人的第三大族。部分人信仰天主教，大多数人信仰阿格里佩教，少部分人保持万物有灵的原始宗教信仰。他们主要从事灌溉农业，是菲律宾群岛上第一个引种棉花的民族，手工织棉毯、毛巾远近闻名，手工艺品贝壳和黑檀香制品最富民族特色，畅销国内外。

比科尔人是菲律宾马来人的第四大族，信仰天主教。他们是一千多年前迁入的新马来人后裔，以从事农业为主①。

除了以上四大民族外，菲律宾的其他民族一律被认为是文化上的少数民族，约占总人口的15%。华人占菲律宾总人口的2%左右，主要来自中国福建和广东。华人与菲律宾人通婚十分普遍，据估计，菲律宾人口中拥有中国血统的人口占20%，超过1 000万人，但由于其中一部分人没有接受华文教育，信奉天主教，已经完全成为菲律宾人；仍然保有华人特征的约有60万~80万人。他们保留了华人的语言、风俗习惯、宗教信仰，庆祝传统的中华节日，出版华文报刊，喜欢华文电影和歌曲。

四、宗教信仰

菲律宾是一个多宗教的国家，主要有天主教、伊斯兰教、佛教和本土原始宗教等。大约85%的国民信仰天主教，大约4.9%的国民信仰伊斯兰教，原住民多信奉原始宗教，华人多信奉佛教。

1521—1569年，西班牙殖民者把天主教传播到菲律宾。1901年美国进入菲律宾后，信徒进一步增加。天主教对菲律宾的影响表现在生活的各个方面：人一出生就要进行圣洗；结婚要在教堂举行仪式；死后要在公共墓地举行葬礼；重要的政治场合和国际会议都要由神职人员进行布道说教。天主教会在菲律宾的政治和社会生活中仍具有很大的影响力，主教辛海棉在任的18年中，曾两次运用自己的影响力号召群众上街，把贪污的菲律宾总统赶下台，包括1986年的马科斯总统和2001年的埃斯特拉达总统。

伊斯兰教在1380年由阿拉伯人传入菲律宾，后来印度尼西亚传教士也到菲律宾各地传教。菲律宾的佛教主要是由华侨从中国带入的。当地居民的原

---

① 申韬，缪慧星．菲律宾经济社会地理［M］．广州：世界图书出版广东有限公司，2014.

始宗教信仰万物有灵，把大自然作为崇拜对象。原始宗教在广大农民中影响深远，目前在菲律宾山区的少数民族中有约 10 万人信仰原始宗教。

五、语言

菲律宾的语言主要有菲律宾语、英语、西班牙语、汉语和各地方言。由于民族众多，地形分散，菲律宾各地的语言纷繁复杂，差别很大。据官方统计，在 20 世纪 80 年代末期，菲律宾全国共有 11 种语言和 87 种方言。

1962 年他加禄语被定为菲律宾的国语，英语为官方语言。英语在菲律宾是通用语言，凡上过学的菲律宾人均会说英语。菲律宾的新闻界主要发行英文报纸、菲文日报和华文报，其中发行量最多、影响最大的是英文报纸。

六、民俗与艺术

菲律宾人性格开朗，热情友善，办事慢条斯理，几乎不会在公共场合生气或吵架。菲律宾人多数懂英语，易于交往，与其交谈时切忌一言不发或表情严肃，否则他们会认为你对他们不友好。菲律宾人十分忌讳“13”和星期五，遇上这样的日子就会停止一切宴请和聚会，基本也没有这样数字的门牌号和房号。菲律宾人忌进门时脚踏门槛，当地人认为门槛下住着神灵，不可冒犯；忌红色，认为红色是不祥之色；忌鹤和龟以及印有这两种动物图案的物品；菲律宾人与其他一些东南亚国家一样，忌讳左手传递东西或抓取食物，使用左手是对他人的极大不敬。

菲律宾男士的传统礼服是一种名为“巴隆”的丝质刺绣长袖或短袖衬衫，下摆两边开口，腰部较窄，前衣襟上有两个大口袋，胸前两边各有一条织出来的垂直白色花纹。菲律宾女士的“国服”是“特尔诺裙”，这是一种用菠萝纤维布料做成的圆领短袖连衣裙，裙摆宽大，腰部细小，两袖挺直，就像蝴蝶展翅，因此也被称为“蝴蝶服”。菲律宾历届总统夫人出席重要场合多穿这种裙子。

大约 70% 的菲律宾人以大米为主食，30% 的人以玉米为主食。他们喜欢用椰汁煮木薯和米饭，然后用香蕉叶包饭。城市中上层人士大多吃西餐，惯用刀叉。菲律宾水果丰富，有各种吃法，例如香蕉就有蒸后撒上黑砂糖、油炸、烤香蕉等多种做法。他们也非常喜欢嚼槟榔，经常用槟榔招待客人。

传统他加禄人的住房是高脚屋，离地 1 米至 3 米不等，四周用竹篱笆围住，室内干爽通风，没有床，人们就睡在有竹片的地板上。菲律宾人大多早婚，少女十二三岁就被视为达到结婚年龄。

菲律宾作为拥有深厚文学传统与文化底蕴的国家，远在西班牙统治之前就有自己的文字和丰富的文学，其中比较著名的有古代伊富高人留下来的叙事诗《阿丽古荣》《哈德何德鹤阿利姆》，棉兰老的古马拉瑙人留下的史诗《法兰岗》等①。菲律宾的绘画和雕塑历史悠久，后来深受西班牙绘画和雕刻艺术的影响。大马尼拉集中了菲律宾主要的美术馆，人们可以集中欣赏到大批各个时代的艺术作品。

菲律宾节假日较多，可分为三类：

第一类为固定节假日：元旦（1 月 1 日），濯足节（4 月 1 日），复活节（4 月 2 日），勇敢节（4 月 9 日），劳动节（5 月 1 日），独立日（6 月 12 日），国家英雄日（8 月 28 日），巴丹日（4 月 9 日），圣诞节（12 月 25 日），黎刹节（12 月 30 日）。

第二类为特殊节日（非工作假日）：尼诺·阿基诺日（8 月 21 日），万圣节（11 月 1 日），圣诞节除夕（12 月 24 日），新年除夕（12 月 31 日），人民力量革命纪念日（2 月 25 日），伊格勒西亚创建纪念日（7 月 27 日）。

第三类为周末假日：菲律宾政府机关实行每周五天工作制，周一至周五工作，办公时间是上午 8 点到 12 点、下午 1 点到 5 点，周六和周日休息。一些银行周末也不休息。

七、教育与医疗

与东南亚其他国家相比，菲律宾的教育事业比较发达，公共教育支出占政府支出的 15%。菲律宾政府鼓励私人办学，为私立学校提供长期低息贷款并免征财产税。菲律宾小学学制为 6 年义务制教育，学校采用英语和菲律宾语双语教学。中学学制为 4 年，实施免费但非义务教育。2015 年菲律宾成人识字率为 98.18%②。菲律宾的高等教育主要由私人控制，截至 2020 年全国高等教育机构共1 599所，著名的高等院校有菲律宾大学、阿特尼奥大学、东方大学、远东大学、圣托马斯大学、德拉萨大学、雅典耀大学等。此类声望显赫的大学所授的学位文凭受到全世界的普遍认可，因此入学竞争尤为激烈，拥有优秀学业成绩和良好英语水平的学生才能被录取，外国学生入学需要参加入学考试。

菲律宾的社会保险是强制性的，有工作的人都须加入社会保险体系（SSS），本人及其家人都可享受最基本的医疗保障。没有工作的人也大都自愿加入该计划。菲律宾的国家健康保险计划（NHIP）是非强制性的，由雇主和

---

① 申韬，缪慧星．菲律宾经济社会地理［M］．广州：世界图书出版广东有限公司，2014.

② 世界银行数据库。

雇员自愿选择加入。据世界卫生组织统计，2017 年菲律宾全国经常性医疗卫生支出占 GDP 的 4.5%，按照购买力平价计算，人均经常性医疗卫生支出为 322.8 美元①。截至 2019 年的统计，菲律宾人均预期寿命为 71 岁②。

第三节　农业

菲律宾约 40% 的土地是农业用地，主要集中在城市附近及人口稠密地区。2020 年农业产值占 GDP 的 10%（见表 10－2），农业就业人口占全国就业人口的 23%③。近年来，菲律宾的农产品加工业得到了政府的大力支持。

表 10－2　菲律宾 2020 年三大产业产值占 GDP 的比例　　单位：%

产业	工业	农业	服务业
占 GDP 的比例	28	10	62

资料来源：世界银行数据库。

一、种植业

菲律宾种植业产量占全国农产品总量的比例高达 52%，其中最重要的是玉米和水稻。玉米主要种植在菲律宾北部和南部地区的农场，而水稻则大多分散种植在 200 万家中小农场。

水稻是菲律宾最重要的粮食作物，占农作物种植面积的 33.8%，但种植较为分散。由于农业科技水平有限，大部分农户种植常规稻种，产量较高的杂交水稻种植占比较小，因此菲律宾国内大米供应仍然比较紧张。

吕宋岛和棉兰老岛是玉米的主产区，菲律宾的玉米种植面积和产量位居亚洲前列。但菲律宾的玉米仍然不能满足本国需求，玉米进口量还在逐年攀升。

2019 年，菲律宾是世界上第二大香蕉出口国和第二大菠萝出口国④。西红柿、花生、豆类、卷心菜、茄子和洋葱是菲律宾种植面积和产量较大的蔬菜。

菲律宾农民普遍使用农药，大多通过进口农药原药和制剂来满足本国农药需求，进口杀虫剂数量尤其巨大，占菲律宾进口农药原药的 50% 左右。使

① 商务部《对外投资合作国别（地区）指南——菲律宾（2020 年版）》。

② 世界银行数据库。

③ 世界银行数据库。

④ 中华人民共和国商务部网站。

用农药最多的作物是水稻、香蕉、菠萝和蔬菜①。

二、林业

位于吕宋岛东北部的卡加延山谷是菲律宾最重要的木材生产区，森林面积为150万公顷，以龙脑香林最为出名，该地的龙脑香原始森林占菲律宾全部龙脑香林的40%以上。另外，菲律宾南他加禄拥有103万公顷的原始森林，北棉兰老岛的原始森林大约有84.3万公顷，巴拉望岛则拥有大面积的阔叶林，红树林主要分布在棉兰老岛，松树林主要集中在海拔800米北吕宋岛的中科迪勒拉山脉。

菲律宾全国约有2/3的人口生活在农村，他们从森林中获取木材、薪材、食物、纤维、药材，森林对农村人口的日常生活至关重要。长时间以来，菲律宾是亚洲和太平洋地区最主要的原木和其他林产品生产国和出口国。

三、畜牧业

菲律宾畜牧业以养猪和家禽业为支撑。从20世纪80年代起，畜牧业在菲律宾迅速发展，大大提升了菲律宾居民的生活水平。菲律宾农业统计局资料显示，2018年菲律宾畜牧饲养行业的产量在菲律宾国内所有农产品产量中占据的比例达到17.74%左右。其中，生猪产值占畜牧业总产值的38%，鸡产值占畜牧业总产值的39.16%。作为一个岛国，菲律宾山地、林地较多，黄牛和水牛在农业生活中至关重要，不仅可以用于耕地，还可用于货物运输。2017年，黄牛产值占畜牧业总产值的5.37%，水牛产值占畜牧业总产值的1.91%。由于山羊适应性较强，能提供羊奶和羊肉，菲律宾饲养山羊数量众多，山羊产值占畜牧业总产值的4.3%。鸭子的养殖始于西班牙统治时期，拉古娜海湾沿岸养鸭业最为发达，鸭产值占畜牧业总产值的1.42%②。

四、渔业

菲律宾水资源丰富，非常有利于各种鱼类的生长、栖息和繁殖。菲律宾截至2014年已经发现的鱼类大约有2 400种，具有开发价值的有100种，其中可用于商业性捕捞的有70余种，主要包括沙丁鱼、带鱼、海参、章鱼、金线鱼、螯虾等。

---

① 菲律宾农业生产资料市场及开拓建议［EB/OL］.［2020－10－03］. http：//ph. mofcom. gov. cn/attrticle/law/201105/20110507538649. html.

② 联合国粮农组织数数据库。

菲律宾独立后，渔业受到重视，进入快速发展时期。进入20世纪90年代以来，菲律宾的渔业生产量已经达到自然生物资源的上限，2018年的捕获量约为204万吨，在东南亚排名第3位，在全球排名第11位①。

菲律宾渔业由商业性渔业、都市渔业和水产养殖三部分组成。菲律宾的水产品大部分是鲜销和冷冻，其余加工成罐头，经加工处理的鱼类和水产品大部分在当地销售，其余出口。菲律宾出口量最大的是鲜鱼、咸鱼和虾。

第四节　工业

菲律宾工业占国民生产总值的1/3左右，但总体而言不发达。钢铁、冶金、机器制造等重型工业很少，主要发展轻工业。工业生产能力和技术水平在世界上处于落后地位。

菲律宾的工业主要由制造业、建筑业、能源工业和采矿业四大部分组成，其中制造业占工业总产值的近60.39%，其次是建筑业和能源工业，采矿业的比重最小（见表10－3）。

表10－3　菲律宾2019年的工业分布情况　　单位:%

制造业	建筑业	能源工业	采矿业
60.39	26.64	10.48	2.49

资料来源：中华人民共和国商务部网站。

一、制造业

制造业是菲律宾的工业支柱产业，主要包括制糖、椰油、卷烟、食品、造纸等初级产品加工业，以及纺织、水泥、成衣、橡胶、医药、汽车装配和石油加工业。

自20世纪50年代菲律宾实施进口替代工业发展战略以来，其工业获得较快发展。20世纪80年代后，菲律宾政府通过引进外资和先进技术使制造业获得了较快的发展，尤其是电子产业发展最为突出。目前制造业已经成为菲律宾工业中最重要的部门，主要集中在首都大马尼拉。大马尼拉集中了菲律宾小型工业企业的31%，中型工业企业的66%和大型工业企业的57%。此外，宿务、内格罗斯岛的巴哥洛制造业也较为发达。

① 联合国粮农组织数据库。

菲律宾制造业有以下三个特点：第一，发展迅速，其产值占 GDP 的比重高。第二，外向型特征突出。菲律宾制造业在出口贸易中的比例大约为 80%，外向化程度高，大部分产品均出口国外。第三，优势产业集中，结构多样化。菲律宾的优势产业主要集中在初级产品、农业的资源密集型产品、低科技密集型产品、自动化设备和电子电器产品等。

菲律宾的制造业中，制糖业和橡胶业地位重要。

中国商务部数据显示，菲律宾是东南亚主要的产糖国之一，2013 年产量位居全球第 11 位，是继泰国之后东南亚第二大糖出口国，也是美国的主要糖进口来源国。根据菲律宾糖业管理局的统计，2010—2014 年，菲律宾 81 个省份中有 23 个产糖省，全国共有 28 个糖厂，14 个精糖加工厂，6 个糖浆厂和 2 个以甘蔗为原料的生物酒精加工厂。

菲律宾的巴兰西、北哥打巴托省和南三宝颜省是主要的橡胶产区，种植面积大约为 13 万公顷。据统计，菲律宾 70% 的天然橡胶用于生产轮胎和建筑橡胶产品，30% 用于非轮胎橡胶产品，如手套、医用橡胶、玩具产品、汽车用橡胶配件等。菲律宾在 1979 年就已成立了橡胶工业协会，有会员企业上百家，包括橡胶及其制品的生产商和贸易商。古德里奇、费尔斯通和固特异等企业也早就进驻菲律宾。

二、建筑业

1997 年的亚洲金融危机对菲律宾经济造成极大冲击，菲律宾的建筑业因此陷入长达十余年的萧条期。2004 年后，菲律宾经济开始缓慢恢复并逐步摆脱金融危机的阴影，建筑业近几年更是逐渐成为菲律宾发展最快的行业之一。据统计，2013—2016 年菲律宾建筑领域的发展保持年均 7.5% 的实际增长率，据世界银行统计，2019 年菲律宾建筑业占工业总量的 26.64%，作为工业的第二大产业，地位稳固。

三、能源工业

菲律宾的能源工业主要包括石油、煤炭和电力工业，此外地热、水力资源也有所开发。但由于菲律宾勘探开发能力有限，对国外能源依赖程度较高，全国能源消费的 60% 以上依靠进口。尽管菲律宾自身能源储备有限，但其可再生能源的开发具有相当大的潜力。根据菲律宾国家能源部统计，2016 年石油、天然气、煤炭分别占菲律宾能源总量的 4.6%、11.6%、38.5%，可再生能源占比达到 45.3%。尤其是在热供方面，可再生能源贡献巨大，约 65% 的供热来自可再生能源。

菲律宾由几百个岛屿组成，这使得该国难以扩大输配电线路，对偏远地区的柴油发电机组进行供应运输极为困难，电力不足造成其电价极高。1997年菲律宾的通电率（占人口的百分比）仅为65.4%，经过多年努力，到2017年已经达到93%①，但仍未实现全部通电。

菲律宾每年可利用的生物质能能量巨大，相当于约2.7亿桶燃料油。其可再生能源潜力与分布如下：

地热能：菲律宾的地热资源丰富，并具有较好的利用潜质。根据菲律宾国家能源部统计，截至2018年，菲律宾有地热发电站32个，开发热能约为103亿千瓦小时。

水力：根据菲律宾国家能源部统计，菲律宾2018年有水力发电站103个，水力发电9 384百万千瓦小时。这些水力资源中大多数可以用来建设装机容量在1万千瓦以上的大型电站，15%可用于建设微型水电站。菲律宾政府向私人开放投资吕宋岛上的一些水电站项目。

风能：菲律宾地处亚太季风带边缘，风能潜力巨大。菲律宾国家能源部统计显示，截至2018年菲律宾有风能发电站6个，风能发电1 153百万千瓦小时。美国可再生能源实验室的研究报告表明，菲律宾具有良好风能开发潜力的地域面积超过1万平方千米，有可能是东南亚风电潜力最大的国家。

太阳能：菲律宾处于赤道地区，每天可获得4.5～5.5千瓦小时/平方米的日照辐射。随着太阳能电池板技术的发展和价格的降低，政府鼓励住宅和商用建筑屋顶加装太阳能电池板。菲律宾国家能源部统计显示，截至2018年菲律宾太阳能发电1 249百万千瓦小时。

生物质能：根据菲律宾国家能源部的数据，2018年菲律宾利用生物质能发电1 105百万千瓦小时。

四、采矿业

菲律宾矿产资源丰富，种类繁多，在菲律宾的对外贸易中占据重要地位。矿藏开采主要由私人公司承担，但菲律宾国内缺乏大型冶炼企业，大部分矿产供出口，美国和日本为其主要输出国。

20世纪60—80年代，菲律宾的矿业出口额占全国总出口额的一半左右，约占GDP的6%～10%。但80年代中期以来，菲律宾矿产品出口总体下降，

① 世界银行数据库。

总产值仅占 GDP 的 3% ~4% 。

1995 年菲政府颁布了新的矿业法，允许外国公司在一定条件下参加前期的资源勘探和后期的矿物加工处理，鼓励外国公司以资金和技术合作的方式加入矿业开发，允许不小于 5 000 万美元的投资中外商股份可以达到 100% 。该法还包括保护环境和当地社区权益的内容，被认为是东南亚地区最完备的矿业法规之一。

目前，菲律宾的矿业总产值以年均 20% 的速度增长，矿业体系逐步完善，成功吸引了大量外资，提供了新的就业机会并促进了经济的增长。

第五节 第三产业

菲律宾政府从 1986 年以后不断调整产业结构，大力扶持和推动第三产业发展，使得第三产业在国民经济中的比重不断上升。菲律宾现在是世界上服务领域表现最好的国家之一。据世界银行统计，截至 2019 年，菲律宾服务业就业人口占总就业人口的 56. 66%[①]。

菲律宾的第三产业包括旅游业、交通运输业、房地产业、金融业、电信业和海外劳务等。其中，外包服务业实现跃进式发展，占据领先地位。旅游业、金融业和房地产业也都发展迅速。

据统计，2016 年，菲律宾的第三产业产值达到 7. 85 万亿比索，年增长率达到 8. 1% ，占 GDP 的比重达到 59. 1% 。菲律宾是全球主要劳务输出国之一，在海外工作的劳工有 230 多万人。2019 年菲律宾海外劳工汇款达 335 亿美元，同比增长 3. 9%[②]。第三产业的就业人数是第一产业的 1. 6 倍，是第二产业的 3. 4 倍，在解决国内的就业问题上发挥着十分重要的作用。随着旅游业、交通运输业、房地产业、金融业和电信业等领域的发展，第三产业为菲律宾创造了 100 多万个就业岗位。

一、旅游业

菲律宾风光旖旎，岛屿众多，亚热带、热带水果等产物四季不断，享有“千岛之国”的美誉。历史上，菲律宾曾是西班牙和美国的殖民地，欧美经济文化渗透到菲律宾的各个领域，促使菲律宾的人文建筑融合了东西方的特色。

---

① 世界银行数据库。

② 中华人民共和国外交部网站（2021 年 3 月更新数据）。

世界各地的游客不仅被它美丽的岛屿风光和海滩风情所吸引，也向往着菲律宾融合东西方文化特色的多民族风俗人情。

菲律宾政府从 1972 年开始大力推动旅游业的发展，加快建设现代化旅馆，积极组织各种国际会议，提供高标准的服务，使得菲律宾的旅游人数迅速增长。但菲律宾薄弱的旅游基础设施、台风海啸的影响、不稳定的社会治安影响了旅游业的进一步发展。

如表 10－4 所示，菲律宾的入境游客逐年增长，2019 年的境外游客是 2011 年的 2.11 倍，2019 年入境游收入是 2011 年的 2.83 倍。收入增长高于人数增长，说明旅游质量在逐步提高。

表 10－4　菲律宾 2011—2019 年入境旅游人数及收入统计表

年份	2011	2012	2013	2014	2015	2016	2017	2018	2019
人数（百万人）	3.92	4.27	4.68	4.83	5.36	5.96	6.62	7.17	8.26
收入（十亿美元）	4.05	4.96	5.60	6.06	6.42	6.29	8.35	9.22	11.48

资料来源：世界银行数据库。

菲律宾 1991 年至 2016 年月均游客量约为 23 万人次，2019 年到访游客量同比增长 15.24%，达到 826 万人次。其中，韩国游客 198 万人次，数量最多，同比增长 22.48%；中国游客 174 万人次，同比增长 35.58%，位居第二；美、日、澳游客数量分别为 106 万人次、68.2 万人次和 28.6 万人次①。

菲律宾的图巴塔哈群礁海洋公园、巴洛克教堂、科迪勒拉水稻梯田、普林塞萨地下河国家公园和维甘历史古城都被联合国教科文组织批准为世界文化遗产。大马尼拉、大堡、巴拉望和长滩也以悠久的历史、如画的风景、迷人的海滩成为令人流连忘返的度假胜地。

二、交通运输业

菲律宾岛屿众多，地形地貌复杂，以山地居多，因此交通运输手段以公路和沿海运输为主，铁路运输集中在吕宋岛且发展较慢。据统计，菲律宾公路运输中客运量占全国运输总量的 90%，货运量占全国运输总量的 65%。

（一）公路运输

菲律宾以公路为主要交通运输手段。截至 2018 年，公路总长约为 21.6 万千米，国道占 15%，省道占 13%，市镇路占 12%，其余 60% 为乡村土

① 商务部《对外投资合作国别（地区）指南——菲律宾（2020 年版）》。

路，道路密度为0.72千米/平方千米。高速公路总长为500多千米。此外，全国共有7 440座桥梁①。

20世纪70年代以来，亚洲开发银行投资给发展中国家的38个道路工程项目中，菲律宾占了7个。此外，菲律宾与日本合作的“菲日友好道路”工程由菲律宾负责施工，连通吕宋、萨马、莱特、棉兰老四岛。日本出资额和贷款额占整个工程投资额的60%，这项菲日合作工程是泛菲公路工程计划的一部分。泛菲公路工程还包括建设跨越萨马岛和莱特岛之间海峡的马科斯大桥、唐马丽诺·马科斯大桥、南北吕宋的两车道高速公路，以及北线四车道高速公路改建等。

（二）水路运输

菲律宾的沿海运输较发达，截至2018年，航运路线总长为3 219千米。全国共有大小港口414个，商船千余艘，主要港口包括马尼拉、宿务、怡朗、三宝颜等②。菲律宾共有约25万名海员，占全球航海人员的22%，菲律宾的现代化船队建设和航运事业发展迅速。

（三）铁路运输

菲律宾的铁路运输发展较慢，铁路网以大马尼拉为中心，北达圣费尔南多，南至黎牙实比。铁路主要集中在吕宋岛，其次是班乃岛铁路和宿务岛铁路，其中可运营的铁路有400多千米，其余均需改造升级。菲律宾政府计划在吕宋岛和棉兰老岛新建南北铁路、苏比克－克拉克铁路、棉兰老铁路等，以改善居民出行和满足货运需求。

（四）航空运输

菲律宾航空运输主要由国家航空公司经营，全国主要岛屿间都有航班。菲律宾共有机场300多个，航线遍及40多个城市。最主要的机场是首都大马尼拉的马尼拉机场、尼诺·阿基诺国际机场，宿务的马克丹国际机场和达沃机场。但很多机场设施落后，许多省会机场是土石跑道的简易机场。菲律宾与30多个国家（地区）签订了国际航运协议，每天或每周都有多个航班从马尼拉飞往亚洲其他国家和地区以及美国、欧洲与中东地区的主要城市。

三、房地产业

（一）发展历史

菲律宾的房地产业随着亚洲经济的发展而发展，并受到国内金融、投资

---

① 商务部《对外投资合作国别（地区）指南——菲律宾（2020年版）》。

② 同上。

活动的影响，经历了繁荣时期、衰退时期、复苏时期和持续发展时期。

繁荣时期（1993—1996 年）：1997 年亚洲金融危机以前，菲律宾的房地产业随经济的繁荣而发展迅猛，出现发展过热的现象。房地产公司大肆进行开发，导致银行贷款每年增加 64%，但资产却只增长了 25%，写字楼超出需求量的 1.4 倍，住宅楼超出 2.1 倍，供求失衡，繁荣后潜藏危机。

衰退时期（1997—2000 年）：1997 年亚洲金融危机爆发，不少开发商因为资金周转问题被迫停工。随着房地产市场供应过量和需求萎缩，房屋的销售价格和租金一路下滑。据统计，1999 年大马尼拉的公寓空置率达到 34%。

复苏时期（2001—2004 年）：为振兴房地产市场，菲律宾政府放松银根，降低利率，取消"银行拨付给房地产贷款不得超过总贷款额的 20%"的规定，分期付款购房的最高贷款额一度上升到了 90%。政府的举措一方面推动了房地产项目的开发，另一方面也有效刺激了人们对房地产的需求，房地产市场复苏势头强劲。

持续发展时期（2005 年至今）：随着菲律宾逐步摆脱金融危机带来的冲击，房地产业开始进入正常发展轨道。随着社会经济的发展，收入增加的菲律宾人对房地产的需求增加，这推动了房地产业的发展[①]。

（二）开发情况

菲律宾开发的住宅户型分三种：第一种是 26 ~ 36 平方米的小房间；第二种是低于 200 平方米的套房；第三种是 200 ~ 330 平方米的豪华住宅。

大马尼拉的马卡迪市是菲律宾的经济、商业和社交中心，聚集了顶级餐厅、五星级酒店与全国最时尚的购物商场，此外还拥有菲律宾最顶尖的学校，以及教堂、银行、金融机构等。铂地国际房地产公司开发的 TRUMP 大楼，其创意源于纽约生活方式，是一座可以被载入建筑史册的高档公寓。

大马尼拉的 MILANO 公寓大厦是时尚品牌范思哲在亚洲设计的第一座住宅建筑，其设计代表了时尚、奢华和艺术的完美结合。该公寓大厦共有 52 层，是大马尼拉的标志性建筑之一。

曼达卢永市作为大马尼拉的城市之一，坐落着亚洲开发银行和生力集团的总部以及 ACQUA 私家住宅区。

位于巴兰玉计市的沙滩度假公寓，其设计理念是塑造 21 世纪最新的热带生活体验，将度假与日常住宅相结合，配套多种特色的商店、银行、商业机构和餐饮设施，足不出户即可解决一切生活需求。

---

① 申韬，缪慧星. 菲律宾经济社会地理［M］. 广州：世界图书出版广东有限公司，2014.

四、金融业

菲律宾金融业的发展对本国经济的发展起到了积极的作用。证券市场、外汇市场、固定收益交易市场发展良好。

菲律宾证券交易所（PSE）建立于1994年，由马尼拉证券交易所和马卡蒂证券交易所合并而成，是菲律宾唯一的证券交易所。近年来，菲律宾的证券市场表现良好，综合指数持续走高，2018年3月达到7 979.83点①。

菲律宾银行业发展良好。据菲律宾央行统计，2020年菲律宾有36家商业银行，70家储蓄银行及582家农村合作银行，各级营业网点超过9 400家，ATM机超过12 000台②。从数量上看，外资银行参与菲律宾市场的程度居亚洲新兴市场国家前列，外资银行已成为菲律宾银行体系的重要组成部分。菲律宾当地主要外资银行有渣打银行、汇丰银行、花旗银行、美洲银行。

菲律宾的外汇市场实行浮动汇率制度，由中央银行进行直接管理。2011年菲律宾央行放松外汇管制，允许企业和居民在没有得到央行事先批准的情况下进行外汇交易。

五、电信业

近年来，菲律宾电信业发展迅速，移动和宽带业务不断扩张，三大媒体——电视、广播、互联网覆盖菲律宾各地，电视节目全部实现数字传输。

菲律宾加入WTO的承诺是允许外资在基础电信运营企业的最高持股比例可达到40%。随着中国与东盟签订《服务贸易协定》，菲律宾降低了中国企业进入该国电信市场的门槛。目前，中国的华为、中兴等厂商已经成功进入菲律宾市场。

菲律宾电信的主要运营商包括PLDT、DIGITEL、INNOVE和BAY ANTEL，合计占整个固定电话市场90%的份额。GLOBE、SMART和PILTEL三家移动运营商合计占整个移动电话市场95%的份额。

不过，菲律宾缺电严重，电力成本高，居民用电和工业用电价格居世界前列，一定程度上阻碍了菲律宾电信业的发展。2016年，菲律宾全国总装机容量为21 423万千瓦。目前，菲律宾政府通过对菲律宾国家电力公司进行私有化改革，发展可再生能源等措施，正努力提高发电量，降低用电价格。

---

① 商务部《对外投资合作国别（地区）指南——菲律宾（2020年版）》。

② 同上。

六、海外劳务市场及海外劳务优势

菲律宾是世界上最重要的劳务输出国家，向全球超过190个国家和地区输出劳务人员。据统计，菲律宾有近1/10的人口在海外就业。庞大的劳务输出给菲律宾带来了巨额的海外汇款，为菲律宾国内金融提供了有力支持。外汇劳务汇款成为菲律宾重要的经济支柱，也成为菲律宾抵御全球金融危机及经济形势变化的重要保障。

（一）海外劳务市场

据菲律宾统计局统计，2019年菲律宾海外劳务人数为220万人。菲律宾最大的海外劳务输出地是中东地区，其接收菲律宾劳务数占菲律宾海外劳务输出总量的近一半，并且对菲律宾劳务需求量增长最快。中东地区接收菲律宾海外劳务最多的国家是沙特阿拉伯，其次是卡塔尔、阿联酋、以色列、科威特等。

菲律宾的第二大海外劳务就业市场为东亚和南亚，2019年劳务输出量占菲律宾劳务输出总量的30%。日本、中国台湾、新加坡、中国香港是菲律宾海外劳务的主要市场，近年来中国内地的北京、上海和广州等大城市也成为菲律宾海外劳务的重要选择。输出到东亚和南亚的海外劳务主要从事饭店、家庭服务、教育、医护、工程、会计等行业的工作。

2019年，在欧洲工作的菲律宾劳务占总量的7.7%，其主要雇佣国为英国和意大利。菲律宾在美洲就业的劳务大约占8.1%，主要雇佣国为美国和加拿大，主要从事饭店、旅游、教育和医护工作。

2019年大洋洲约有2.1%的菲律宾劳务人员就业，非洲也有大约1%的菲律宾劳务人员①。

（二）海外劳务优势

菲律宾劳务在全球所占份额较大的原因在于其劳务人员具备较高素质和专业优势：

第一，能熟练使用英语。菲律宾人从小就接受双语教育，90%的人能熟练使用英语。英语作为国际通用语言，使菲律宾劳务更能融入海外生活，为其在海外谋职提供了便利。

第二，掌握较高专业技能。菲律宾全国遍布技术培训学校，为海外劳务人员提供的培训内容丰富多样。正是菲律宾严格的培训要求，才使得菲律宾劳务人员掌握了高水平的从业技术，备受国际市场的青睐，使其海外劳务市场长盛不衰。

---

① 菲律宾统计局网站。

第三，接受过良好的教育。菲律宾的教育水平排在发展中国家的前列。据世界银行统计，菲律宾人平均接受教育时间为 11. 5 年。菲律宾女佣的受教育水平更高，主要为大学毕业生，更有一部分是教师。

第四，品性善良。作为天主教国家，菲律宾 85% 的国民信奉天主教，纯洁的信仰使得菲律宾海外劳务人员普遍具有诚实可靠、责任心强、性情温和、工作勤奋的特点，因此深受雇主喜爱。同时由于菲律宾有几百年西方殖民统治的历史，菲律宾人生活方式与思维模式逐渐西化，对于西方社会的生活环境有很强的适应能力。

第六节　外贸与外资

一、对外贸易概况

菲律宾是世界贸易组织（WTO）、亚太经合组织（APEC）和东盟（ASEAN）成员国。菲律宾地处亚太地区中心，地理位置优越，到该地区主要经济体的首都所花费的飞行时间均不到 4 小时。菲律宾作为群岛国家，海岸线较长，依港建设了数个出口导向的经济开发区，集装箱码头设施完善，能高速有效地处理货物，马尼拉港、宿务港的吞吐量均在亚洲地区名列前茅。

（一）贸易规模与结构

菲律宾的进口额从 2010 年的 730. 82 亿美元增长到 2019 年的 1 524. 59 亿美元，年均增长率达到 8. 5%。菲律宾的出口额从 2010 年的 694. 64 亿美元增长到 2019 年的 1 069. 53 亿美元，年均增长率达到 4. 9%。2020 年受新冠肺炎疫情影响，进出口额双双下降（见表 10 - 5）。

表 10 - 5　菲律宾 2010—2020 年进出口额统计表　　单位：亿美元

年份	2010	2011	2012	2013	2014	2015	2016	2017	2018	2019	2020
进口额	730. 82	799. 45	852. 32	876. 06	926. 58	1 004. 05	1 140. 41	1 281. 85	1 468. 41	1 524. 59	1 192. 43
出口额	694. 64	717. 95	770. 76	761. 62	822. 81	831. 35	856. 81	972. 95	1 048. 46	1 069. 53	910. 52

资料来源：世界银行数据库。

菲律宾主要进口商品为电子产品、矿物燃料、润滑油和相关产品、运输设备、工业机械和设备、有机和无机化工品。

菲律宾主要出口商品为电子产品、服装和服装辅料、木制工艺品和家具、椰子油、精炼铜。

菲律宾的前十大贸易伙伴为日本、美国、中国内地、新加坡、韩国、中国台湾、中国香港、泰国、印度尼西亚和沙特阿拉伯。

（二）关税及对外协定

《菲律宾关税和海关法》将应税进口商品分为21类，进口关税税率一般在3%~30%。具体商品的税率可从关税委员会的网站查阅。

菲律宾对部分农产品实行关税与配额并用的措施，对配额内的产品征收正常关税，对配额外的商品则征收高关税，如活动物及其产品、新鲜蔬菜等。

根据东盟内部协议，菲律宾对东盟成员国的全部产品实行进口零关税。

菲律宾对以下出口商品征收关税且关税税率均为20%：原木、木材、饰面用薄板和胶合板、金属矿砂及其精矿、金、矿渣水泥、硅酸盐水泥、船用燃料油、石油沥青、银、未加工的蕉麻（一种纤维植物，产于菲律宾）、香蕉、椰子及椰子产品、菠萝及菠萝产品、糖及糖制品、烟草、小虾和对虾。

《菲律宾关税和海关法》规定，用于从事对外贸易的船舶推进器燃料油，可退还不超过99%的已征关税或给予税收抵免。用进口原材料生产或制造的产品（包括包装、卷标等）出口时，对所用原材料进口时征收的关税将予以退还或给予税收抵免。退税将由菲律宾海关总署在收到正确、完整的退税文档后60天内支付。

作为东盟、亚太经合组织和世界贸易组织的成员国，截至2018年，菲律宾已与40个国家签订了双边经贸协定，致力于消除贸易壁垒和推进自由贸易；与36个国家签署了税务条约，避免双重征税，打击偷税逃税行为。

目前，欧盟给予菲律宾进口产品普惠制（GSP）待遇，超过6 000种菲律宾进口商品可享受零关税待遇。此外，美国于2018年3月将对菲普惠制（GSP）关税优惠政策延伸至2020年12月31日，涵盖5 057种商品。

二、吸引外资与对外投资

（一）外资规模

菲律宾在吸引外资发展经济方面成绩斐然，外国直接投资额从2010年的10.7亿美元增长至2019年的86.71亿美元，年均增长率高达26%。菲律宾同期的对外投资从27.12亿美元增长至56.54亿美元，年均增长率为8.5%（见表10-6）。

表 10－6 菲律宾 2010—2019 年引进外资与对外投资统计表　　单位：亿美元

年份	2010	2011	2012	2013	2014	2015	2016	2017	2018	2019
引进外资	10.70	20.07	32.15	37.37	57.40	56.39	82.80	102.56	98.02	86.71
对外投资	27.12	23.49	41.73	36.47	67.54	55.39	23.97	33.05	39.48	56.54

资料来源：世界银行数据库。

（二）投资区域

菲律宾把本国划分为四个投资区域：第一个区域是作为农业、工商业投资区的北吕宋及棉兰老；第二个区域是工业城市特区，即克拉克、苏密、甲拉描顺及描描东岸港；第三个区域是旅游度假区，即未狮耶、米骨及棉兰老的北部岛屿；第四个区域是从碧瑶至甲拉描顺的信息科技区。

（三）投资条件

菲律宾是对外投资担保机构成员，对与外资有关的投资收益汇出不予限制。在投资吸引力方面，菲律宾拥有数量众多、受过教育、懂英语的劳动力，居民识字率达到94.6%，在亚洲地区名列前茅。加之菲律宾劳动力成本大大低于发达国家水平，因而吸引了大量西方公司把业务转移到菲律宾。根据世界银行《2020 年全球营商环境报告》，菲律宾投资吸引力在全球 190 个经济体中排名第 95 位。

（四）投资行业

菲律宾吸引外资主要集中在制造业、服务业、采矿业、房地产业、金融和保险业，这五大行业利用外资额占全国利用外资总额的 80% 以上。而农业、矿产业、通信业、石油和贸易业等行业利用外资水平相对较低。菲律宾政府因此鼓励外资投向农业、旅游和基础设施建设，并将其列入优先发展领域。

（五）外资来源地

菲律宾外资主要来源地依次为日本、美国、荷兰、韩国、新加坡等，其投资总额占外资总额的 80% 左右。中国内地、中国香港和中国台湾对菲律宾的投资总额总体上不断增加。

（六）主要投资来源

在菲律宾投资的著名跨国公司有：宝洁公司、全球解决方案公司（ETEL）、IBM、法国 Teleperformance、荷兰 Sun Connex 公司、德州仪器、雀巢、加德士集团东南亚公司、意大利航空公司、联合快递公司（UPS）和联邦快递公司（FedEx）等。近年来不少韩国企业将菲律宾作为对外投资首选之一。

三、菲律宾经济特区情况

（一）菲律宾经济区署（PEZA）所辖经济特区

菲律宾经济区署（PEZA）根据第7915号《共和国法案》成立，旨在促进外国与本国投资者进入经济特区，在特区内及周围创造就业机会并建立行业之间的联系。截至2017年底，PEZA包含74个制造业经济区，262个信息技术园区，22个农业工业经济区，19个旅游经济区，2个医疗旅游园区①。

区内对出口企业和信息技术企业给予以下优惠政策：

财政优惠：免征4年公司所得税，最长可以延长到8年。免税期之后，企业可以选择缴纳金额为总收入5%的税费，代替其他所有国家税和地方税；对进口固定设备、零配件与原材料免征关税；免除码头税费与出口税费。

非财政优惠措施：初始投资不少于15万美元的国外投资者及其家人可以获得永久居留身份；可雇佣外国公民；简化进口与出口手续②。

（二）费德克工业区

菲律宾费德克工业区（Phividec Industrial Estate）由费德克工业署管理，相当于菲律宾共和国政府全资拥有和控制的公司。费德克工业区面积约为3 000公顷，是菲律宾最大的工业区。该区拥有日本川崎制铁公司的附属子公司——菲律宾烧结矿公司，烧结矿石是东米萨斯省出口最多的商品之一。该区进入的条件不高，针对出口与国内市场的国内外投资者均可以申请注册并享受优惠政策。

区内企业享有以下优惠政策：针对国外市场，进入工业区用于生产、储存、包装和装运的原材料、商品、设备、机械、零部件与器皿免征关税、进口税、国内收入税；免征不动产税外的地方税费；在投资署注册的工业可继续享受投资的优惠政策；由投资者建设的码头免征码头税费；可聘用外籍人士任职技术与管理人员；享受较低的电价；享受国内最低的土地租赁价格③。

（三）苏比克湾自由港和克拉克经济特区

苏比克湾自由港（SBF）和克拉克经济特区（CSEZ）位于吕宋岛，外资独资企业获准进入多个行业，包括制造业、旅游业与服务业。在这两个区域内注册的企业基本享有相同的优惠政策。这两个地区是独立的关税区，可确保商品在区内自由流通。

苏比克湾的投资重点领域为：教育、信息和通信技术、物流、造船、船

---

① 菲律宾经济区官网。

② 同上。

③ 同上。

舶修理和旅游业。克拉克经济特区的重点投资领域为：制造业、工业、商业、旅游业、娱乐业、信息和通信技术、航空业、农业和农业加工业。

位于区内的企业可以享有以下优惠政策：

财政优惠政策：征收金额为总收入5%的税费，代替其他所有国家税和地方税；进口固定设备、原材料、供应品、零配件以及包括成品在内的其他所有商品免税；额外减少劳务费用、培训费用的税额；免征特许税、公共运输税或增值税，以及其他公益服务设施的比例税。

非财政优惠政策：连续投资不少于25万美元的投资者及其配偶以及21岁以下的未婚子女可以获得永久居留身份；可雇佣外国公民；在自由港内不限制采购与消费免税商品①。

（四）卡加延经济特区

卡加延经济特区位于卡加延自由港，是一个具有相应的退休居住区，配套设施齐全的工业、商业、金融、旅游休闲中心和自由港。

申请人必须通过租约、合资企业、“建设—经营—转让”的方式或其他投资在卡加延自由港内注入资金。

位于区内的企业可以享受4~6年所得税假期，即免税。进口原料、资本货物、生产资料、设备与消费品等商品免税；征收金额为总收入5%的税费，代替缴纳其他所有国家税与地方税；国外公司享受税额减免；正当许可下，进入卡加延自由港的商品免缴商品增值税；国外投资者及其家人可获得永久居留身份。

（五）三宝颜经济区

三宝颜经济区属于独立的关税管理地区。该区进入的条件不高，针对出口与国内市场的国内外投资者均可以申请注册并享受优惠政策。

区内企业享有以下优惠政策：进口原材料、设备等商品免税；创新项目免征6年的所得税，非创新项目免征4年的所得税，扩建项目免征3年的所得税；所得税假期后，统一征收金额为总收入5%的税费，取代所有其他地方税与国家税；投资额不少于15万美元的外国投资者其直属家人可获得永久居留签证。

四、与中国的贸易关系

（一）双边贸易规模

1975年中菲建交时，双边贸易额只有7 200万美元。近年来，两国贸易

---

① 菲律宾经济区官网。

保持了持续快速增长的势头。据中国海关统计数据，2011 年至 2020 年，中菲双边贸易总额从 322.5 亿美元增长至 2020 年的 611.47 亿美元。在此期间，中国出口额增长了 193.6%，中国进口额增长了 7.3%，可以看出中国出口菲律宾的贸易额迅速增长，但进口基本持平，中国也从 2011 年的逆差发展至 2013 年后的持续顺差（见表 10－7）。

表 10－7 2011—2020 年中菲贸易统计 单位：亿美元

年份	2011	2012	2013	2014	2015	2016	2017	2018	2019	2020
进出口总额	322.5	363.7	380.7	444.5	456.5	472.0	512.7	556.68	609.52	611.47
中国出口额	142.5	167.3	198.4	234.7	266.7	298.3	320.4	350.61	407.47	418.40
中国进口额	180.0	196.4	182.3	209.8	189.8	173.7	192.3	206.07	202.05	193.07

资料来源：中国海关网站。

（二）外贸商品结构

中国对菲律宾出口商品的主要类别包括：①电机、电气、音像设备及其零部件；②机械器具及零件；③钢铁；④矿物燃料、矿物油、沥青、矿蜡；⑤服装；⑥塑料及其制品；⑦钢铁制品；⑧玩具、游戏和运动器材及其零部件；⑨车辆及其零部件，铁道车辆或电车除外；⑩鞋靴、护腿和类似品及其零件。

中国从菲律宾进口商品的主要类别包括：①电机、电气、音像设备及其零部件；②机械器具及零件；③矿砂、矿渣及矿灰；④铜及其制品；⑤食用水果及坚果；⑥塑料及其制品；⑦光学、照相、医疗或手术器械等；⑧矿物燃料、矿物油、沥青、矿蜡；⑨动物或植物油脂、油料；⑩玻璃及玻璃制品。

（三）对外投资概况

据中国商务部统计，截至 2019 年末，中国对菲律宾直接投资存量为 6.64 亿美元①。中国在菲律宾投资主要涉及矿业、制造业和电力等领域。

据中国商务部统计，2019 年中国企业在菲律宾新签承包工程合同 379 份，合同额为 62.41 亿美元，完成营业额 27.6 亿美元，累计派出各类劳务人员 2 233 人，年末在菲律宾劳务人员为 4 597 人②。大型工程承包项目包括华为技术有限公司承建的菲律宾电信项目，青岛市恒顺众昇集团股份有限公司承建的风光一体化项目，江苏双楼建设集团有限公司承建的八打雁港口发展项目等。在中国驻菲律宾大使馆经济商务处登记的中国企业有百家，其中大多

---

① 商务部《对外投资合作国别（地区）指南——菲律宾（2020 年版）》。

② 商务部《对外投资合作国别（地区）指南——菲律宾（2020 年版）》。

是大中型企业的分支机构，主要有中国中铁股份有限公司、中国铁建股份有限公司、中国路桥工程有限责任公司等承包经营工程的大型企业，也有中国国际航空股份有限公司、中国南方航空股份有限公司、中国远洋海运集团有限公司等经营海空运输、船舶代理的企业以及中国国家电网公司等。中国企业在菲律宾的机构大多是设立分公司或代表处，以独立法人形式存在的不多。

中国投资者在菲律宾开展投资合作应注意以下要点：第一，了解菲律宾国情，研究菲律宾投资法律政策；第二，认真考察调研，熟悉投资环境；第三，选择可靠合作伙伴，开展本地化经营；第四，有效利用当地劳动力资源，杜绝非法务工。

小贴士

1. 汇率：1 菲律宾比索 =0. 134 8 元人民币（2020 年）。

2. 人民币在菲律宾并不流通，但菲律宾有数千台 ATM 可以使用银联卡，取现的手续费为每笔200 比索。要注意菲律宾 ATM 是先退卡再吐钱，而且不要随便查询余额，此项服务是要收费的。在菲律宾部分商家也可以使用支付宝支付。

3. 手机与上网：菲律宾当地商店都有卖手机 SIM 卡，价格为 100 比索，比较便宜。也可以先在国内租个随身 WIFI 到菲律宾使用，当地酒店的 WIFI 信号不是很好。

4. 投资法规：菲律宾投资法律对于大多数产品在菲律宾境内销售的外国投资者的占股一般有不超过合资公司 40% 股份比例的限制，少数行业在股份比例上有一定浮动，出口型产业的外国投资者可控股或独资。因此中国企业赴菲律宾投资应充分了解有关投资法律法规，积极参与菲律宾投资署公布的《投资优先计划》中鼓励投资的领域，或根据《菲律宾经济特区法案》申请经济特区企业有关优惠政策。

5. 税率：菲律宾现行的公司所得税税率为应纳税金额的 30%，增值税为 12%，从事商业和贸易的个人所得税按 5% ~32% 的超额累进税率征收，不从事商业和贸易的个人所得税一律按 25% 的税率对其收益进行征收（如利息、投资收益）。

课后练习

一、填空题

1. 菲律宾的首都为（　　），位于吕宋岛西部。

2. 菲律宾群岛由 7 000 多个岛屿组成，其中（　　）为第一大岛，（　　）为第二大岛。

3. （　　）是菲律宾马来人的第一大族，属于蒙古人种马来类型。该族群文化水平较高，信仰天主教。

4. 菲律宾是一个多宗教的国家，主要有天主教、伊斯兰教、佛教和原始宗教，大约85%的国民信仰（　　），4.9%的国民信仰（　　），原住民多信奉原始宗教，华人多信奉佛教。

5. （　　）和（　　）是玉米的主产区。

6. 菲律宾最大的海外劳务输出地是（　　）地区，第二大海外劳务就业市场为（　　）和南亚地区。

7. 菲律宾以（　　）运输和（　　）运输为主要交通运输手段。

8. 菲律宾是世界上最重要的（　　）输出国家，向全球超过 190 个国家和地区输出劳务人员。

二、判断题

1. 菲律宾最大的工业区是费德克工业区，由菲律宾政府全资拥有和控股。（　　）

2. 位于吕宋岛东北部的卡加延山谷是菲律宾最重要的木材生产区，以龙脑香林最为出名。（　　）

3. 菲律宾的教育事业比较落后，学校采用菲律宾语和英语的双语教育。（　　）

三、思考题

1. 菲律宾的经济地理有什么特点？

2. 菲律宾的贸易和投资条件如何？

第十一章　文莱

翁玮

文莱达鲁萨兰国简称“文莱”，意为“生活在和平之邦的海上贸易者”。位于加里曼丹岛西北部，北濒南中国海，东、南、西三面与马来西亚的沙捞越州接壤，并被沙捞越州的林梦分隔为东、西两部分。海岸线长约162千米，有33个岛屿，沿海为平原，内地多山地。属热带雨林气候区，终年炎热多雨。

首都：斯里巴加湾市

国旗：文莱国旗由四个部分组成：上下两个黄色的梯形，中间一个白色的平行四边形和一个黑色的平行四边形。黄色代表苏丹（国家元首）至高无上，黑白两色是纪念两位有功的亲王。国旗正中央绘有红色的国徽（见图11-1）①。

图11-1 文莱国旗

国徽：上部的旗帜和华盖是文莱皇室的象征。有四根羽毛的两只翅膀象征着正义、安宁、繁荣与和平。中间的新月是伊斯兰教的象征，新月中央用金色的马来文写着“永远在真主的指引下”，新月两侧的手象征着政府促进福利、和平与繁荣的承诺。新月上是一根棕榈树干伸展枝叶，象征和平，新月下的红色饰带上写着“文莱，和平的居所”（见图11-2）②。

图11-2 文莱国徽

① 文莱首相府官网。
② 文莱首相府官网。

国歌：真主保佑文莱

国语：马来语，大多数人都能熟练使用英文

国花：康定杜鹃

货币：文莱元

国际电话区号：673

历史的脚步

文莱古称“浡泥”，自古由土著人首长统治。14 世纪中叶伊斯兰教传入，建立苏丹国。

16 世纪初，文莱的国力处于最强盛时期，成为东南亚地区商贸和伊斯兰教中心。16 世纪中期起，葡萄牙、西班牙、荷兰、英国等相继入侵。此后，文莱逐步衰落，领土也相继失去，1888 年文莱沦为英国的“保护国”。

1941 年，文莱被日本占领。第二次世界大战后的 1946 年，英国恢复对文莱的控制。1959 年，文莱与英国签订协定，规定国防、治安和外交事务由英国管理，其他事务由文莱苏丹政府管理。1971 年与英国重新签约，规定除外交事务和部分国防事务外，文莱恢复行使其他所有内部自治权。

1978 年，文莱苏丹（即“文莱国家元首”之意）赴伦敦就主权独立问题同英国政府谈判，并缔结了友好合作条约。根据条约，英国于 1984 年 1 月 1 日放弃了其掌握的文莱外交和国防权力，文莱宣布完全独立，获得除外交和国防事务外的自治。

1984 年 1 月 1 日，文莱完全独立①。

第一节 自然环境

一、区位、地形与气候

文莱位于亚洲东南部的加里曼丹岛的西北部，北临南中国海和文莱湾，东、南、西三面与马来西亚的沙捞越州接壤，被沙捞越州的林梦分隔为不相连的东、西两部分。

---

① 商务部《对外投资合作国别（地区）指南——文莱（2020 年版）》。

文莱全国陆地面积为5 765平方千米，沿海为平原，内地多山地。文莱的地表是典型的海岛地形，陆地是在第三纪地盘的基础上演变而来的，由砂岩、页岩和黏土组成。文莱海岸线长约162千米，有33个岛屿。东部地势较高，西部多沼泽地。文莱的最高山峰是巴贡山，海拔1 841米。

文莱属热带雨林气候区，终年炎热多雨，年平均气温为28℃，最高不超过35℃，最低不低过20℃。月温差为2.3℃，日温差为4℃，内陆地区气温更低些，年平均气温只有20℃，最低时可达12℃。文莱一年分为旱季和雨季，每年11月至次年2月是雨季，12月雨量最大；每年3月至10月是旱季。近年来两季区分逐渐模糊。

文莱属于东八时区，没有夏令时，与北京没有时差。

二、自然资源

文莱的四大河流为文莱河、都东河、马来奕河和淡布隆河，其中文莱河、淡布隆河交汇入文莱湾。

文莱的水资源丰富，年平均降雨量在2 500～3 500毫米。文莱水资源最大的问题是国人不注意节约用水，文莱虽然国小民寡，但耗水量惊人，长此以往将面临水源危机。

文莱是一个面积较小的海岛国家，2019年森林覆盖率达72.11%。86%的森林保护区为原始森林，有11个森林保护区，面积为2 277平方千米，占国土面积的39%[①]。可利用的土地资源不多，特别是耕地面积不多，只占陆地总面积的4%，而且土地贫瘠，不利于农业生产。

文莱属于海洋气候区，高温多雨，有利于植物生长。文莱的植物资源丰富，木本植物超过5 000多种。森林覆盖面积大，海岸线长，河流较多，为野生动物提供了良好的生存条件，因此文莱的动物资源丰富。文莱的矿产主要是石油和天然气，截至2018年底，文莱已探明石油和天然气储量分别是11亿桶和3 000亿立方米，占全球总量的0.1%[②]。石油产量在东南亚仅次于印度尼西亚和马来西亚。其他经勘探储藏量较大并具有开采价值的矿产资源有金、锑、铝、矾土、硅等。截至2020年，除了开发海上石油、天然气外，其他矿藏暂时还没有进行大规模开采。

① 商务部《对外投资合作国别（地区）指南——文莱（2020年版）》。
② 商务部《对外投资合作国别（地区）指南——文莱（2020年版）》。

第二节　人文环境

一、行政区划

文莱全国分为区、乡和村三级。全国划分为 4 个区，分别为文莱 - 摩拉区、都东区、马来奕区和淡布隆区[①]。区长和乡长由政府任命，村长由村民民主选举产生。

（一）四大行政区

1. 文莱 - 摩拉区（Brunei - Muara District）

文莱 - 摩拉区由文莱首都斯里巴加湾市和文莱 - 摩拉区组成，是文莱人口最多的行政区，也是文莱行政、文化、商业和服务中心。该区的摩拉是文莱最大的出口自由区，摩拉港是文莱最大的港口。

2. 都东区（Tutong District）

都东区主要集中在都东市，是文莱土著聚集区，出产水稻和蔬菜，畜牧业比较发达。

3. 马来奕区（Belait District）

马来奕区位于文莱的最南部，主要由诗里亚镇和瓜拉马来奕镇组成，是文莱的经济中心，文莱的石油和天然气的开采和生产都集中在区内。

诗里亚镇是文莱最大的石油城，该区还出产水稻、木材和胡椒。瓜拉马来奕镇是马来奕区的首府，是一个港口城市。

4. 淡布隆区（Temburong District）

淡布隆区位于文莱东部，独立于其他 3 个区，被马来西亚林梦地区分隔开，不和文莱其他地区直接接壤，首府是邦古尔，主要出产木材和建筑用的沙石。

（二）主要城市

1. 斯里巴加湾市（Bandar Seri Begawan）

作为首都，斯里巴加湾市是文莱的政治、经济、文化中心，是文莱人口最密集的地区，也是全国的交通中心，有公路通往全国各地。斯里巴加湾可停泊小型汽船，市郊有大型国际机场。

该市最初只是文莱河入海处的一片沼泽地，后来马来人陆续来此定居，形成了几十个水上村落，17 世纪被定为文莱的首都，原称文莱市。1970 年 10

---

① 中华人民共和国驻文莱达鲁萨兰国大使馆网站。

月4日，苏丹为纪念其父亲为该镇发展所做的贡献，将文莱市改名为斯里巴加湾市，“Bandar Seri Begawan”是其父亲的封号，为“光荣、辉煌、神圣”之意。

斯里巴加湾市靠近赤道，属热带海洋性气候区，白天炎热，夜晚较凉爽。整个市区呈“主”字形，以中央大街为主，两旁横街为辅。中央大街正对着海关大厦，后面是文莱河。该市分为旧城区和新城区两个部分。旧城区为“水村”，建在水上，水下是一排排木桩，万人居住在水上。政府还建设了水上学校、水上医院、水上商场，住房都刷上了色彩鲜艳的油漆，风格独特。

1960年耗资1 500万美元兴建的水上清真寺非常著名，寺院方体圆顶，是一座一半在陆地、一半在海上的奇特建筑。市内有一批有着浓厚伊斯兰风格的名胜景观：哈桑纳尔·博尔清真寺、赛福鼎清真寺、苏丹纪念馆、努鲁伊曼皇宫、水晶公园、水上村落、国家清真寺、国家博物馆、体育场、工艺美术中心、水舞花园等。

该市水陆交通方便，公路可通往全国各地，文莱皇家航空公司航线通往东南亚各国和中国香港，是著名的旅游城市。文莱的高等院校也集中在该市，最大的华语学校——中华中学、安德烈英文中学、文莱师范学校、文莱达鲁萨兰综合大学和文莱工艺学校都集中在这里。市内电台和电视台分别用马来语、英语、华语和廓尔喀语播放节目。

由于文莱政府对首都投入巨资改善环境和人民的生活，居民收入高，福利好，市民生活非常富足。

2. 诗里亚市

诗里亚市是一座石油城，市区主要大街上店铺林立，商品丰富，市场繁荣，还有轻轨铁路可通巴达思，沿海公路可通瓜拉马来奕。城区附近石油井架林立，这里开采的石油一部分直接装船出口，一部分送到附近的卢穆特炼油厂，还有一部分通过输油管道输往马来西亚的沙捞越州罗东的炼油厂提炼。

3. 都东市

都东市位于都东河入海口附近，面河背山，是都东区的首府。有锯木厂等小型工业企业，城郊有小型机场。

二、经济区划

截至2014年文莱政府已经建成10个工业区，总面积超过500公顷。在这些工业区内，基础设施一应俱全，用地价格低廉，落户企业只要建造厂房即可。园区内落户的企业超过1 000家，大部分来自马来西亚、泰国、新加坡等东盟国家，全部为中小型企业，平均每家企业不足 40 人。这些企业主要从事服装制造、建材加工、食品饮料加工、电线电缆、家具制造等行业，为超过 14 万人提供了就业岗位。其中，双溪岭工业园规划占地 271 公顷，靠近文莱的石油和天然气生产区，文莱政府的目标是要将其建成具有世界水准的石化工业园。

三、人口分布

2020 年，文莱人口为 45.36 万人。文莱男性的平均寿命为 76.5 岁，女性的平均寿命为 78.8 岁。文莱每年的医疗支出占 GDP 的 1.85% 左右，富裕的生活和良好的卫生保健使大部分人健康长寿，也使老龄人口比例扩大。根据世界银行公布的数据，2020 年文莱 0 ~ 14 岁的人口占 22.32%，14 ~ 64 岁人口占 72.11%，65 岁以上人口占 5.57%。文莱的城镇化率较高，2020 年城镇人口占总人口的比例达到 77.63%，农村人口仅占总人口比例的 22.37%①。

四、民族

文莱人口不多，但民族构成十分复杂，约有 20 多个大小民族。

在 2019 年全国人口分布中，马来人占 65.8%，华人占 10.2%，其余民族占 24%②。据调查，马来族人口年均增长率为 4.5%，而华族人口年均增长率不到 1%。华族主要居住在文莱 - 摩拉区和马来奕区，这两个区的华人占全国华人人口的 96%。

（一）原住民

原住民由马来人和达雅克人构成。马来人是文莱的主体民族，约占全国人口的 2/3，他们大多是 13—15 世纪来自苏门答腊和马六甲等地的移民后裔。20 世纪初，为开采石油和发展种植业，又有大批马来人从邻近的沙捞越和沙巴地区迁入。马来人一般居住在沿海地区，大多从事工业、农业、手工业，部分从事渔业，担任国家政府机构公务员及从事金融、贸易、石油等重要工作。马来人按习惯分为若干世袭等级，如苏丹、亲王、贵族、富人、自由民和仆役等。文莱王室就是马来族。

达雅克人是所有土著居民的统称，意为“山里人”或“内地人”。其中有一支叫杜逊人，传说是宋朝末期部分水师由于不愿意投降元朝而迁徙到文莱定居，并与当地原住民通婚而逐渐形成的种族。另一支穆鲁特人传说原是

---

① 世界银行数据库。

② 中华人民共和国外交部网站。

中国云南省的一个少数民族，后南下经马来半岛与苏门答腊到文莱定居，这两支民族擅长种植水稻、制造陶器。

（二）非原住民

文莱的非原住民包括华人、欧洲人、南亚人、东南亚人和南非人。

华人主要来自中国南方各省，如福建、广东、海南和广西。主要有客家话、闽南话、广西官话等 8 种方言。

在文莱定居的欧洲人大约有 2 000 多人，因为文莱曾经是英国的殖民地，所以现在居住在文莱的欧洲人中英国人最多。这些英国人主要在文莱的壳牌石油公司、文莱液化天然气及银行等部门工作，地位较高。

其他非原住民还有印度人、巴基斯坦人、印度尼西亚人、菲律宾人、澳大利亚人、新西兰人、加拿大人、南非人等，他们大多在油田工作，部分在中心城市从事纺织业。

五、宗教信仰

文莱的民族成分复杂，宗教种类众多。

伊斯兰教是文莱的官方宗教，占全国人口大多数的马来人都是逊尼派穆斯林。15 世纪初，伊斯兰教传入文莱。1959 年，文莱正式把伊斯兰教定为国教。

当地土著民族达雅克人普遍信仰万物有灵的原始宗教。文莱的华人大多信仰佛教，部分华人信仰妈祖。文莱的印度移民多信仰印度教，英国移民信仰基督教。

六、语言与文字

文莱主要使用的语言是马来语，且马来语被定为文莱的国语。同时，英语和华语也在社会中广泛使用。文莱政府官员基本都会英语，文莱有关对外的文件和宣传资料基本都用英文。在原住民中除了马来语，还有 5 种原住民语言，其中伊班语使用拉丁文形成书面文字，其他 4 种都没有书面文字。

七、民俗与艺术

文莱的马来人无论男女老幼，都穿民族服饰纱笼；男子戴无边小圆帽，妇女则缠传统的头巾。外国人到文莱旅游在衣着方面要注意：女士衣着要庄重大方，衣服要长袖，裤裙要长过膝；进出清真寺要脱鞋，女士要包头巾、穿长褂（寺庙提供），男士不得穿短裤和 T 恤（这些衣着只能出现在海边或游泳池）。

文莱马来人信仰伊斯兰教，不吃猪肉，常吃牛肉和鱼，主食是大米。他们习惯于吃抓饭，而且吃饭只能用右手，如果天生是个左撇子，必须事先和同桌吃饭的人说明表达歉意。另外，文莱是禁酒的国家，游客只能携带275毫升酒入境自用，而且不能在公共场合饮酒。斋月中在日出至日落期间，在回教徒面前进食是不礼貌的，游客最好在国际饭店的隔间或私人房间用餐。

文莱人温和有礼貌，人们不能为小事争吵或大打出手，无论男女说话声音都轻柔谦和，脸上总挂着微笑。文莱人对来宾和客人总有茶点招待，客人要吃上一块点心并接受礼物，才表示友善。在参观清真寺或到马来人家做客时，进门前要脱鞋表示尊重和清洁，不要从正在做祷告的教徒前走过，不要触碰《古兰经》。进门前要摘掉太阳镜。在指人或物时，不能用食指，而要把四指并拢握成拳，大拇指紧贴在食指上。在正式场合，不要跷二郎腿或两脚交叉。对别人拍照一定要事先征得同意，尤其是王室成员。不少马来人不愿与异性握手，所以，除非他们先伸出手来，不要主动与他们握手，也不要用手去摸别人的头部，此举被认为将带来灾祸。

文莱是一个伊斯兰教的君主制国家。努洛伊曼皇宫（Istana Nurul Iman）是世界最大的仍有君主居住的皇宫，金碧辉煌的宫殿十分华贵，据说皇宫中有1 700多个房间。皇宫有三扇门，左边一扇，中间一扇，右边一扇，不同身份的人要从不同的门通行：左边的门是文莱最有身份的皇室成员走的；中间的门是各国外交使节、首相、部长走的；右边的门是没有当上部长的工作人员、百姓走的。这在文莱被称作人生奋斗的三扇门。皇宫一般在文莱的国庆日（2月23日）或者在回历的初二、初三、初四开放让民众参观，在此期间每个人都有机会排队进去请餐并和苏丹握手，还会得到免费的礼物，12周岁以下的孩子还可以拿到“红包”。

文莱的马来人一般在十五六岁就开始择偶，婚礼隆重盛大，要一连举行7天。2004年9月9日，30岁的文莱王储穆赫塔迪·比拉迎娶17岁少女萨拉·萨莱赫时，王室举行了当时亚洲最大规模、最豪华的婚礼，整个婚礼持续了19天。

文莱的主要节日有：新年（1月1日）、国庆（2月23日）、苏丹陛下华诞（7月15日）、开斋节（每年回历10月初）、穆罕默德先知诞辰（6月15日）、回历新年（4月6日）、华人春节、文莱达雅克人的稻米收获节等。

文莱民间有各种能工巧匠，其中以制作金银器皿最为著名，这些金银器皿造型优美、做工精细，在东南亚享有较高的声誉。

文莱国家博物馆坐落在首都斯里巴加湾市，收藏了文莱历史上的文化艺术精品，展馆均有马来文和英文说明。一出机场，首先映入眼帘的就是斯里巴加湾市的象征——奥玛尔·阿里·赛福鼎清真寺那巨大的圆形金顶和镂空的乳白色尖塔，这也是东南亚最美丽的清真寺。文莱还拥有世界最大的传统水上村落“水乡”，面积达2.6平方千米，迄今已有数百年的历史，曾被跟随麦哲伦远航的意大利旅行家安东尼·帕加塔称为“东方威尼斯”。

八、教育与医疗

文莱政府大力发展教育事业，实行11年（小学到高中）的免费教育，并资助留学费用。但华文学校的经费只有一部分由政府拨给，另一部分依靠当地华人社团和私人资助。

文莱公民受教育程度较高，2018年女性识字率为96%，男性识字率为98.1%，40岁以下的文莱人都具有良好的英语和电脑知识①。

文莱采用双语教育（马来语和英语）制度，其教育制度主要依据英国模式建立，并依照英国的教学大纲进行教学。

文莱大学等文莱高等教育和科学研究中心位于首都斯里巴加湾市，为文莱培养了许多有影响力的政治家、企业家和各领域的专家。

由于文莱本国劳动力普遍愿意就职于政府及国家事业部门，所以文莱的就业形势不乐观，失业率比较高，接近9%，且待业者全部为文莱籍，绝大部分人教育程度不高。文莱劳动力不足，导致大量菲律宾、印度、孟加拉国等国的劳工涌入。

文莱政府向其公民提供免费医疗，包括到国外免费就医。对永久居民和政府部门里的外籍雇员及其家属仅收取象征性费用。

文莱卫生医疗分为三级：卫生诊所为初级医疗单位，卫生中心为二级医疗单位，医院为三级医疗单位。此外，还有流动医疗队和“飞行医院”为边远地区居民服务。

据文莱卫生部统计，2018年政府医疗支出为3.87亿文莱元，占国家全年预算的6.6%，占GDP的2.11%，人均医疗健康支出为842文莱元②。

九、高福利政策

文莱国家富裕、人口较少，政府对本国公民实行高福利政策：

① 商务部《对外投资合作国别（地区）指南——文莱（2020年版）》。

② 商务部《对外投资合作国别（地区）指南——文莱（2020年版）》。

第一，实行免税及免费措施。文莱公民免交个人所得税，享受免费教育、免费医疗、免费国内电话等。到医院看病，只要交 1 文莱元挂号费，其他一切医疗和药品费全部由政府支出。

第二，实行津贴制。文莱政府每年拨款 2 亿文莱元作为物价补贴，包括汽油、水电、房租、大米、砂糖、肉类的物价补贴和肥料、麦加朝圣、丧葬费补贴等。文莱的成年公民可向国王申请租住国王的小别墅，入住后房租水电全免。

第三，实行低息或无息贷款。文莱公民建造住宅、购买汽车、家用电器均可享受低息或免息贷款。

第四，实行出国留学奖学金制度。目前，文莱大学是国内唯一综合性大学，专业不全，师资力量不够，设备也不够先进。因此政府对出国留学的学生设置了较高的奖学金，并在主要留学对象国英国伦敦购置了一座豪华公寓，取名“文莱屋”，供留学生住宿、交流和聚会。

第五，实行普遍就业和高工资制度。分发土地给无私人住宅者，并由政府补助建造新屋。政府还包揽了许多便民服务和生活设施，如免费为小商贩提供柜台店铺，高速公路不收过路费和养路费，所有公园、博物馆、娱乐设施均不收门票。

文莱政府提出了“2035 宏愿”，包括三大奋斗目标：到 2035 年，拥有受过良好教育和掌握高等技能的人民；人民生活质量进入全球前 10 位；实现充满活力的可持续发展经济，人均收入进入世界前 10 位。为了这些目标，文莱政府部署了八大战略：教育战略、经济战略、安全战略、机制发展战略、本地企业发展战略、基础设施发展战略、社会保障战略和环境保护战略。

第三节　农业

文莱的农业不发达，据世界银行统计，截至 2020 年，在文莱整个 GDP 的构成中，农业占比仅为 1.19%，工业占比为 59%，服务业占比为 39.81%。

文莱属于热带雨林气候区，常年高温，雨量充足，但耕地面积只占 5%，因此农业基础薄弱，生产力水平较低。20 世纪 70 年代以后，由于石油、天然气成为文莱经济支柱，很多人弃农转工，使得农业发展滞后。总体看来，现在文莱内需农产品的 80% 依靠进口，其中大米自给率为 25%，蔬菜、牛肉、蛋类、家禽接近自给。文莱对农产品进口实行零关税，也没有非关税壁垒，无需缴纳个人所得税、增值税、销售税，只是对某些食品实行比较严格的穆斯林检疫。

一、种植业

目前文莱的蔬菜主要靠国内生产，20%依靠进口。文莱居民喜爱水果，但文莱国内水果产量很小，本地水果仅能满足国内43%的需求，另外57%需要进口。在文莱苏丹的亲自督促下，发展水稻种植成为农业领域工作的重中之重，文莱政府提出到2015年力争将水稻产量提升到1.8万吨，自给率达到60%。但2015年文莱水稻实际产量仅为1 983吨，尽管较上一年增加44%，但远远没有达到原定目标。中国、韩国、菲律宾、新加坡和越南等国通过各种形式参与文莱水稻实验和发展项目，但均未取得实质性成果[①]。

二、林业

文莱的森林资源丰富，文莱政府划出3.2万公顷为森林保护区、5万公顷为国家森林公园。文莱森林以珍贵的龙脑香料树种为主。

文莱政府倡导生态旅游，为了保护原始森林的风貌，公园内几乎看不到人工斧凿的痕迹，森林公园内只有爬山石阶和简易的救生、休憩、交通场所。

林业在文莱经济中不占重要地位，文莱的森林主要用于保护土壤、野生动物、水源及整个自然生态环境。长期以来，文莱主要发展石油和天然气工业，对森林资源几乎没有什么破坏。文莱政府非常重视保护本国的自然植被，政府政策规定：森林归国家所有，由林业局管理，严禁砍伐森林，限制原木出口，实行“砍一树，种十树”的规定。文莱需要使用的木材大多依靠进口。政府主导生产人工林木材，大力发展经济林木，并且有计划地大规模种植沉香树。沉香树的种植将为文莱在沉香木制品、沉香精油和沉香香水等领域带来巨大商机。

三、畜牧业

文莱畜牧业规模不大，从事畜牧业的人少，产量远远不能满足国内的需求。牛肉需求的90%以上要依靠进口。文莱禁止养猪，所需猪肉全部进口。政府大力扶持国内以养鸡为主的家禽饲养业，鸡肉自给率达到96%，鸡蛋已经实现完全自给。文莱政府在澳大利亚北部买下两个大型牧场，总面积达到

---

① 商务部《对外投资合作国别（地区）指南——文莱（2020年版）》。

5 868 平方千米，用于养牛、羊，供应文莱国内市场。

四、渔业

文莱地处东南亚中心位置，有 162 千米的海岸线，还拥有几条大河，发展渔业具有得天独厚的条件。渔业是文莱最具发展潜力的产业之一。文莱海域没有污染，又无台风、地震等自然灾害袭击，非常适合开展海洋捕捞和鱼虾养殖。文莱海域有非常丰富的金枪鱼资源，是金枪鱼洄游的途经之路。

文莱政府计划在 2023 年将渔业年产值提升至 4 亿文莱元左右，并推行保护海洋渔业政策，大力发展水产养殖业①。目前文莱水产品需求约有 50% 的缺口需要通过进口解决。

文莱渔港主要是摩拉渔港，附近有制冰厂和加油码头为渔船服务。截至 2019 年，文莱有 50 多家鱼虾养殖场，养殖著名的虎虾和蓝虾。但文莱海产品加工工业规模较小，主要产品为虾片和鱼干类，基本在国内销售。

第四节　工业

历史上文莱曾是东南亚一个贫穷落后的农业小国，几乎没有工业。从 20 世纪初发现石油，到六七十年代石油、天然气的大量开采，文莱的经济结构发生了根本性的变化，石油和天然气开采业成为文莱经济的支柱产业。但由于石油和天然气属于不可再生资源，总有一天将开采殆尽，文莱政府为了改变经济过分依赖石油和天然气的单一格局，从 80 年代开始大力倡导发展多元化经济，力求增加非石油产业在国民经济中的比重。据世界银行公布的数据，至 2020 年，文莱工业产值占国内生产总值的 59%。

文莱的工业以石油、天然气开采和提炼为主，建筑业是新兴的第二大产业，其他还有食品加工、家具制造、陶瓷、水泥、纺织等，但均规模较小。国内企业多为中小企业，工业设备、原料和生活资料均依靠进口。

一、制造业

文莱制造业基础薄弱。机电产业是文莱政府鼓励投资的产业，目的在于引进资金和技术，扩大市场，提供就业。

---

① 商务部《对外投资合作国别（地区）指南——文莱（2020 年版）》。

文莱的制造业主要是纺织、服装行业。较为发达的是织布业，以伊班人织出的布最为精美。由于美国和欧盟市场对文莱纺织和服装产品没有配额限制，以加工贸易为主的服装制造业成为外国直接投资的热点，得到了比较迅速的发展。文莱的服装厂多由新加坡、马来西亚、中国香港、中国台湾的商人独资或合资设立。文莱服装产品多为美国、欧洲知名品牌定牌生产，产品主要为休闲服、针织运动衫、童装、衬衣等。绝大部分产品直接或经新加坡出口到美国和欧盟，服装出口已经成为文莱继石油、天然气之后的第三大出口产业。

文莱是伊斯兰教国家，其食品加工业以清真食品为主。其因具有绿色、纯净、无污染的特点，在世界各地均拥有巨大的市场。清真食品在文莱属于重要产业，对促进文莱经济增长起到了重要作用。

此外，竹、藤以及稻草制成的编织物，首饰、木器、陶器等手工业也相当发达，产品闻名东南亚地区。

二、能源工业

（一）油气工业

文莱的能源工业主要是油气工业。石油和天然气是文莱的两大经济支柱，文莱以“东方石油小王国”著称。据《BP 世界能源统计年鉴》，2019 年文莱石油储量在东南亚居第三位，天然气储量在东南亚居第五位。文莱的石油和天然气出口使得该国富甲一方，人民的生活保持了较高的水平。

文莱蕴藏着丰富的石油资源，不论陆地、大陆架还是近海都有油层。文莱石油业有着悠久的历史，最早发现石油是在 1903 年，在柏莲地区的一次偶然的煤矿起火中发现有石油自动流出。英国石油公司于 1913 年来到文莱，1917 年许多外国公司都涌到文莱进行勘探。第二次世界大战期间，日军进占油田。战后，英国公司重返文莱。

1984 年文莱独立之后，文莱政府控制了全国的石油开采权。到 2013 年，文莱日产原油 15 万桶左右。文莱生产的石油的 90% 和天然气的 85% 以上用于出口，其生产的原油主要出口到泰国、韩国、日本、新加坡。油气工业产值占国内生产总值的 40% 以上，每年石油和天然气出口为文莱政府带来的外汇收入占全国外汇收入的 90% 。

文莱比较知名的油田有以下几个：

诗里亚油田：这是文莱最早开发的油田，探明储量为 10. 5 亿桶，1929 年由壳牌石油公司勘探并进行大规模开采。该油田到 1980 年已经累计开采了

8.95 亿桶。

杰鲁东油田：1955 年由壳牌石油公司在文莱首都以西 16 千米处发现，当年就开始产油，一直开采到 1964 年。之后油田耗尽，不再具有开采价值。

安帕西南油田：1963 年由壳牌石油公司在文莱西部海面约 12 千米处发现，估计储量达到 10.5 亿桶。1965 年开始产油，到 1980 年已经累计开采 4.3 亿桶。

费尔利油田：1969 年由壳牌石油公司在安帕西南油田侧面约 28 千米处发现，1971 年开始产油。

虽然文莱是个产油大国，但长期以来以原油贸易为主，国内无石油加工能力，开采出来的原油 90% 用于出口，国内所需成品油则要依靠进口。

文莱苏丹在 2013 年要求政府大力吸引外资推动石化工业，文莱政府先后和英国壳牌石油公司、日本三菱公司等外资公司合作，在卢穆特建立了液化天然气厂。政府还对液化天然气码头进行扩建改造，并筹划建立炼油厂、化工厂、化肥厂等石化产品的下游工业群。

在文莱经营主要的石油天然气公司有：文莱壳牌石油公司（Brunei Shell Petroleum Sdn Bhd，BSP）、文莱液化天然气公司（Brunei Liquefied Natural Gas Sdn Bhd，BLNG）、法国道达尔公司（Totdl）、壳牌深海（婆罗）公司（Shell Deepwater Borneo Ltd）。1979 年文莱成立沙比鲁石油销售公司，文莱王子瓦兹尔·穆达·穆罕穆德·博尔基亚拥有该公司 60% 的股份，从此打破了在石油销售方面英国资本独占的局面。

（二）电力工业

文莱的电力主要靠火力发电，用石油和天然气做燃料。由于文莱拥有丰富的石油和天然气资源，文莱的电力供应非常充足。1984 年文莱独立后，随着科技水平的提高，文莱的电力工业发展迅速，电费便宜，政府还提供补助。由于文莱天气炎热，文莱人家里 24 小时开着空调，每个月电费支出还不到 100 文莱元。

文莱政府鼓励民众在屋顶安装太阳能光板，将生产出来的电出售给政府。文莱政府计划到 2030 年，全国 10% 的电力由可再生能源供应，未来新能源发电发展空间广阔。

三、建筑业

文莱独立后开始大力发展国内经济。建筑业发展迅速，已经成为石油和天然气工业之后的文莱国内第二大产业。由于文莱人口不多且富裕，所以文莱建筑市场项目充裕。建筑承包工程主要由政府主导推进，现在以低收入者住房及基础设施建设为重点。

第五节　第三产业

文莱的第三产业主要有交通运输业、金融业、旅游和通信邮政业等。经过多年的发展，文莱第三产业占 GDP 的比例达到了 32% 左右。文莱国民经济对油气产业的依赖已经开始减少，经济多元化的成果逐步显现。

一、交通运输业

文莱的交通运输主要依靠公路、水路及航空，铁路很少，除了诗里亚到巴达斯一段 19 千米属于文莱壳牌石油公司专用的轻便铁路外，其他地方没有铁路。

（一）公路运输

文莱拥有东南亚地区最好的陆路交通系统，全国有四通八达的公路交通网。截至 2016 年底，文莱公路总长为 3 404. 8 千米，主要居民点之间都有现代化道路网连通。文莱和马来西亚的沙巴、沙捞越均有公路连接，但尚无跨国高速公路。文莱道路交通状况良好，除上下班高峰时段首都斯里巴加湾部分路段稍有拥堵之外，一般情况下道路畅通无阻，且首都市区分布有高速/快速路网，从市内任何地点驱车两三分钟即可上高速/快速路。

文莱是世界上拥有私家车比例最高的国家之一。文莱公共交通不发达，截至 2019 年，全国仅有 8 条公交线路①。

（二）水路运输

文莱濒临大海，水运是重要的运输渠道。文莱的内河航运集中在文莱河、马来奕河和都东河。

文莱主要有以下海港：

摩拉港，占地 24 公顷，码头长 861 米，泊位 8 个，吃水深度 12. 5 米。其中，通用码头长 611 米，6 个泊位；集装箱码头长 250 米，2 个泊位。港区有装卸设备、集装箱场地、冷冻设备和水泥密封库。此外，摩拉港还有一个客运码头和一个汽车码头。2017 年 2 月 15 日，广西北部湾国际港务集团与文莱

---

① 商务部《对外投资合作国别（地区）指南——文莱（2020 年版）》。

国家资产管理公司合资成立摩拉港务有限公司，并从 2 月 21 日起正式接手摩拉港集装箱码头的运营权。

斯里巴加湾市有 93 米长的商业码头，141 米长的海军和政府船舶使用的泊位及 40 米长的旅客码头。

马来奕港可停靠 2 条船，有 744 平方米的货仓，1 837 平方米的露天存货场。

诗里亚和卢穆特两个港口主要供石油与天然气出口使用①。

（三）航空运输

文莱首都斯里巴加湾市北郊的文莱国际机场是一个现代化机场，也是文莱的主要航空港和文莱皇家航空公司的基地。文莱皇家航空公司成立于 1974 年，截至 2020 年提供包括通往亚洲、中东和欧洲的 22 条航线。文莱皇家航空公司有客机十余架，每周有多个航班直达东盟国家、澳大利亚、中东、中国（香港、上海、杭州、南宁）等国家和地区，此外还与中国东方航空公司、香港航空公司等航空公司开通了共享航线。

此外，在诗里亚油田附近有安达肯机场，该机场由文莱壳牌石油公司投资建设，归该公司管理，主要为海上石油开采提供直升机服务。

二、旅游业

文莱旅游资源丰富，其独特的文化风俗、丰富的历史遗产、旖旎的自然风光吸引了世界各地的游客。其中最为著名的是努洛伊曼皇宫、金碧辉煌的清真寺、被誉为“东方威尼斯”的文莱“水乡”、有“亚洲迪斯尼”之称的杰鲁东游乐场、耗资 13 亿文莱元建造的水晶公园、苏丹纪念馆、奥玛尔·阿里·赛福鼎清真寺、天水一色的美林本湖公园、文莱博物馆、丘吉尔纪念馆、占地约 5 万公顷的淡布隆国家公园等。

旅游业是文莱除了油气工业外大力发展的又一产业，政府采取多项鼓励措施吸引海外游客赴文莱旅游，尤其注重发展高品质旅游业。文莱旅游资源丰富且品质较高，为国际旅游业同行所盛赞。

文莱旅游基础设施完善，有很多酒店可以挑选。其中著名的帝国酒店（Empire Hotel）位于杰鲁东地区，占地面积超过 180 公顷，被誉为亚洲最富丽豪华的度假村，各国政要来访均在此下榻。这是一家号称“六星级”的超级豪华酒店，由皇室成员投资 10 亿美元建造，从外表看仿佛一座巨大的花

---

① 商务部《对外投资合作国别（地区）指南——文莱（2020 年版）》。

园，处处流光溢彩，富丽堂皇。酒店里拥有淡水和海水两个大泳池，设有歌剧院、戏剧院、千人影剧院以及高尔夫球场，而且价格不高。

文莱居民构成复杂，因此汇聚了各地美食，马来餐、中餐、西餐、日餐、印度餐、泰餐应有尽有。文莱的热带水果品种多样，味道鲜美而且价格便宜。但到文莱的游客须注意，文莱法律禁止销售酒。

首都斯里巴加湾的国际机场每隔 1 小时有一趟巴士发往市内，车程约为 30 分钟，票价为 1 文莱元。机场乘坐出租车到市内只需要 15 分钟，车费约为 25 文莱元。如果想自驾车旅行，机场有汽车出租，起价为 120 文莱元，包含租金和保险。

文莱的水上出租车和汽艇也是一道亮丽的风景线。

据世界旅游组织《2019 年国际旅游报告》统计数据，2018 年文莱入境旅游人数达到 27.8 万人次，2017 年旅游外汇收入为 1.77 亿美元。

三、金融业

文莱的财政部由苏丹直接掌管，苏丹手握全国的财政金融大权。文莱自 1984 年独立后，财政收入的 98% 来自石油和天然气的出口与矿区使用费。据文莱政府提供的数据，至 2013 年，文莱外汇储备一直保持在 300 亿美元，黄金储备为 30 亿美元，无外债。

文莱经济有两大显著特点，一个是经济的“王族化”，另一个是合资企业相当多。文莱政府在 2011 年初正式设立了国际金融管理局，负责执行国际货币政策及监督金融体制运作。文莱在 2011 年 6 月开通了银联卡在文莱商户的刷卡支付业务。

文莱自从沦为英国的保护国之后，在相当长的时间里没有自己的本国货币，只能使用他国货币，最初使用的是英镑，后来使用新加坡和马来西亚的货币。直到 1967 年，文莱设立本国的货币局，发行本国货币——文莱元（BND），文莱货币的面值与新加坡元、马来西亚林吉特相等，并可自由流通。到 1973 年，马来西亚废除同文莱的相互通货等价交换协定，但文莱仍然保持同新加坡两国间通货自由等价交换至今。

文莱没有设立中央银行，文莱财政部设货币局和金融局负责金融管理，货币局负责国家货币的发行，金融局负责监管金融体系运作，包括签发银行营业执照。

四、通信业

文莱已基本完成对全国固定电话网络的改造，全面使用由华为公司提供的“下一代网络（NGN）”服务，可与160多个国家直通电话和进行数据交换。文莱拥有国际一流的电话系统。文莱拥有数字光纤海底电缆体系，有三个卫星地面站，手机普及率极高，并广泛使用互联网通信。

文莱互联网普及率在东南亚地区位居前列。2018年，文莱互联网用户为60.73万户，占总人口的137.27%。宽带互联网渗透率为11.2%，移动互联网渗透率为126.1%①。文莱政府大力推动电子政务建设和IT技术在教育、培训领域的普及，希望推动通信技术配套产业的发展，进而实现“2035宏愿”。

第六节　外贸与外资

一、对外贸易概况

文莱在1984年获得独立后，奉行不结盟和同各国友好的外交政策。文莱视东盟为其外交基石，在独立的当年就加入东盟成为其第6个成员国，与东盟各国关系密切。文莱是联合国成员、亚太经合组织（APEC）成员、世界贸易组织（WTO）成员、伊斯兰会议组织成员，以及英联邦、不结盟运动等国际组织成员。文莱已经与160多个国家建立了外交关系，在40多个国家设立了领事馆、高级专员署和常驻机构。

（一）贸易规模与结构

文莱外贸收入受国际市场原油价格影响较大。从世界银行统计的数据来看（见表11－1），文莱的出口额在2012年达到133.64亿美元的峰值后有所回落，而进口额则从2010年的38.33亿美元起波动增长。进出口贸易顺差从2011年起总体上呈缩小趋势，到2018年缩小至13.64亿美元。

表11－1　文莱2010—2018年进出口贸易统计表　　单位：百万美元

年份	2010	2011	2012	2013	2014	2015	2016	2017	2018
出口额	9 240	12 876	13 364	12 311	11 750	6 751	5 652	6 012	7 045
进口额	3 833	5 563	6 758	7 761	5 241	4 226	4 303	4 318	5 681

资料来源：世界银行数据库。

文莱主要出口产品为原油和天然气，原油和天然气出口额占总出口额的90%以上。前五大原油出口市场分别为印度、泰国、澳大利亚、新加坡、马来

① 商务部《对外投资合作国别（地区）指南——文莱（2020年版）》。

西亚；液化天然气主要出口市场为日本、韩国、马来西亚以及中国台湾。英国（占14%）和美国（占5%）也是文莱重要出口对象国。

文莱的主要进口商品为机械及交通设备、工业制成品、食品和化工制品等。文莱是一个除了石油和天然气外，其他工业、农业均较落后的国家。文莱主要的进口来源国依次是：中国（占20.8%）、新加坡（占18.46%）、马来西亚（占18.23%）、美国（占9.46%）、日本（占3.91%）。因为文莱的成衣和鞋类出口到欧美没有配额限制，近年来，新加坡商人纷纷到文莱开办服装厂与鞋厂。

文莱的主要贸易伙伴为日本、新加坡、马来西亚、中国和澳大利亚，与这五个国家的双边贸易额占总贸易额的近60%（见表11-2）。

表11-2 文莱2019年主要贸易伙伴双边贸易额及占比统计

贸易伙伴	双边贸易额（亿美元）	占比（%）
日本	26.41	21.10
新加坡	16.16	12.91
马来西亚	12.33	9.85
中国	11.15	8.90
澳大利亚	7.01	5.60

资料来源：商务部《对外投资合作国别（地区）指南——文莱（2020年版）》。

（二）关税及对外协定

文莱现行的关税率大约为0%~5%，食品类等的关税率为0，而电器类和大多数商品征收5%的关税，汽车征收20%的关税。

文莱于1993年12月9日加入关贸总协定，1995年1月1日成为世界贸易组织（WTO）成员。文莱于1984年1月7日加入东盟（ASEAN），成为东盟第6个成员国。作为东盟成员，文莱享有东盟经济共同体所有优惠政策，企业在文莱投资，其产品可便捷地出口到整个东盟市场。文莱还享受东盟-中国、东盟-日本、东盟-韩国、东盟-印度、东盟-澳新自贸区等自由贸易协定的优惠待遇。2005年4月，文莱以创始国成员身份加入跨太平洋战略经济伙伴协定（TPP）。除此之外，文莱还积极参与“区域全面经济伙伴关系协定”（RCEP）建设，于2013年和2015年分别承办了第一轮和第十一轮谈判。

二、对外投资与吸引外资

文莱靠出口石油和天然气获得了丰厚的外汇收入，为了使巨额外汇能更有效地增值，文莱政府积极开展对外投资。文莱的海外投资主要有两类：一是政府决策的国有资金的对外投资；二是企业自主决策的民间对外投资。

文莱通过对外投资获得了巨额利润。文莱在海外的资金大约有400亿～500亿美元，每年盈利20亿美元以上。现在，文莱的对外投资已经成为文莱仅次于石油和天然气的第二大收入来源。

文莱人均国内生产总值达3万多美元，多年前已跨入富裕国家行列。尽管文莱比较富有，但为了加快发展本国的经济特别是开发和生产石油、天然气及发展高科技，文莱政府还是制定了优惠的政策吸引并鼓励外资来发展本国经济。文莱加强基础设施建设，改善投资环境，简化手续，减少审批时间。对于出口型、高科技等企业，进口所需原材料免关税。文莱利用外资的主要国家有英国、荷兰、日本、美国。投资项目主要在石油勘探和开采、天然气液化工程、造船及发电等方面。在文莱投资的世界著名跨国公司包括壳牌公司、法国道达尔、日本三菱煤气、日本伊藤忠商社等。

《2020年世界投资报告》显示，2019年文莱吸引外资流量为2.75亿美元；截至2019年，文莱吸引外资存量为71.27亿美元。

三、与中国的贸易关系

中国和文莱两国自古以来就有密切的人文、贸易往来，近年来双边经贸合作快速发展。文莱属于“21世纪海上丝绸之路”沿线国家，其稳定的政治、经济和社会环境，众多的优惠政策，以及两国的友好关系，正吸引着越来越多的中资企业与文莱进行经贸往来。

（一）双边贸易规模

据中国海关统计（见表11－3），2019年中文双边贸易额达11亿美元，同比下降40.2%。其中，中国出口额为6.5亿美元，同比下降59.2%；进口额为4.5亿美元，同比增长82.2%。中国和文莱的双边贸易中，中国出口额下降较快，但进口额呈逐年增长趋势，且增长较快。

表11－3　2013—2019年中国与文莱贸易统计　　单位：亿美元

年份	2013	2014	2015	2016	2017	2018	2019
进出口总额	17.94	19.37	15.06	7.19	10.00	18.40	11.00
中国出口额	17.04	17.47	14.09	5.11	6.5	15.93	6.50
中国进口额	0.90	1.90	0.97	2.08	3.5	2.47	4.50

资料来源：中国海关网站。

（二）外贸商品结构

中国对文莱出口商品主要类别包括：家具、寝具、灯具，活动房；电机、电气、音像设备及其零附件；钢铁及钢铁制品；机械器具及零件；有机化学品；橡胶及其制品；陶瓷产品；盐、硫磺、土及石料；石灰及水泥等；铝及其制品。

中国从文莱进口商品主要类别包括：矿物燃料、矿物油及其产品、沥青等；木浆等纤维状纤维素浆，废纸及纸板；塑料及其制品；铜及其制品；家具、寝具、灯具，活动房；木及木制品，木炭；鱼及其他水生无脊椎动物；玩具、游戏软件或运动用品及其零附件；谷物粉、淀粉等；乳制品；陶瓷产品。

（三）对外投资概况

据中国商务部统计，2017 年中国对文莱直接投资流量为 7 136 万美元。截至 2017 年末，中国对文莱直接投资存量为 2.21 亿美元。文莱对中国直接投资主要由在文莱金融中心注册的离岸公司进行。

文莱还与中国广西壮族自治区政府共同搭建了“文莱－广西经济走廊”，意在利用各自优势资源，推动双方在种养殖业、食品与药品生产加工、交通物流、旅游等领域的务实合作，加强两地互联互通建设。

据中国商务部统计，2019 年中国企业在文莱新签承包工程合同 250 份，新签合同额为 1.33 亿美元，完成营业额 9.58 亿美元；累计派出各类劳务人员 2 047 人，年末在文莱劳务人员为 2 816 人①。新签大型承包工程项目包括：中国化学工程第三建设有限公司承建的恒逸文莱石油化工项目芳烃联合标段；南京南化建设有限公司承建的 PMB 石油化工项目西部罐区和东部罐区施工总承包项目；中化二建集团有限公司承建的恒逸文莱 PMB 石油化工项目加氢联合标段及焦化联合标段等。

在文莱开展投资、贸易、承包工程和劳务合作的过程中，要特别注意事前调查、分析、评估相关风险，事中做好风险规避和管理工作，切实保障自身利益，包括对项目或贸易客户及相关方的资信调查和评估、对投资或承包工程国家的政治风险和商业风险分析及规避、对项目本身实施的可行性分析等。

小贴士

1. 汇率：1 文莱元 =4.72 元人民币（2020 年）。

① 商务部《对外投资合作国别（地区）指南——文莱（2020 年版）》。

2. 文莱元与美元可以在文莱自由兑换，外汇可以自由汇入汇出，无外汇管制。按文莱和新加坡两国所签署的协议，文莱元与新加坡元等值，并且可以在两国流通。在文莱购物大多数商店都可以刷银联卡。

3. 手机与上网：酒店都有免费 WIFI，出国前也可以租个移动的随身 WIFI。如果要买当地的电话卡，则需要当地人帮买才行。

4. 需要办理进口许可证的商品：出版物，印刷品，电影，音像制品，宗教书籍，护身符商品及带有可疑图像或照片的商品，清真食品以及新鲜、冷藏、冷冻的肉类，植物，农作物，活牲畜，蔬菜，水果，蛋，鱼，虾，贝类，水生物及捕鱼设备，废金属等。文莱除了对石油、天然气出口控制外，对动物、植物、木材、大米、食糖、食盐、文物、军火等少数物品实行出口许可证管理，对其他商品出口管制很少。

5. 税收：与其他国家相比，文莱税种很少。对个人来说，文莱居民和非居民不交个人所得税、资本盈利税，股利不用纳税，利润汇款不加限制，也不课税。对企业而言，政府对任何企业不征收制造税、销售税、出口税等。外国投资者享受 20 年免公司税待遇，还可以 100% 持股。

课后练习

一、填空题

1. 文莱，全名（　　），可以理解为“生活在和平之邦的海上贸易者”。

2. 文莱在（　　）买有土地，面积略大于本国陆地面积，做饲养奶牛和肉牛用。

3. 文莱的首都是（　　），是文莱的政治、经济、文化中心。

4. 文莱的国语是（　　），国民大多都能熟练使用英文。

5. 文莱位于亚洲东南部的（　　）岛的西北部，北临南中国海和文莱湾，东、南、西三面与马来西亚的沙捞越州接壤。

6.（　　）和（　　）是文莱的两大经济支柱，文莱以“东方石油小王国”著称。

7.（　　）市是文莱最大的石油城。

8. 文莱的原住民由（　　）和（　　）构成。（　　）是文莱的主体民族，约占全国人口的 2/3。（　　）是所有土著居民的统称。

9.（　　）是文莱的官方宗教，占全国人口大多数的马来人都是逊尼派穆斯林。

10. 文莱是一个伊斯兰教的君主制国家。（　　）皇宫是世界最大的仍有君主居住的皇宫，是文莱苏丹的住所。

二、判断题

1. 文莱公民受教育程度较高，40 岁以下的文莱人都具有良好的英语和电脑知识。(　　)

2. 文莱人只使用马来语作为官方和生活语言。(　　)

3. 文莱对农产品进口实行零关税，也没有非关税壁垒，无需缴纳个人所得税、增值税、销售税，只是对某些食品实行比较严格的穆斯林检疫。(　　)

4. 文莱人民喜爱水果，但文莱国内水果产量很小，目前本地水果仅能满足国内 43% 的需求，另外 57% 需要进口。(　　)

5. 文莱海域有非常丰富的沙丁鱼资源，每年出口大量的沙丁鱼。(　　)

6. 在整个 GDP 的构成中，文莱的第一产业占比最大，其次是第二产业，第三产业占比最小。(　　)

三、思考题

1. 文莱经济发展的特点是什么？

2. 文莱作为重要的石油产出国，国内产业结构比较单一，为了鼓励外资帮助文莱国内产业结构的多元化调整，其采取了什么鼓励政策？

3. 文莱国家富裕，人口较少，政府对本国公民实行了哪些高福利政策？

第十二章　东帝汶

翁玮

东帝汶民主共和国简称“东帝汶”，是位于努沙登加拉群岛东端的岛国。曾被葡萄牙殖民统治，后被印度尼西亚吞并，2002 年才正式独立。东帝汶的农业还大量采用刀耕火种，国家主要收入来自近海的石油资源。东帝汶是世界上最贫困的国家之一，经济发展主要靠外国援助。

首都：帝力

国旗：国旗是长方形的，由两个底边重叠的等腰三角形组成。一个三角形是黑色的，黄色三角形的高度等于旗帜长度的一半。黑色三角形中心有一颗五角的白星，意思是引导着独立自由之光。黄色代表东帝汶历史上被殖民统治过的痕迹，旗面的红色代表民族解放斗争，白色代表和平（见图 12－1）[①]。

图 12－1　东帝汶国旗

国徽：东帝汶国徽的圆周外围写着国名“东帝汶民主共和国”。圆周中心的白色、星星和光线象征着和平。拉梅劳山徽章外围是红色，中央是黑色，四个角象征国家主权机构三权分立和相互依存的原则，内部的书本、玉米芯、齿轮象征教育、农业、工业。自动步枪、弓和长矛象征为民族解放而斗争。底部饰带上用葡萄牙文写着“团结、行动、进步”（见图 12－2）[②]。

图 12－2　东帝汶国徽

① 东帝汶政府官网。

② 同上。

国歌：《祖国，祖国，东帝汶，我们的国家》

国语：德顿语、葡萄牙语

国庆日：5 月 20 日

货币：通用美元，发行与美元等值的本国硬币

国际电话区号：670

历史的脚步

东帝汶的建国历史较短。东帝汶曾经被葡萄牙殖民统治，之后被印度尼西亚吞并，直至2002 年 5 月 20 日才正式建国。

16 世纪前，帝汶岛曾先后由以苏门达腊为中心的室利佛逝王国和以爪哇为中心的麻喏巴歇（满者伯夷）王国统治。16 世纪到 17 世纪，葡萄牙与荷兰先后入侵帝汶岛。

1942 年日本占领东帝汶。第二次世界大战后澳大利亚曾一度负责管理东帝汶，不久后葡萄牙恢复对东帝汶的殖民统治。1975 年后爆发内战，印度尼西亚出兵东帝汶，1976 年宣布东帝汶为印度尼西亚第 27 个省。

1999 年 8 月，公民投票决定脱离印度尼西亚独立，在联合国安理会和多国部队的帮助下，2002 年 5 月 20 日东帝汶民主共和国正式成立①。

第一节　自然环境

一、区位、地形与气候

东帝汶位于东南亚努沙登加拉群岛最东端，包括帝汶岛东部、西部北海岸欧库西地区以及附近的阿陶罗岛和东端的雅库岛等，西部与印度尼西亚的帝汶相接，南隔帝汶海与澳大利亚相望，国土面积为 15 007 平方千米。

东帝汶地处热带，境内多山，沿海有平原和谷地。

东帝汶的气候常年高温多雨，无寒暑季节变化。平原和谷地的气候属热带草原气候，其他大部分地区的气候为热带雨林气候。东帝汶年平均气温为 26℃，平均湿度为 70% ~80% 。平均降水量为 1 200 ~1 500 毫米，但地区差异较大：北部沿海地区每年 5 月至 11 月为旱季，12 月至翌年 5 月为雨季，年降水量为 500 ~1 500 毫米；南部沿海地区 6 月至 12 月为旱季，12 月至翌年 2 月及 5 月至 6 月为雨季，

① 商务部《对外投资合作国别（地区）指南——东帝汶（2020 年版）》。

年降水量为1 500 ~ 2 000毫米；中部山区年降水量为2 500 ~ 3 000毫米。

东帝汶位于东九时区，当地时间比北京时间早1小时，不采用夏令时。

二、自然资源

东帝汶的北部边界靠近内班达岛，处于中生代的俯冲带上，造山运动形成了丰富的金属矿，主要矿藏有金、锰、铬、锡、铜等。19世纪80年代被跨国公司发现是大型铜矿的潜能地区。

阿图罗岛有一定数量的金矿和银矿。许多重要的铜矿位于包考省南部和维可可省的中部和北部。铬铁矿、锰矿和铁砂矿形成于马纳图托省、包考省、劳滕省和帝利省的阿图罗岛。在帝利省东边的马纳图托省有数量众多的高品质大理岩矿，具备发展装饰石材的潜能。

帝汶海有储量丰富的石油和天然气资源。截至2020年，已探明石油储量为1.87亿吨，天然气7 000亿立方米。大东方油气田的天然气储量为1 440亿立方米，凝析油的储量为2.26亿桶①。

据世界银行统计，2020年东帝汶耕地面积为1 550平方千米，农业人口占总人口的71.4%。主要农作物为玉米、稻谷、薯类等，粮食不能自给。主要经济作物为咖啡、橡胶、椰子等。

东帝汶多山、湖、泉、海滩，发展旅游业具有一定潜力，但旅游资源尚待开发。东帝汶国际航班少，除帝力外，其他地区旅游基础设施落后。

东帝汶的经济发展水平低，是亚洲最贫困的国家之一，经济结构失衡，严重依赖油气收入和外国援助，非油气经济以传统服务业和农业为主。

东帝汶水中有害物质含量高，水质较差，不宜直接饮用。

东帝汶的土地为私有制，且不可卖给外国人，因此，只能从当地人手里租用土地和房屋。外国企业对土地最长可租用50年。

第二节　人文环境

一、行政区划

东帝汶共设13个地区（Districts），区以下设65个县（Sub - Districts），443个乡（苏古，Sucos）和2 236个村（Aldeias）。

---

① 人民网——澳大利亚频道。

13个行政区包括：阿伊纳罗（Ainaro）、阿伊莱乌（Aileu）、包考（Baucau）、博博纳罗（Bobonaro）、帝力（Dili）、埃尔梅拉（Ermera）、劳滕（Lautem）、利基萨（Liquica）、马纳图托（Manatuto）、马努法伊（Manufahi）、欧库西（Oecussi - Ambeno）、科瓦利马（Cova - Lima）、维克克（Viqueque）①。

首都帝力（Dili）位于帝汶岛东北部海岸，人口大约为28.1万人②。

第二大城市包考（Baucau）又名萨拉扎尔，位于帝汶岛东北部。帝力和包考之间有一条沿着山崖开出双车道的沿海高速路，沿线碧海蓝天，风光宜人。

二、人口结构

2020年东帝汶的总人口为132万人，其中农村人口占71%。2018年东帝汶14岁及以下人口比例为33.8%，15~64岁人口比例为62.5%，65岁及以上人口比例为3.7%③。据世界银行统计，按国家贫困线衡量，2014年东帝汶的贫困人口占总人口的比例高达41.8%。

三、民族与宗教

东帝汶由十多个民族组成，其中东帝汶原住民占78%，印尼人占20%，亦有2%的华人。约91.4%的人口为天主教徒，2.6%为基督教徒，1.7%为穆斯林④。

帝力和包考是东帝汶最大的两个天主教教区。

四、教育与医疗

截至2020年，东帝汶共有小学1 275所，初中81所，大专院校17所。东帝汶国立大学于2000年11月重开，在校生共有25 000人。

据世界银行统计，东帝汶的中学入学人口占总人口的百分比从2010年的62.39%提高到了2019年的86.53%（见表12-1）。

表12-1　东帝汶2010—2019年中学入学率统计表　　单位:%

年份	2010	2011	2012	2013	2014	2015	2016	2017	2018	2019
入学率	62.39	65.57	66.79	65.94	68.40	72.39	77.01	81.03	83.61	86.53

资料来源：世界银行数据库。

---

① 中华人民共和国驻东帝汶民主共和国大使馆网站。

② 中华人民共和国外交部网站（更新时间2021年8月）。

③ 商务部《对外投资合作国别（地区）指南——东帝汶（2020年版）》。

④ 中华人民共和国外交部网站（更新时间2021年8月）。

东帝汶的报纸主要有《帝汶邮报》和《东帝汶之声》。东帝汶的广播电视有东帝汶国家电台、东帝汶电视台和东帝汶民族解放军电台——希望之声。

根据世界卫生组织统计，截至2015年东帝汶全国只有6座医院，县一级设有卫生中心67所，卫生站213个，仅能为60%的人口提供医疗卫生服务。东帝汶的人口出生率为2.39%，5岁以下儿童死亡率为3%。近50%的儿童营养不良，半数以上人口无饮用水。在世界银行的帮助下，东帝汶建立起了公共医疗体系，这样85%的儿童能够接受疫苗注射。

东帝汶被联合国列为全球最不发达国家之一，超过40%的居民每日生活费不足2美元。全国失业率居高不下，高达20%①。

五、语言与风俗

德顿（TETUM）语和葡萄牙语是东帝汶的官方语言，印尼语和英语是工作语言，德顿语为通用语和主要民族语言②。

东帝汶许多地区的男人过得很悠然自在，砍柴、担水、种地、养育孩子多由妇女承担。采摘椰子多由男人承担，有些渔民家庭男人还负责出海打渔。

东帝汶的妇女到别人家串门常会带上小礼物送给女主人，这样会受到更热情的款待，这是属于女人的专利。男人只有初次到岳父家求亲时大家才围坐一起吃一次饭，这是传统风俗。职业女性很少使用传统的植物颜料化妆，她们喜欢涂口红，化眼影，用化妆品。东帝汶人属于棕色人种，但他们喜欢皮肤白一些，不喜欢黑色。

东帝汶的重要节日有建国日（又称恢复独立日，5月20日）、独立公投日（8月30日）、独立日（11月28日）、国家英雄节（12月31日）。国家实行每周五天的工作制，周六、周日为法定休息日。

第三节 农业

东帝汶经济以农业为主，基础设施落后，工业体系尚未建立，大部分地区仍处于自然经济状态。东帝汶的农业并不发达，2017年50%的农业劳动力仅创造10.4%的农业产值。表12-2显示，2010—2017年，东帝汶农业增加值在GDP中的比重在增加，但多年来一直在2.26亿至2.97亿美元间徘徊。

---

① 世界银行数据库。

② 中华人民共和国外交部网站。

表 12-2 东帝汶 2010—2017 年 GDP 及农业增加值占比 单位：亿美元

年份	2010	2011	2012	2013	2014	2015	2016	2017
GDP	39.99	56.72	66.62	56.38	40.42	30.93	25.04	24.87
农业增加值	2.26	2.31	2.97	2.95	2.95	2.72	2.69	2.59

资料来源：世界银行数据库。

东帝汶在多个地区进行了河床整治，重整了灌溉系统，扩大了水稻种植面积，增加了产量。目前，东帝汶的主要农产品有玉米、稻谷、薯类等，经济作物有咖啡、椰子等。从表 12-3 可以看出，2010 年东帝汶的玉米种植面积最大，第二是咖啡，第三是水稻。到 2017 年时，咖啡种植面积超过玉米种植面积成为东帝汶种植面积最大的农作物。

表 12-3 东帝汶 2010—2017 年主要农作物种植面积 单位：公顷

年份	水稻	玉米	木薯	红薯	豆类	咖啡	椰子
2010	36 548	70 255	6 120	4 082	7 792	53 832	14 823
2011	35 561	21 699	5 784	3 229	7 931	54 341	14 823
2012	41 884	45 202	6 221	3 140	8 250	53 579	15 000
2013	27 998	42 820	7 532	2 719	8 300	56 747	15 000
2014	28 482	36 961	7 263	2 388	8 162	56 006	14 790
2015	23 097	62 145	7 090	2 160	7 400	55 594	14 213
2016	26 428	58 998	6 915	1 971	7 291	55 003	14 220
2017	28 957	45 631	6 740	1 816	7 289	54 506	14 108

资料来源：联合国粮农组织数据库。

从产量来看，粮食作物的产量要高于经济作物（见表 12-4），但是经济作物给东帝汶带来的收入较高。东帝汶年产咖啡 1 万吨左右，主要用于出口，是政府收入的重要来源。

表 12-4 东帝汶 2010—2017 年主要农作物产量 单位：吨

年份	水稻	玉米	木薯	红薯	豆类	咖啡	椰子
2010	112 925	148 891	27 857	9 584	8 521	12 653	8 940
2011	98 297	49 783	22 197	9 647	8 954	8 320	8 940
2012	119 166	62 839	24 477	9 021	10 000	9 945	9 000
2013	87 332	100 789	30 059	7 138	10 500	11 555	10 000
2014	88 824	102 473	29 094	5 889	10 024	11 118	9 742
2015	71 541	142 361	28 317	5 077	9 041	11 039	9 112
2016	79 136	125 379	27 539	4 405	9 122	10 924	9 140
2017	86 880	100 224	26 761	3 850	9 305	10 827	9 143

资料来源：联合国粮农组织数据库。

从家畜饲养来看，东帝汶猪的存栏头数是最多的，其次是牛、羊、马（见表12－5）。由于数量不多，国内消费尚难以满足，仍需要进口。

表12－5　东帝汶2010—2017年家畜存栏数

年份	猪（头）	水牛（头）	黄牛（头）	山羊（只）	绵羊（只）	马（匹）
2010	330 435	96 484	161 654	152 360	41 854	57 819
2011	345 635	98 124	170 222	160 435	49 388	55 738
2012	363 954	103 325	173 115	168 938	58 278	53 731
2013	383 243	108 801	176 058	177 892	68 767	51 797
2014	403 555	109 022	176 280	178 581	69 001	52 266
2015	419 169	128 262	221 767	158 467	40 498	50 751
2016	414 665	139 261	229 998	138 960	31 051	52 439
2017	390 254	124 208	205 861	124 645	45 239	52 916

资料来源：联合国粮农组织数据库。

第四节　工业

东帝汶的工业基础非常薄弱，约10%的劳动人口从事工业生产，仅首都帝力有小型的加工企业，以印刷、肥皂、手帕和纺织业为主。2019年东帝汶工业增加值占GDP的29.37%。

一、矿业

东帝汶的矿业以石油和天然气为主，二者是东帝汶经济的主要支柱。经济严重依赖石油收入的单一结构短期内很难改变。

东帝汶的石油资源储量丰富，为扩大油气收入，东帝汶于2005年7月设立了石油基金，2008年7月成立国家石油管理局（ANP）。

二、电力

东帝汶的电力系统由北部电力主干线、南部电力主干线和南北联络线三部分组成。

北部电力主干线主要为首都帝力和北部沿海城市发展旅游业提供电力。其中，希拉电厂一期装机容量为120兆瓦，帝力火电厂已有装机容量28兆瓦，两者成为北部电网的主力电厂。北部电力主干线按东西走向分别向首都帝力及欧基卡、包考、劳滕等北部的省份送电。

南部电力主干线主要为南部地区提供电力，在南部萨姆择址建设的火电厂一期装机容量为60兆瓦，承担南部维克克、马努法伊、阿伊纳罗、科瓦利马和博博纳罗五省范围的用电，同时为玛利亚娜提供电力。

架设南北联络线，即在北部主干线的马纳图托和南部主干线110千伏开关站之间架设一条110千伏联络输电线，全长约70千米，以形成东帝汶全国“H”形的电力系统网络[①]。

东帝汶恢复独立以来，居民用电状况得到很大改善，帝力等大城市居民通电率接近100%。根据东帝汶政府发布的《东帝汶2017年投资指南》，2017年东帝汶全国已有80%的人口实现电网覆盖。但由于二级电网线路老化等原因，断电情况时有发生。由于东帝汶基本没有工业企业，工业用电较少，而耐用电器在广大农村地区较为稀少，因而目前电力供应反而是供过于求。2017年，电力供应为42.2万千瓦小时，全国实际用电为37.28万千瓦小时。根据世界银行《2018年营商环境报告》，在用电便捷性（主要指用电申请的流程、耗时及花费等）方面，东帝汶在全球190个经济体中排名第114位[②]。

第五节　第三产业

一、交通运输业

（一）公路运输

东帝汶交通不便，约65%的国家级公路状况较为一般，全国仅8%的路况相对良好[③]。由于道路质量一般，部分路段只能在旱季通车。从帝力到包考之间有一条沿海修建的双车道高速公路，该公路是日本提供大量优惠贷款援助修建的。

东帝汶无铁路，且暂无修建计划。

（二）水路运输

东帝汶国内最长的渡轮航线是从帝力到欧库西的航线，每周两班，这一航线在政府补贴下得以正常运转，渡轮由德国捐赠。每周一至周六上午，还有帝力与欧库西之间对开的快船，航程约三个半小时。每周六有从帝力往返阿陶罗

① 海泽，杜晓宜，张俊．东帝汶水力开发前景［J］．水利水电快报，2015（11）：8－11.

② 商务部《对外投资合作国别（地区）指南——东帝汶（2020年版）》。

③ 商务部《对外投资合作国别（地区）指南——东帝汶（2020年版）》。

岛的轮船。以前，从中国到帝力的海运需借道印度尼西亚的泗水（Surabaya）转运，耗时约30~45天，近年来新开辟了从中国到帝力的直航，海运时长缩短至15天左右。帝力港为深水港，也是唯一的集装箱码头，每年吞吐量约为4.2万标准箱，卸货25万吨，多为进口，出口很少。同时，帝力港还承担客运港的职能，帝力往返欧库西和阿陶罗岛的渡船都在这里停靠。随着经济发展，进口剧增，帝力港由于天然条件所限，已然不堪重负。为此，东帝汶政府决定在距离帝力约15千米的蒂巴（Tibar）建设新港，专门用于货物进出，而将帝力港专门用于客运和观光，另有科姆港、梅迪纳罗港用作渔港，希拉港用作军港等。

（三）航空运输

截至2020年，东帝汶共有3个一级机场、5个二级机场。帝力机场为东帝汶唯一的国际机场，位于市区西北部，距市中心约15分钟车程，可起降波音737型客机，共有3条往返新加坡、巴厘岛和澳大利亚达尔文市的国际航线。帝汶航空（Air Timor S. A.）是东帝汶唯一运营的航空公司，成立于2008年，目前运营帝力往返新加坡、帝力往返巴厘岛的航班。帝力往返新加坡航线的承运商是新加坡胜安航空（Silk Air），每周六有航班往返于帝力和新加坡。帝力往返巴厘岛航线的承运商有两家，分别是三佛齐航空和连城航空，每天均有航班往返于帝力和巴厘岛；澳大利亚北方航空公司运营帝力到澳大利亚达尔文市之间的航班。

中国公民可经新加坡、达尔文、巴厘岛转机前往东帝汶首都帝力。

二、通信业

东帝汶的通信服务提供商主要有四家：一是帝汶电信（Timor Telecom），成立于2002年，提供固定电话、移动电话和互连网服务，资费较高。帝汶电信覆盖东帝汶92%的人口，建有139个2G网络基站，64个3G网络基站。在总统府、帝力大学等地提供免费因特网服务。二是Telkomcel，成立于2012年9月，是印度尼西亚国际电信公司下属品牌，同样提供固定电话、移动电话和互联网服务，收费与帝汶电信相仿，手机网络信号相对较好。三是越南电信全资子公司Telemor，成立于2013年7月，覆盖东帝汶96%的人口。四是Ceslink，成立于2019年2月①。

截至2019年底，东帝汶固定电话用户为10 669户，前三大运营商移动电话用户超过336万户，其中3G用户超过97万户。东帝汶当地手机为GSM制式，

---

① 商务部《对外投资合作国别（地区）指南——东帝汶（2020年版）》。

除首都帝力外手机信号较差；东帝汶互联网普及率低，目前主要由帝汶电信、Telkomcel 公司和 Telemor 公司经营，前两者上网费用高，网速较慢且不稳定。相对而言，Telemor 以其价格较低、覆盖面广等优势迅速崛起，用户数直追帝汶电信。

在帝力，有葡萄牙公司、澳大利亚公司和印度尼西亚公司提供的互联网接入服务，费用极其高昂，通信速度、质量和稳定性一般，2M 带宽月资费约为 1 400 美元。外国人持护照在帝汶电信营业厅付 1 美元可买到 GSM 手机 SIM 卡，内含 1 美元话费。本地网内通话费用为 2 美分/分钟，发短信费用为 2 美分/条，打往中国费用为 20 美分/分钟，直拨即可，接听免费。数据流量为 4 美分/兆字节。

中国中兴通信公司在东帝汶提供移动通信网络的设备供应及服务，帮助东帝汶实现无线宽带数据的接入和在全国范围内的覆盖。

三、旅游业

东帝汶多山、湖、泉、海滩，有一定的旅游潜力，但旅游资源尚待开发。帝力是东帝汶旅游设施相对最好的城市，包考是该国的历史名城。除帝力和包考外，其他地区几乎没有旅馆，国际航班也很少，首都帝力只有三条国际航线。按旅客国籍划分，2017 年最大旅客来源地为印度尼西亚（18 538 人次），澳大利亚（12 198 人次），中国（7 519 人次），葡萄牙（7 460 人次），菲律宾（3 184 人次）。

据世界旅游组织发布的《2019 年国际旅游报告》，2018 年东帝汶入境旅游人数达到 7.5 万人次，2017 年旅游外汇收入为 7 300 万美元。

四、金融业

东帝汶以美元为官方通用货币，并发行与美元硬币等值的本国硬币。货币支付以现金为主。

东帝汶没有正式的外汇管制，资金可以自由汇入和汇出。东帝汶各商业银行会根据东帝汶中央银行的要求对超过一定数额的资金交易履行报告义务，以防范洗钱犯罪。外国人携带现金超过 5 000 美元出入境，需对海关如实申报；携带现金超过 1 万美元出入境，须获得明确授权。

东帝汶已设立中央银行（BCTL），有 1 家国家商业银行（BNCTL）；有 4 家外国商业银行，分别是葡萄牙储蓄总社（Caixa Geral de Depósitos，CGD/BNU）、印尼人民银行（BRI）、澳新银行（ANZ）和印尼曼迪利银行

(MANDIRI)。

东帝汶暂不具备大额融资条件。东帝汶境内不可直接使用人民币交易，需要兑换成美元。东帝汶商业银行几乎没有存款利率，如澳新银行的存款利率为0.05%，每个账户每月还需缴纳10美元不等的管理费等。根据东帝汶中央银行的统计，贷款利率约为4%，不包括管理费、贷款启用费等。

在东帝汶的多数餐厅及大型商店、酒店，可以使用万事达卡或VISA卡。目前，东帝汶很多餐厅及大型商店、酒店也可以使用银联卡进行支付。

由于金融业极不发达，东帝汶尚无证券市场。

第六节　外贸与外资

东帝汶政府把出口和吸引外资作为其经济发展的基础战略。东帝汶主要出口咖啡、椰子、紫檀木、橡胶，其中咖啡、橡胶、紫檀木被称为“帝汶三宝”。东帝汶的进口商品主要是食品、纺织品、车辆和其他工业品。

一、对外贸易概况

从世界银行统计数据来看，2010年东帝汶的出口额占GDP的100%，进口额占GDP的51%（见表12－6），出口依存度非常高。经过七年的经济发展，到2017年出口额占GDP的比重逐渐下降，达到和进口额基本均衡的水平。

表12－6　东帝汶2010—2017年进出口额占GDP的百分比　　单位:%

年份	2010	2011	2012	2013	2014	2015	2016	2017
出口额	100	97	98	94	96	75	58	61
进口额	51	40	36	37	60	54	60	60

资料来源：世界银行数据库。

东帝汶主要进口国为印度尼西亚、马来西亚、新加坡，出口国为美国、德国、日本等。东帝汶最大的进口国是印度尼西亚，约占进口总额的47%；东帝汶最大的出口国是美国，占出口总额的49%。

二、吸引外资概况

东帝汶政府致力于吸引出口导向型投资，为合作企业提供优惠，并鼓励私营企业参与基础设施建设。政府承诺不对外资企业和私营企业实施国有化，给予外资企业平等待遇，保证外资企业的利润和资金的对外汇出。政府为外国投资者提供投资环境和相关法律保护，设立保税工业区并出台资源补偿，出口欧美市场免配额限制，实行土地租用、融资和税务减免等优惠政策。2010—2019年，东帝汶引进外资额在波动中上升（见表12－7），总计引进外资共4.97亿美元。

表12－7　东帝汶2010—2019年引进外资金额统计　　单位：百万美元

年份	2010	2011	2012	2013	2014	2015	2016	2017	2018	2019
外资额	30.33	49.06	40.38	55.86	33.91	42.99	54.79	67.16	47.93	74.58

资料来源：世界银行数据库。

东帝汶政府尊重外国法律，以公司法为例，政府规定外国投资者可先在中国香港完成法律程序，再到东帝汶登记，如果与政府有关，政府还可派代表赴中国香港签字。在东帝汶注册成立公司组织后，该公司在东帝汶享有与东帝汶当地公司同样的权利[①]。

东帝汶的外资主要来源国是新加坡、泰国、葡萄牙、澳大利亚、英国、韩国、美国等。投资领域集中在基础设施建设、咖啡种植、旅游等行业。

日本是东帝汶的主要捐助国之一，从帝力到包考的公路就是日本提供大量优惠贷款援助修建的。

1999年底，世界银行召开东帝汶的捐助国会议（2003年改名为“东帝汶与发展伙伴会议”），会议每年召开一次，讨论东帝汶的财政预算和国家发展战略，并设有两个基金作为对东帝汶的捐助渠道，分别是联合国经管的统一信托基金（CFET）和世界银行管理的东帝汶信托基金（TFET）。1999年以来，共有37个国家和国际组织向东帝汶提供援助。表12－8显示，自2010年起，东帝汶每年都能收到2亿多美元的外来援助。东帝汶接收的官方援助金额远大于外商投资金额。

表12－8　东帝汶2010—2019年收到官方援助金额统计　　单位：百万美元

年份	2010	2011	2012	2013	2014	2015	2016	2017	2018	2019
援助额	291.46	278.71	283.64	258.57	249.54	212.29	223.55	231.96	207.65	235.93

资料来源：世界银行数据库。

---

① 法新社网站。

三、对外关系

东帝汶已与100多个国家建交，有20个国家在东帝汶首都帝力设立了大使馆或代表处，阿根廷等30多个国家向东帝汶派驻了非常任大使或代表。东帝汶也在英国、中国、葡萄牙、马来西亚、印度尼西亚、新加坡、澳大利亚、美国等国设立了大使馆，在纽约设立了常驻联合国代表处（常驻代表兼驻美国大使），向布鲁塞尔派驻了欧盟代表，在悉尼设立了总领事馆，在英国曼彻斯特、印度尼西亚的巴厘岛和古邦设立了领事馆。

东帝汶2002年加入联合国成为第191个成员国，同年还加入了世界银行、国际货币基金组织、亚洲开发银行，2010年加入国际电信联盟（ITU）。东帝汶目前正全力争取早日加入东盟。东盟各国外长相继访问东帝汶，表示欢迎和支持东帝汶加入东盟，并成立工作组评估东帝汶加入东盟的条件。

世界经济论坛《2014—2015年全球竞争力报告》显示，东帝汶在全球最具竞争力的144个国家和地区中排名第136位。近几年该竞争力报告未列东帝汶排名。根据世界银行《2020年营商环境报告》，东帝汶的营商便利程度在190个国家（地区）中排名第178位。

四、与中国的贸易关系

中国是最早与东帝汶建立外交关系的国家之一。中国重视同东帝汶的经贸关系，2010年中方宣布逐步对东帝汶出口到中国的产品实施零关税。中国向东帝汶出口的主要商品类别包括机电零部件、水泥、钢铁制品、陶瓷产品、纺织品、家具等。中国从东帝汶进口商品的主要类别包括机电零部件、农产品、木制品等。2012—2019年中国与东帝汶双边贸易情况见表12－9。

表12－9 2012—2019年中国与东帝汶双边贸易情况 单位：万美元

年份	2012	2013	2014	2015	2016	2017	2018	2019
进出口额	6 315	4 778.3	6 044.8	10 670	16 448	13 396	13 550	16 751
中国出口额	6 247	4 738.6	6 034.8	10 600	16 419	13 260	13 249	14 295
中国进口额	68	39.7	10.0	70	29	136	301	2 456

资料来源：中国海关网站。

目前中国对东帝汶的投资以民营企业和个体为主，国有大中型企业亦有参与，主要投资领域为餐饮、旅店、百货、建材、服务业等。据中国商务部统计，截至2019年末，中国对东帝汶直接投资存量为8 085万美元。

目前在东帝汶从事工程承包的大中型中国企业有20余家，包括近十家中央企业。据中国商务部统计，大型工程承包项目包括中国土木工程集团有限公司承建的东帝汶比亚佐液化天然气厂港口设施项目，中国武夷实业股份有限公司承建的东帝汶劳拉雷至索利雷马道路改造养护项目，中国港湾工程有限责任公司承建的东帝汶迪巴湾新集装箱码头项目，中材建设有限公司承建的东帝汶道路升级与维护项目，重庆市公路工程（集团）股份有限公司承建的东帝汶包考到老特姆道路升级养护项目等。东帝汶工程项目大都采用欧美标准。项目设计方案并非由中国企业制订，因此中国标准较难被采用，也没有来自中国的项目监理。

中国与东帝汶两国政府签署了多项经济技术合作协定。中国向东帝汶赠送农机、渔具、大米等物资，援建总统府、国防部大楼、外交部大楼、外交部培训中心等成套项目，为超过 1 000 名东帝汶政府公务员和技术人员提供培训，向东帝汶长期派遣医疗队，以支持东帝汶经济重建。

中国积极参加联合国援东工作，自 2000 年至 2012 年底任务结束，共派遣民事警察和官员 300 余人次赴东帝汶参加联合国维和行动。截至 2015 年 6 月底，中国已完成了三期援东杂交水稻种植示范项目的实施，效果显著，深受当地农民欢迎。2016 年 4 月，中国与东帝汶完成援东玉米全程机械化高产栽培示范项目换文，10 月份该项目实施。2017 年 5 月，中国与东帝汶完成援东粮仓与粮食加工厂项目、援东 DTMB（地面数字电视传输系统）项目换文。2017 年 6 月，中国与东帝汶完成援东警用物资换文。2017 年 7 月，中国与东帝汶签署经济技术合作协定，将支持双方在医疗和教育领域开展合作。2018 年 2 月，中国援助东帝汶国防军包考军营打井项目交付，同时，中国援助东帝汶农机设备完成交付。2018 年 4 月，中国援助东帝汶提前议会选举投票箱完成交付。

2016 年，中国企业在东帝汶建立了一个农业合作产业园区，以农产品深加工为主要产业，但入驻企业还相对较少。目前，中国与东帝汶尚未签署基础设施合作协议。

小贴士

1. 交通：东帝汶的交通非常不便，12 路巴士可从首都帝力去耶稣山，10 路可从机场到市区。

2. 汇率：东帝汶通用美元，换汇处很少见，连 ATM 也极其少见。当地发行货币的币值与美元相同，但东帝汶之外几乎没有可以兑换的地方。

3. 手机与上网：机场外 Telkomcel 电话卡店可买到电话卡，价格为 1 美元/

张。流量为2美元/400兆。

4. 投资法规：外商投资的资金和利润得到法律保护，在东帝汶注册的公司受宪法和东帝汶公司法的保护，外资公司享有与东帝汶人同等的国民待遇。

5. 税收：东帝汶政府征收的直接税是直接向纳税人征收，每月每位居民应税起征点为500美元，对居民和非居民实行工资收入和非工资收入税合并，统一实行10%的税率。进口税和营业税为2.5%，劳务税为5%，只对明显对人体健康和环境有害的货物才征收特许权税。这使得东帝汶成为世界上税收最低的国家之一。

课后练习

一、填空题

1. 东帝汶的（　　）蕴藏着储量丰富的石油和天然气资源。

2. 东帝汶的首都是（　　），第二大城市是（　　）。

3. 东帝汶作为东南亚国家，目前还不是（　　）成员国，仅拥有观察员的身份。

4. 东帝汶的官方语言是（　　）和（　　）。英语和印尼语是工作语言。

5. 东帝汶民主共和国于（　　）年脱离印度尼西亚独立，正式建国。

二、判断题

1. 东帝汶多山、湖、泉、海滩，旅游业是其支柱产业。（　　）

2. 东帝汶交通方便，有多条国际航线。（　　）

3. 日本给予东帝汶优惠贷款帮助建设了从帝力到包考的一条沿海双车道高速公路。（　　）

4. 东帝汶位于努沙登加拉群岛的东端，包括帝汶岛东部、西部北海岸欧库西里地区和附近的阿陶罗岛等。（　　）

5. 东帝汶被联合国评估为全球最不发达的国家之一。（　　）

三、思考题

1. 东帝汶的优势资源是什么？

2. 请对在东帝汶投资和做进出口贸易做优劣势对比分析。